クリストファー・バルミ 著
藤岡阿由未 訳

# 演劇の公共圏

# The Theatrical Public Sphere

Christopher B. Balme

春風社
shumpusha
publishing

# 演劇の公共圏　目次

序文二〇二二　7
はじめに　11
**序論**　17
公共圏とは何か、どこにあるのか　21
観衆、観客、公共圏　32
パフォーマンスと公共圏　35
**第一章　演劇の公共圏を位置づける**　49
パブリックからプライベートへ　51
アゴーン的な公共圏に向けて　58
真実を演じる——パレーシア　64
抗議と仲裁　70
制度の基盤　77

## 第二章　互恵的な発信――プレイビルからブログまで　89


プレイビルとその観客　92
公共へ入る　100
互恵的な回路　110
批評のメディア　117


## 第三章　開放と閉鎖――ピューリタンと晒し台　127


パンフレット、説教、小冊子――公の言説と密かな言説　132
演者と議論　137
攻撃と攻撃への反発　146
最後の一撃　156
ウィリアム・プリンの公開殉教　157
禁制の条例　164

**第四章　舞台の預言者——演劇・宗教・越境する公共圏**　179
マホメットの帰還　182
ショー・マスト・ゴー・オン——ベルリンのポスト・オリエンタリズム　209
**第五章　スキャンダルの公表と寛容の境界**　231
ワイマールのスキャンダル——性、人種、そして法律　235
法律の視点　244
情動の公共圏と神への冒涜という政治　254
炎上とブラック・フェイス　270
**第六章　演劇美学の分散とグローバルな公共圏**　283
遊戯的な過剰同一化
——クリストフ・シュリンゲンジーフの『お願い、オーストリアを愛して！』　290
『コール・カッタ』——親密圏　299
他のアーティストもいる　306

踊る多文化主義――ＤＶ８フィジカルシアター『これについて語りあえるのか？』　312
訳者あとがき　331
図版一覧　339
参考文献　341
索引　i

# 序文 二〇二二

二〇一四年に出版された『演劇の公共圏』が、このたび日本語訳されることになり、たいへん嬉しく思う。本書は、アテネの演劇祭、近世の英国での猛烈なプロテスタントの演劇反対運動、そして二〇世紀に芸術表現の自由が認められるようになるまでの、西洋演劇における公共圏の出現を辿っている。すべての市民が政治、宗教など、どんな制約も受けずに開かれた議論へ参加できる公共圏の概念は、「ヨーロッパ」や「西洋」と呼ぶには本質的にあまりにも広汎であるものの、西洋の文脈で主に研究されてきた。公共圏と民主主義が分かちがたく結びついているのは、いうまでもない。公共圏がなければ民主主義は機能しないのである。その一方、演劇は、今も昔も、社会が全体主義へ傾くときさえ繁栄しており、極めて制約の多い公共圏であっても機能できるといえるだろう。本書で論じているように、演劇は特定のルールや慣習を持つ独自の公共圏を作り出すことが可能なのである。

演劇の公共圏が、検閲と同一視される場合もある。しかし、検閲と演劇の公共圏は密接に関係してはいるが、同義とは言えない。検閲は公共圏を規制するものでもあるが、常に公共圏の存在と力の大きさを証明することもあるからだ。とりわけ演劇の場合、他の領域での検閲が廃止された後も、検閲が残ることは多い。たとえば英国では、新聞の検閲は一八世紀にほぼ廃止されたが、演劇については一九六八年まで続くことになったのである。

日本でも、歌舞伎は「不道徳」や「退廃」を理由に、江戸時代には厳重に管理されたが、明治時代には、岩倉使節団が一八八〇年代にプロイセンの演劇規則を導入したことで、検閲の方法そのものもまた、「近代化」されたのだった(1)。

本書では、検閲廃止によって、演劇が、公共圏における重要な発言者としての機能を失う一方で、芸術的な自由を獲得する傾向について述べている。これには内側と外側の要因がある。内側には、演劇が芸術として認められようとする闘いがあり、それは、おそらく演劇モダニズムの最も重要な貢献であり、演劇が娯楽から芸術や美学の分野へと移行し、「(芸術)表現の自由」を主張できるようになったことを意味するのである。そして、この「表現の自由」の認識の前提としては、何らかの公的な助成がある場合が多い。また、最も重要な外側の要因は、ラジオやインターネットなどの新しいメディアの台頭であろう。メディアの即時性とアクセスの有効性が示されることで、多くの国で演劇は、当局が規制する必要すらない無害なものと映るようになったのではないだろうか。

二〇一四年以降、公共圏は大きく変化した。主な変化の要因は、ソーシャルメディアがほぼ規制されず活用されていることによる。公共圏の制限については、これまでも繰り返し問われてきたが、フェイスブック、ツイッター、インスタグラムとの関連において、これほどまでに熱のこもった議論がされたことはない。とりわけフェイスブックは、二〇一四年には、草の根の民主主義を活性化させる力があると考えられていたが、今日では同じプロセスにおいて、大きな危険が潜在していると見なされるようになった。アルゴリズムを駆使した情緒的なネットワーキングの力は、ロシアによる米国の大統領選挙への干渉や、ミャンマーのロヒンギャ族の虐殺、陰謀論の流布などの原因と指摘されることもある。

それでは、このようなグローバル化の趨勢と議論において、演劇の公共圏は、いったいどのような役割を果たすのだろうか。確かにインターネットの力をその宣伝目的のために利用する場合もあるが（第二章）、その方向はフェイスブックとは逆である。演劇の公共圏は、道徳的危険と政治的不安が渦巻く場から、民主主義と市民権教育を提供する制度へと、一般の認識を変容させていったのである。こうした変化はまったく自明のものではない。世界中の劇場の閉鎖につながったコロナ・パンデミックは、劇場がいかに脆弱であるかを暴くと同時に、劇場がいかに資源豊富であるかを、奇しくも明らかにしたのである。

二〇二二年一二月、ミュンヘンにて

クリストファー・バルミ

## 注

（1） Itoda Soichiro (2008), *Berlin & Tokyo: Theater und Hauptstadt* (iudicium: Munich), 54.

# はじめに

　本書は公共圏について論じた本である。公共圏は、東欧、アフリカ、中東の独裁体制が揺らぎ、民主主義が取って代わるという緊迫した状況のなか、最近になって再び取りざたされた概念である。民主主義のかなめとして健全に機能している公共圏では、性別、民族、宗教観、階級の違いに関わらず市民が公の議論に参加できると通常考えられている。したがって公共圏は、言論の自由や芸術表現の自由といった、広範にわたる人々の権利の中心をなしているのである。演劇の公共圏は、民主主義のプロセスにおける演劇の役割を追求するのが筋であろうし、また実際様々な場面で演劇的な手法が活用されてはいるが、両者がうまく連動しているとはいえない。制御が厳しく実質的に政治的な公共圏を失った抑圧的な制度下にあっても、演劇が芸術的に存分に開花することは、現代演劇史を見れば明らかだろう。例えば、ドイツ民主共和国におけるベルリーナ・アンサンブルや、一九六〇年代のポーランドのイエジィ・グロトフスキなどである。演劇はこれまで様々な言説、寓話、あるいは詐欺的な偽りまでも含めて、社会的、政治的な集団意識を反映する場を提供してきた。だからこそ、多くの国々で演劇は厳しく規制されてきたのである。ところが皮肉なことに、演劇がいっさいの統制を受けないと、演劇の公共圏そのものも衰退する。そういうとき、演劇の公共圏はしばしば自己充足的になり、愛好者と批評家と演劇集団のあいだのみで円環する閉じられた関係に陥ってしまうのである。

本書の目的は、演劇の公共圏の概念をどのように使用し得るのかについて、理論的、歴史的な輪郭を描くことである。「公」や「パブリック・スペース」といった同種の概念との避け難い混合・混乱を避けるため、ここでは極めて限定的な定義を用いることにしよう。公共圏とは、実際の空間とは違い、討論や議論を可能にする一定のルールそのものを意味する。歴史的に辿ってみたとき、どのような状況下で演劇とルールが関係し、いかなる結果をもたらしたといえるのか。公共圏における演劇の役割は以下の三点に要約できるだろう。戯曲や上演を通して問いを発すること、討論の議題となる場の社会制度としての機能、多彩な回路をまとめ発信媒体に結びつけ、メッセージを発信できるようにすることである。このしばしば連動する三つの機能が演劇の公共圏を形成している。これらのいずれか、あるいはその重なり合う部分に焦点を当てる研究は可能だろう。演劇の公共圏の開放と閉鎖について語ることも、またすでに述べたような閉じられた演劇の受容の円環を主要な美学形式において論じることもできる。しかし、本書の課題はそれらとは異なり、閉じられた関係が壊れ、他の公共圏が取って代わる様相について述べることである。

本書は広くヨーロッパを扱う。それは西洋演劇のいくつかの伝統において、演劇の公共圏の概念がどう適用されてきたかを背景にして、この課題を問いたいからである。二〇世紀と二一世紀の演劇の特色の一つは、西洋演劇の伝統が世界中に輸出され、各地の状況に適合するよう変容したことだろう。美学的な変容のプロセスについて鋭意研究されているのに比べると、演劇の公共圏における社会制度としての演劇は、ほとんど注目を浴びていない。こうした見解により焦点が当たるよう、今後は期待したい。

最後に謝意を述べておきたい。このプロジェクトは長い時間を経て様々な文脈で試されてきた。なかでも本書刊行にあたって次にお名前を挙げる方々には特に感謝申し上げる。アムステルダム大学のカティ・ロッター、ウィーン大学のステファン・ハルフェルド、ベルリン複合パフォーマンス文化センターのエリカ・フィッシャー＝リヒテ、ブライアン・シングルトン、モレイ・マクゴーワン、ダブリンのトリニティ・カレッジの同僚ジェルジ・リモン、ダンツィヒのトビアス・ドーリン、ベルリン、ヴァンゼーでのエドワード・サイード学会へ招待してくれたマーク・スタイン、テレアビブでの思い出深い「専門家会議——メディアの特殊性とその学際的領域」へ招待してくれたフレディ・ローケムとエラン・ニューマン、南アフリカ共和国プレトリアのツウェイン工科大学のパトリック・エヴェオ（芸術と持続可能な発展会議）、タンジールのカリッド・アミニー（変容するパフォーマンス会議）、韓国演劇学会会長のミーウオン・リー、ペーター・ボエニッシュ、アイアン・マッケンジー、ヨーロッパ演劇研究ネットワークおよびケント大学政治社会思想研究会の大学院生たち。そして最終段階で重要な示唆を与えてくれたエイミー・バーソローミュー（オタワ）には、格別の感謝を表したい。

本書の一部は、次のすでに刊行された文章を改訂したものである。

「分散した美学——パフォーマンス、メディア、公共圏」ジェジー・ライモン、アグネスカ・ズコウスカ編『演劇の混成——演劇における芸術／芸術における演劇』（スロー／オブラズ・テリトリア、二〇一〇年、一三八–四八頁）'Distributed Aesthetics: Performance, Media, and the Public Sphere', in Jerzy

Limon and Agnieszka Zukowska (eds.), *Theatrical Blends: Art in the Theatre/Theatre in the Arts* (Danzig: slowo/obraz terytoria, 2010), 138-48.

「プレイビルと公共圏」シャルロッテ・M・カニング、トマス・ポストルウェイト編『過去の表象——演劇史論集』（アイオワ大学出版局、二〇一〇年、三七－六二頁）'Playbills and the Theatrical Public Sphere', in Charlotte M. Canning and Thomas Postlewait (eds.), *Representing the Past: Essays in Performance Historiography* (Iowa, IA: University of Iowa Press, 2010), 37-62.

「オリエンタリズムとオペラと公共圏」トビアス・ドーリング、マーク・スタイン編『エドワード・サイードの移動——政治批評論集』（ラウトレッジ、二〇一二年、一七一－八六頁）'Orientalism, Opera, and the Public Sphere', in Tobias Döring and Mark Stein (eds.), *Edward Said's Translocations: Essays in Secular Criticism* (New York and London: Routledge, 2012), 171-86.

「寛容の端緒——検閲、芸術の自由と演劇の公共圏」エリカ・フィッシャー＝リヒテ、ベンジャミン・ウィシュトゥルツ編『パフォーマンスと空間の政治学——演劇と地政学』（ラウトレッジ、二〇一三年、一〇〇－一三頁）'Thresholds of Tolerance: Censorship, Artistic Freedom, and the Theatrical Public Sphere', in Erika Fischer-Lichte and Benjamin Wihstutz (eds.), *Performance and the Politics of Space: Theatre and Topology* (Abingdon, UK: Routledge, 2013), 100-13.

ミュンヘン大学演劇学科の同僚と学生が、各々の方法でのこの課題に取り組み、価値あるフィードバックを与えてくれたことは感謝に堪えない。とりわけミーケ・ワグナー、ベレニカ・シマンスキジル、ニック・レオンハルト、ウォルフ＝ジータ・アーネスト（ベイルース）、ジュリア・ステンツェル（マインツ）へは心からお礼を申し上げたい。

# 序論

二〇一二年一〇月一四日、暖かい秋の日曜の朝、自治体が運営するミュンヘンのカーマシュピーレ劇場の前、ミュンヘン一番の高級店が軒を連ねるショッピング街、マクシミリアン通りに数百人が集まった。劇場の市民集会との連携一〇〇周年を祝して、路上に一〇〇のテーブルが配され市民が招待されたのだった。テーブルごとにそれぞれ議題があり、参加者は事前にオンラインで登録済みである。各テーブルに司会がおり、意見を集めて議論を進めていく。劇場の前では、進行にしたがってブラスバンドが演奏している。そして、俳優たちは二〇世紀に展開されたさまざまな運動――婦人参政権運動、反原発運動など――を示すコスチュームに身を包んで、テーブルをまわる。俳優が議論の内容をメモし、一時間後、各テーブルから一つ、または二つの文章が拡声器を使って読み上げられた。コーヒー、水、プリッツェルが用意されていたが、ピクニック用のバスケットが登場すると、すぐにパーティの雰囲気になった。私が司会として任された議題は「スロー・シティ」で、ミュンヘンの急速な発展と高騰する家賃と住宅の価格に関するものだった。そして話題は、移動、交通機関、二酸化炭素排出、地域のインフラにも及んだ。参加者の経歴や職業は多様で、なかには元市議会議員もいた。ほとんどが中年にさしかかる年齢で、テーマについて精通し、広い意味での環境問題に関心を寄せていた。劇場通いをする人もいたが、そうでない人もいた。

この珍しいイベントは、「この街の劇場」と自ら称するカーマシュピーレによって実施された。ミュンヘン市が（シーズンごとに二〇ミリオンユーロを）助成しているから、もちろん制度的には文字通り「街の劇場」だが、そのような通常の定義を超えて、この劇場はすすんで都市へ関与しようとしていた。今回のイベントの招待状は、次のようなものである。

ミュンヘン・カーマシュピーレは「街の劇場」です。芸術と議論の場、公共圏でありたいし、そうあるべきと考えます。市の人口のわずかな人たちだけが、劇場を利用しています。チケット代、使用言語、文化的規範は、いずれも劇場へ足を運ぶ妨げになり得るでしょう……本日は、ストリートと劇場が大きなタウンホール・ミーティングとなり、この公の議論の場はミュンヘンにおける貧富が何を意味するかを問うことになります。どのように、また誰のために、財源を教育や政治、そして文化に割り当てるべきでしょうか。未来へ向けて、市民が参加し影響力を持つ可能性は他にないのでしょうか。

地域、年齢、宗教、社会的背景の異なる、広い範囲の人々を含めて考えようとする劇場の意思が、この文章には表れている。こうしたコミュニティの話し合いの場は、参加者同士が互いに極めて個人的な見地からこの都市の状況を語り合うためのものである。テーブルには、教育、政治、文化、メディア、スポーツの各分野の専門家も加わっていた。個人としても、あるいは自分が属する家庭やクラブや機関のメンバーとしても参加することができる。文字通りのストリート劇場での即興の交流は二時間におよび、参加したのがテーブルについた人だけなのか、あるいはもっと大きなコミュニティである見物人まで含んでいるのかは実際定かではないが、皆が心地よい時間を過ごしたことだけは確かだった。俳優たちは一風変わった衣装をつけてテーブルをまわり、意見を聞いたりおしゃべりしたりした。パフォーマンスの雰囲気はなく、純粋に共同体が現れた瞬間だった。

「すべての人のための演劇」がその日の議題の一つだったが、それは一九世紀以来、大衆演劇、国民演劇、民衆演劇、ポピュラー・シアターなど、さまざまに装いと呼び名を変えて近代演劇に登場した、古い問いである。こういった多様なモデルやコンセプトと、今回のミュンヘン・カーマシュピーレ前の一〇〇のテーブルの重要な違いは空間性である。以前のモデルは、内容や美学が同じであっても、演劇とは観客の前で演じられる舞台であるという前提に基づいていた。マクシミリアン通りの演劇が仮に演劇だとするなら、上演用の建物の外で、我々の生活を演目としたことになる。観客と演者のあいだに通常の相互関係もなければ、舞台への没入へ集中を促す暗い客席もなく、そこに芸術はなかった。その代わりに、階級、ジェンダー、宗教、学歴の偏りがない、さまざまな人の参加による、公共の関心事についての議論が構築される。情報の整理が行われたのは、劇場のドラマトゥルグによる企画の段階においてのみだった。

「階級、ジェンダー、宗教、学歴に関わりなく、個々人の参加による公共の関心事についての議論」とは、研究者や活動家が近年よく使用する、公共圏についての教科書的な定義である。演劇と共同体の再政治化（ナンシー）、芸術との見解の不一致（ランシエール）、新しい「アイデアの演劇」再考（バディウ）など、すでに多くのことが言及されてきた。しかしながら、そのいずれにおいても、演劇的なイベントは上演用であってもなくても、とにかく舞台で行い、集まった観客がそれを観ることが前提となっている。演劇の公共圏を適切に語るうえで、さらに大幅な前進を必要としていることを「一〇〇のテーブル」は示唆している。劇場が企画したタウンホール・ミーティングは、一方で、演劇とはこうあるべきという既成概念への挑戦であろう。そして他方では、タウンホールと劇場が一つの同じ建物にあった時代へ戻せという暗示とも受け取れる。

その六週間後の二〇一二年一一月二五日、今度は劇場内の心地よい雰囲気のなか、別の公共の議論が行われた。ちなみに、アール・ヌーヴォー様式が施されたカーマシュピーレの客席は、名高い親和劇場運動の建築としての証拠であり、また美学的な没入に適した環境も提供している。今回の議論は、舞台上での通常のトークショー形式で行われた。壇上には、リミニ・プロトコル所属アーティストのシュテファン・ケーギ、社会学者のハーマット・ローザ、そして司会の政治アドバイザーでニューメディア・コンサルタント、ジェラルディン・デ・バションが登場し、議論を進めた。議題は「民主主義を位置づける」であり、ミュンヘンの参加者の議論にマドリードとカイロの討論者がオンラインで加わった。とりわけカイロの街路では、反大統領派抗議運動の参加者に催涙ガスが撒かれ、当時の新エジプト大統領モルシが独裁的な憲法を自ら棄却したところだった。急速に展開する政治的状況によって、議論の内容は極めて現在的なものになり、ミュンヘンの参加者は、ブラック・ボックスではなくいわば劇場のなかに、公共圏のかたちが立ち上がるという、非日常的な演劇的状況を目撃したことになる。二時間に及ぶ議論の後、参加者は、自分たちが目の当たりにし経験したものは、上演か、議論か、あるいは演劇化された公共圏なのか、いったい何だったたのだろうと思いながら劇場を後にしたのである。

完全に独自のものでないにしろ、こうした型にはまらない形式は、ある問いに焦点を当てる。「一〇〇のテーブル」というこのイベントが明確に「公共圏」だとすると、作り手が提供する通常の上演は「公共圏」ではないことになるのではないか。本書の中心テーマの議論を進めていくと、ミュンヘン・カーマシュピーレのドラマトゥルグがおそらく正しいことがわかるだろう。今日、上演演目がどれほど革新的でタブーを犯し越境を試みるようなものであったとしても、公共圏への関わりはほとんどない。二〇世紀の芸術上の達成は、劇場本来の危険を孕む騒々しい場をすっかり変えてしまい、公共性を犠牲にして、代わりに集中力を要する美学的な没入を獲得した。明かりの落ちた客席は、意図と目的がすべてのプライベートな空間になったのである。

## 公共圏とは何か、どこにあるのか

助成金を十分に受け、「公共圏」と再び関係を結ぶ公共劇場の存在は、社会科学、人文科学を横断してこのテーマへの幅広い関心を復活させる兆しである。(1) 学問的、芸術的な関心というのは、問題が不明瞭な場合、概念の範囲が曖昧なとき、あるいは既成概念も援用不可能であるときにこそ、信頼すべき兆候だといえる。また、我々が直面する課題――情報革命、グローバル化と移動、気候変動、公的資金やサービスの欠如――すべてがある意味公共圏に関係しており、そこでは問題が議論され、理想的には市民が自由に入ってきて言説に関与することができる。こうした未解決の課題をみればわかるが、演劇とパフォーマンスの文脈を使用すれば、どのような公共圏の議論であっても、すぐに馴染みのある言葉で政治の領域に自分たちを置いてみることができる。公共圏は本来、個人のプライベートと官僚主導の組織やビジネスのあいだの、取りとめのない話が次々に出てくる場であり、言ってみれば自由で開かれた社会を機能させる重要な役割を担っている。本書では、演劇とパフォーマンスがこの領域で果たす役割を考察し、演劇の公共圏についてどのように独自性を持ち定義し得るのか、またいかにパフォーマンスや演劇の理論がこの議論に貢献し得るかを探求していく。

とはいえ、いったいどの公共圏について我々は話しているのだろうか。公共圏を議論するなら、ユルゲン・ハーバーマスの重要な著書『公共性の構造転換』から始めるべき（終わるべきでない）だろう。この本は一九六二年に最初にドイツで出版されたが、一九八九年まで英語には翻訳されなかった。ハーバーマスは、公共圏を歴史上繰り返し現れた二つのタイプに分けている。一つは、封建制や絶対主義の典型にみる代議制であり、国家機密による命令がほぼすべての政治行動を決定する。もう一つは、公開されるものや儀式をいわば丁寧に演出することである。後者には新しさを試す性質があるから、参加者であるブルジョワジーがいくら入れ替わっても構わない。政治の場へ適用される前に、演劇、文学、芸術といった「非政治的」な場で、言説のパターンと実践を訓練しながら、衰退しつつあった封建社会のなかからブルジョワジーの公共圏は出現したのである。

ブルジョワジーの公共圏を特徴づけるのは、公的な関心事について理性的な合意の達成を目的とする個人の言説である。ブルジョワジーの公共圏の特色とは、どこからでもアクセス可能であること、自律的であり（参加者は強制されない）、平等であり（階級より議論の中身の方が重要）、合理的、批判的議論が可能であることだ。ハーバーマスの議論は、次の二つの変容に基づいている。一八世紀の封建的な代議制の公共圏からブルジョワジーの合理的、批判的議論への変化、そして一九世紀末から二〇世紀にかけて、マスメディアの影響や文化の商品化や政治による世論の操作などが、市民の公共圏を劣化させ、いわゆる「公共圏は作られたショー」[2]に成り下がったという二つの変容のである。メディアの商業化、商品化や、政治組織の変化、とりわけ圧力団体やロビイストの出現により、意見形成とプロセスは民間人から引き継がれ、再配置され、いっそう専門化することになった。

公共圏のそもそもの定義からすると、特にハーバーマスの研究が英訳されて以降は、語の意味はかなり幅広いものになってきた[3]。ドイツ語の Öffentlichkeit が「公共圏」を示すとするといくぶん問題含みなのは、原語の不変性と柔軟性をうまく説明していないからだ。Öffentlichkeit は、第一に、空間ではなく文脈や人のことであり、抽象的な意味ではない。使用の仕方は「英国国民」の概念における「国民」という語に近い。ここには、「国民の視座」の意味もあるため、空間的な概念にも意味を拡大できるのである[4]。したがって、ハーバーマスによる公共圏の定義において、特に歴史上の公共圏の出現は、集団性や空間性ではなく、人々が実現する概念上の制度において理解すべきだろう[5]。ハーバーマスが理論化した公共圏は、つまり実際の空間ではなく、人々の多様性そのもののである。参加の自由、言論の自由、参加者の自律性と平等性といった構成要素が、考え得る限りでは最良の、民主主義における重要な前提を形作るのである。

ハーバーマスの理論についての議論は、一九八九年の英訳出版以降に集中しているが、奇しくもそれは冷戦終了と情報革命の始まりの時期にあたっている[6]。ハーバーマスへの批判の多くは、一八世紀の自由主義ブルジョワジー型の反復を基礎とした、「規範的」もしくは過度に理想化された公共圏についてである。ハーバーマスの著書への批判はほぼ定式化されていたにも関わらず、一九八九年当時よりも現在のほうが公共圏という語はずっと普及している。これは前述の情報革命、とりわけプライベートな声であふれるウェブ上の民主主義の進化に関係がある。また、最初は東欧、最近では中東でも急激に高まりを見せた政治の変化と明らかに連動している。それと同時に、本書のテーマに関係しているのは、モダニスト流の集中を促す空間（ブラック・ボックス）への批判とも、分散した受容を促す空間（ホワイト・キューブ）とも一体化した芸術分野における、観る行為と観客の概念の変容である。規範的であれ、理想的であれ、根源的であれ、どんな公共圏であっても、重要な要素として、民主的な構造と芸術的な組織をその内部に備えている。したがって、ここでの課題は、公共圏がどのように機能し、変容し、現在の演劇に関連しているかを具体的に示すことであろう。

『公共圏ガイド』にしたがって、公共圏を扱った文学の資料をインターネットで集めて分析してみると、三つの異なる特質が見えてくる。（一）公共のコミュニケーションが演じられる構造、（二）公共コミュニケーションのあらゆる形式における社会階層やグループによる区分、（三）支配的な公共圏から逸脱した反公共の三点である。これらのカテゴリーは、ハーバーマスの概念に対する重要な変更を表している。[7] 演じられる構造は、公共コミュニケーションが表現される具体的な場を探求する。主にマスメディアを指すが、タウンホール・ミーティング、抗議運動、デモンストレーションのような対面のコミュニケーションもこのカテゴリーに含まれている。インターネットのコミュニケーションの爆発的な普及により、アラブの春においてはとりわけＳＮＳにより、演じられる構造が再び関心をひいたのである。[8] このようなコミュニケーションは、いったい誰のものだろうか。演劇は、一方でエンターテイメント・メディアとして多様化し、他方では芸術形式として確立してきたために、もともと演劇に備わっていた公共コミュニケーションの場としての役割は、その効力と重要性が失われてきた。前者の大衆への訴求力は、商業資本主義の経済構造の複雑さによって曖昧になってしまった。[9] また、後者の芸術至上的な啓発は、公共コミュニケーションの場として機能する演劇の能力とどうにか接点を見出しているようである。

公共圏の社会区分は、封建制から市民社会への歴史的変化を取り上げるハーバーマスの理論においてすでに明白である。政治哲学者チャールズ・テイラーは、市民の地位と市場の変化にともなう西洋近代において、重要な三つの「社会的想像物」のうちの一つとして、公共圏を挙げている。世論と切り離せない公共圏は、共通の相互コミュニケーションが可能な「場」であり、そこでは、対面やオンライン上を含め、多様なコミュニケーションの形式が潜在的につながりあっていると いう。「テレビで今議論していることは今朝の新聞で何が書かれたかに関係しているし、それは昨日のラジオで報道されたことであったりする。だから、我々は公共圏を一つのものとして語るのだ」[10]。このような公共圏における相互関係が明示するのは、公共圏の統一性と多様性という二つの性質そのものである。統一性については、ふつうは憲法が保障する言論の自由の範囲内という制度に基づいている。そして統一的な公共圏は、個々の劇場という別々の公共圏を保証し、そこでは芸術や音楽が存在し得る。それぞれに独自の参加ルールがあり、場所、参加の仕方、他の公共圏との重なり具合などの点についても調整される。

すでに述べたように、公共圏は通常単数形で示すのかもしれないが、近年の研究では複数形が有力であり、特に反公共という考え方においては公共圏の概念の断片化さえも見られる。こういった議論は、労働者組織を疎外しブルジョワジーが支配する公共圏に対する批判が始まった一九七〇年を端緒としたが、同様のものは早くもフランス革命にも現れていた[11]。ハーバーマスの議論の中心には通時的な側面があり――構造的に変容し、最終的には理想的な公共圏から後退せざるを得ない例がその典型だが――その社会構造は、変化前とわずかしか変わらない。けれども、差異への注目は、公共圏の概念の研究において近年の重要な貢献であり、ハーバーマス自身もそれに関して発表している[12]。近年の研究では、できる限りカテゴリーを名づけられるように、階級、人種、ジェンダーのラインに沿って考えながら、公共圏の構成が認識されている。したがって、今日では公共圏を単数ではなく、複数形で使用するほうが通常になっているといえる。

文化論が専門でゲイの社会運動家でもあるマイケル・ワーナーは『公衆と反公衆』(二〇〇二)のなかで、この議論において影響力のある発言をしている。ワーナーは公共の言説、とりわけテーマ性があり、政治的アイデンティティを構成する成分としての「詩的世界の創造」について言及する。詩的要素を強調するのは、合理的、批判的形式での意見交換によってのみ公共が構成されているのではない、とワーナーが主張するからである。また、公衆もさまざまで、特に芸術に傾倒する反公衆にとっては、言語は単に主張の手段でなく、詩的な表現手段として役立つものである。

公共の言説は、「人がそこに存在すること」のみならず「この人物にこんな風にしゃべらせ、こんな風に世界を見よと促す」。そうすると、人が成功したりしなかったりしながら、そこに存在することを確認することになるだろう。うまくいくケースは、さらに何かを引き合いに出し、共有され、鮮明に表現された世界への理解を促す。旗竿を掲げ、誰が祝杯を挙げているかを見よ。ショーを上演せよ、誰が登場しているか見よ。(13)

公共の議論というたなびく旗は、演劇の文脈において公共圏を考える出発点になるだろう。今日、「詩的形式」への参加は、もちろんインターネット上での様々な場と形式によって可能である。ワーナーが仮に、詩的世界について、第一にサブカルチャー特有の言説へのクリエイティブな扱いを想定しているなら、もっと根本の語源である poiēsis という語を理解し、使用することを私は勧めたい。詩をたんに感覚的なものとするのではなく、言葉の意味が同時に肉体化される過程を示す手段とすると、サブカルチャーのみならず、結果としてあらゆるメディアに援用されていくからである。

ハーバーマスの公共圏の「規範的」理論についての最近の重要な批判は、政治理論研究のなかの、いわゆる「アゴーン」派からの提言である。ポストオペレスト派でラディカルなポスト・マルクス主義哲学にも傾倒する、シャンタル・ムフの仕事においてよくわかるように、アゴーン派の理論は全体として合理的で、あるコンセプトへの合意形成に対して異議をとなえる。代わりに彼らが勧めるのは、ジョン・ブラディによると次のようなものである。「民主主義政治モデルに利益をもたらす公共圏の理論は捨ててしまおう。民主政治では、政治論争と同時に無視される現実もあるから、それは潜在している他者を解放するために役立つのである[14]」。シャンタル・ムフが提案する「アゴーン的複数性」のコンセプトは、「攻撃性」によって「解放」することで民主主義の理論を克服する、また別のやり方であり、民主主義政治の衝突の本質については、二の次にする傾向がある。アゴーン的複数性は、本質的に敵対する政治は率直に認め、感情や情動の融和をめざすのではなくまずは対立を鮮明にする。そしてムフの考える民主主義政治の目的は、敵対関係を論争へと変容させることであるという。「『アゴーン的複数性』という民主主義政治の眼目は、公共圏から人の感情を消去するものでも、感情を民主的な目的の達成のために動員するのでもなく、合理的に可能な合意をめざすものである[15]」。合理的な議論ばかりを肯定し感情を消去するのではなく、民主主義のプロセスに感情を融合していく方法は、議論となる観点への安全装置を提供する。そのプロセスがない場合、議論は「礼を欠いた敵対意識の爆発[16]」のような、もっと暴力的な表現方法へ向かうかもしれない。

こうした議論は、新しい学派の理論によって反論されてきた。特にハーバーマスの後に改変された理論は、過度に単純化された「規範的」ラベルや「合理性、批判性」への信頼よりも、体制に順応せず論争を厭わないコミュニケーションに近いとの指摘がある。(17)彼らは、政治問題が解決しないとしても、それらの存在をはっきりと知らしめることを優先し、市民による反抗と政治的抗議に対して、ハーバーマスは注意を向けて、明らかに認識した点の方を強調するのである。(18)法律学者エイミー・バーソロミューは、ハンガー・ストライキのような抗議活動でも、再編されたハーバーマスの公共圏の理論においては和解も可能だという。

議論や周知を徹底する目的で行われる抗議活動のように、身体的ゆえに象徴的な異議申し立ての政治行動は、議論の体現として正当化するのは容易い。しかし、ハーバーマスの理論で扱えるのは、たとえば抑圧的な政権の暴力性や法律による強制のような不当な行為に対応する犠牲をともなう真摯で美学的表現から、長期のハンガー・ストライキのように、ともすれば飢餓で命をおとすほど致命的に身体にダメージを与える行動まで、範囲は非常に広い。(19)

アゴーン理論に対するこういった反応は、全体として、公共圏の理論における身体的行動の美学的な表現について、行動の情緒性をふまえて議論する方向にある。このような立場は結局、合理的、批判的立場とアゴーン派の考えを体系的に統合することになるのである。

他の学問分野に比べ、演劇学と芸術学における公共圏についての議論は少ないようだ。(20)今日、芸術学の文脈において公共圏についての議論が難しいのは、それが建物の外の公共スペースで行われる芸術的実験と混同される傾向によるだろう。一方には、公共圏へ直接影響を与える、最近の「リレーショナル・アート」「パブリック・アート」への方向は間違いなく重要な現象だが、それらは公共圏の議論に完全に同一化されている。このような同一視について、オーストラリアの活動家で、公共圏の理論家でもあるサイモン・シェイキによる論文においては、また別の洞察が見られる。彼は「基本的に異なる多様な公共圏という概念」に基づいて「特定の公共圏もしくは公共スペースという（現実または想像上の）構造の背後に潜在するもの、問題、政治」[21]を探求する。ここでの「もしくは」という接続詞の使用が明らかにしているように、公共圏と公共スペースは交換可能な同義語とされている。シェイキは、モダニストの「ホワイト・キューブ」型の重要な第一歩として、「理想的な、一般的な鑑賞者」[22]を想定した、公共圏の芸術実践の変化を見ているのである。シェイキが強調するのは、今日の芸術実践の文脈における公共圏の複数性である。

演劇とパフォーマンス研究では、ジェネル・レイノルトが、公共圏の概念に取り組む数少ない研究者である。公共スペースと公共圏の混同に陥ることなく、彼女は、芸術におけるこの概念の適用へ話を移す前に、包含と排除に関するよく知られた批評を繰り返し、活字と合理的な合意について存分に強調する。そして、国境を越えてグローバル化する芸術マーケットでの演劇の公共圏を考慮して、よくいわれる悲観的な見解を再び共有するのである。

演劇とパフォーマンスを含む芸術の多くの仕組みを、市民社会の一部と我々は認識しているが、演劇の分野では、直接的な政治的効用をもたらすことは不可能だという印象が強まっていると理解すべきである。なぜなら、劇場は国の助成金を受けているが、国際芸術イベントやフェスティバルの助成は私企業であっても国際的なスポンサーによるからだ[23]。

彼女が挙げている例は、仮に公共圏の目的が一つだけだったとしても、インド女性による民族パフォーマンスや、タンザニアの発展を目的とした演劇では、すでに効果が発揮されている。レイノルトが拠点にするアメリカ合衆国というコミュニティからすると、こうした公共圏は、演劇よりテレビに影響を受けているという理由で、悲観のみを強調せざるを得ないのだろう。

レイノルトの批判によってむしろ明らかになったのは、公共圏をより多面的に理解する必要性であり、ハーバーマスの理論の多様性、なかでもアゴーン的で遊び心のある側面について、議論する可能性が浮上したことである。演劇の公共圏の理論は、論争の合理性をしっかりと保ちつつ、感情と情動を強調し「アゴーン主義」の概念の拡大を基礎にする必要がある。合理的、批判的なものとアゴーン的なものを相容れない表現形式としてではなく、互いに補完し合うものとして考えるべきだろう。さらにいえば、これこそが真逆に見える二つの見解についての弁証法的な解決方法として、本書が採用する理論である。次章で述べるように、アゴーン的な公共圏の考え方は、ギリシャ演劇とポリスにその源泉がある。そこには、演劇の公共圏のなかの三つめの重要な要素、舞台の遊戯性がある。特にアリストパネスの古典喜劇の痛烈な風刺は、公共の問題に関わる演劇のモデルを確立し、それは現在まで続いている。仮に、次の三つのモードの演劇——合理的批判的、アゴーン的、遊戯的——を適切に、いっそう豊かに今日に適用できるなら、芸術と演劇の公共圏の特徴について詳しく述べることができるだろう。

## 観衆、観客、公共圏

公共圏への関心の復活は、演劇とパフォーマンス、ひいてはもっと一般的な芸術における環境の変化に直接呼応している。演劇研究と対になっている。ソーシャル・アートやリレーショナル・アートの研究の急増（ビショップ、二〇一二）は、演劇研究と対になっている。たとえばシャノン・ジャクソンによる『ソーシャル・ワークス』（二〇一一）は、現代のパフォーミング・アートへの参加に焦点をあてており、デヴィッド・ワイルズの『演劇と市民権』（二〇一一）は、上演の実践への市民参加について歴史的に検討している。両者は、公共圏を研究の主眼に置いているわけではないが、明らかに公共圏を引き合いに出して議論する。こうした研究は、パフォーマンスの「詩学」と呼ばれるものを主に対象にした、前世代の演劇とパフォーマンス研究からの転換、この領域における潮目の反映ともいえる。過去十数年における二つの影響力ある研究書、[24]ハンス・レーマンの『ポストドラマ演劇』および、エリカ・フィッシャー＝リヒテの『パフォーマンスの美学』は共通して、演者と観客が対面で出会うという「自己生成による相互循環」のなかの美学的なコミュニケーションの本質と構造の解明に焦点を当てている。[25]けれども、こうしたパフォーマンスの美学的経験の閉じられた循環は、議論や言説の場としての公共圏やこの研究に立ちはだかる制度の問題点のどちらも受け入れることが難しい。二人の著者による分析の戦略と実践は、広い意味では、演劇的コミュニケーションにおける、モダニストのブラック・ボックス型の今日的な提言ともいえるのである。ブラック・ボックスは、美学的な経験を第一に、集中力を強化するよう促す真っ暗な空間を基本としているが、社会や政治の議論への回路は存在しない場合が多い。

さらに話を進める前に、劇場内外で観衆や人々が参加する、いくつかの異なる領域について違いを明確にしておくことが必要だろう。観衆、彼／彼女の属する集団、観客は通常、「心臓部」「中心」もしくは「演劇的イベント」近辺にいるが、それについて多くの有益な研究は、決まりきったレトリックを用いているため、むしろバランスを失っている。デニス・ケネディは、人文学の学者の多くが、訓練したこともないことも研究したこともない経験的な心理もしくは社会の全体性と、「話者の想像力というおぼろげな推論」という理論構築のあいだを行ったり来たりする研究について逆説の輪郭を描いてみせる。[26] ケネディの最も重要な洞察は、観客の歴史的な偶発性を明るみに出したことである。そして、（緊張感があり、明かりの落ちた客席で身体を固定させて集中するという）我々が暗に了解している観客モデルは、新しいモダニストの発明であって、一世紀ほどしか続いていない点もケネディは明らかにする。彼の研究は、前近代の観客が「劇をじっくり観に行っていたのではなく、劇場という場に参加していた」という再認識を与えてくれるのである。[27]

ごく最近まで、観客参加と演劇的イベントへの観客の関与についての議論は、上演と受容という二分法を前提に、ほとんど解決しようのないほど混乱を極めてきた。これら二つは相互に依存しあっていると考えられるが、演劇研究者たちはバランスを欠いた分析方法（および意思）を用いて、イベントに対する複合的な貢献を検証しようとしている。これまでの研究において観客個々人の反応の重要性と同様に、コミュニティ（観客）の解釈の重要性を確立するために用いられてきたのは、読者の受容理論[28]、民族学的方法論[29]、精神分析[30]だが、上演と受容の二つは、最終的な分析では結合しなければならない。多くの研究を結びつけるのは、身体、感情、認識の活動をすべて含む広範にわたる美学的な問いにおいて、ミッシング・リンクを理論化する試みである。上演されているあいだに観客は何を「行い」、どう振る舞い、自分の理解をどう意味づける（もしくは無意味化する）のかという問いは、間違いなく演劇とパフォーマンス研究の中心にある。しかしながら、このことを本書で特に取り上げるわけではない。公共圏への着目は、モダニストから離れて、イベントという演劇の美学的な拡大や、その時々の社会に視座を固定するポストモダンへの転換を意味し、またあらゆる上演を超越した社会的、政治的接点から発する問いを中心とした再編成でもあり、それはむしろ回帰といってもいい。

上演を通してより広い観客へアプローチする多様な試みがあることは否定しないが、本書の中心となる議論は、今日の演劇の公共圏といわゆる観客参加型上演との共通性ではない。観客と公共圏との価値の違いをはっきりさせるには、「今ここ」という上演の一回性から離れた演劇のダイナミズムを研究者が探求しなければならない。大衆エンターテイメントの提供と、いくぶんか自律的な美学的領域にもなり得る特異性のある演劇の分化過程は、ヨーロッパとアメリカで同じような道をたどり、政治、社会的機能における演劇の公共圏もまた同じように周縁化されていった。公共圏の点からすると、商業的、芸術的な演劇のかたちは、ピーター・ブルックの言葉を借りれば、どちらは、少しずつだが社会的に再び効力を発揮し始めている（第六章参照）。新しいメディアと接続し、劇場の外へ出ていくことで、演劇も「退廃演劇」[31]ということになる。

## パフォーマンスと公共圏

客席数に関わらず、今日の観客席はモダニストが残した多大な影響を受け、「高度情報網の袋小路」[32]にならざるを得ない。芸術的集中を促すブラック・ボックスにしろ、夜のエンターテイメントにしろ、こうした閉じられた状態によって、演劇と政治を相入れない状態にしている。ここで問題にしたいのは、観客と公共圏を差異化するという結論に至ったモダニスト演劇の勃興についてである。計画的に行われた「親和劇場」（ストリンドベリ）では、明かりの落ちた客席と芸術至上主義的な舞台は、美学的経験を促進、強化する表れであり、その経験は、高度の「注意力」（クレアリー）、そして舞台と客席の活発な交流の達成によるものである。[33] 演劇学が誕生したのもこの流れに関係していて、学問的テーマは、演劇のこのような側面への探求が主流だった。しかし、ブラック・ボックス上演における集中力があっても、演劇の公共圏のダイナミズムを理解することにはならないのである。上演の美学的な範囲以外への着目は、演劇の公共圏を理解しやすくするが、不均衡もでてくる。ジョン・マクギガンは、演劇の公共圏を復元するには、コミュニケーションや合理的な合意や慎重な民主主義といったハーバーマスの理論を、芸術やエンターテイメントに単純に適用するべきだという。「相互理解を得るために美学的コミュニケーションを減らして規範に従うというのは、深刻な誤りだろう。私見では、芸術は創造を目的とするとき、誤解を招く言葉や表象であっても、どのような場合であっても、第一に関心を惹くものでなくてはならない(34)」。

いったいどの程度、パフォーマンスのイベントによって演劇の公共圏は影響を受けるのだろうか。ブレヒトの異化効果であれ、もっと最近のポストドラマ的認識の不一致であれ、いかなる努力があろうとも、上演の形式を保つ演劇には強い感情を維持する領域が残っていて、様々な本能、情動、認知反応を誘発する。演劇の公共圏は、客席にこういった強い感情があふれ出したときに影響を受け、繊細な社会的言説をともなって現れる。この「あふれ出すこと」こそが、抗議やスキャンダルのかたちを明らかにし、また演劇ともっと広い公共圏のあいだの関係性の研究について、焦点を新たに作り出すのである。しかし、演劇の公共圏が、スキャンダルを必要とするという意味ではない。モダニストとポスト・モダニストの孤立によって極端に変容、妥協されたものであっても、演劇にはまだ公共スペースが残っている。

すでにある批判から少し離れてみると、演劇は公共圏とどのような関係を持ってきたのか、あるいは持ち得るだろうか。それは議論や言説の空間そのものといえるのだろうか。詳しく議論が行われたうえで、演劇が世界を直接変化させたことはあまりないが、戯曲や上演がより広い公共圏へ関与した例は数多くある。たとえば、『人形の家』の最終場で、バタンとドアを閉める音が示すノラの家出に表れた問題は何だろうか。それは、合理的な議論でも明白な政治声明でもないが（イプセ名である。女性解放運動とノラを関連づける認識に対するイプセンの拒否は、上演受容が彼の意に沿わなかったからではない。イプセンの伝記作家ミシェル・メイヤーは「シェイクスピアの『リチャード二世』における王権、『幽霊』における梅毒と比べものにならないほど、『人形の家』の主要なテーマは女性解放運動であり」「これほど重要な社会的論争へ貢献し、普段は演劇や芸術にほど関心のない人たちのあいだで広く活発な議論を呼んだ戯曲はそれまでになかった[36]」と述べている。つまり、（ひとりの作家が書いた）戯曲の芸術的長所とは、解釈の不一致にあり、それこそが単純なイデオロギーによって異なる見解を上手に融和させることへの抵抗である[37]。しかし、演劇と公共圏との関わりは続いていく。

イプセンは政治、社会的キャンペーンの手段を提供することより、普遍的な人間の問題の分析に関心があったようだが、こうした両義性が見られる演劇の形式はあまり多くはない。ワイマール共和国時代のドイツでは、例えば中絶、死刑、同性愛者への差別、反ユダヤ主義など、当時の社会や政治を問う、時代を映す演劇が始まった。他に、もっとマイナーなものだと、一九二〇年代のアジプロやリヴィング・ニュースペーパーも政治の問題に介入していたが、芸術的な理想についてはあまり関心を向けてはいなかった。今日、こうした議論の両義性を促すジャンルの演劇は、ドキュメンタリー、現実の証言、裁判、国会審議など、似たような方法を戦略的に使用し、公共圏で共有される問いへの関心を集めている。

広い公共圏の一部としての演劇上演が、社会的、政治的に周縁に置かれるようになったのは、検閲の廃止に最もよく見て取れる。検閲は、演劇が人を集める政治的権力に関与するという、深い確信を与える。検閲による統制があると、演劇の観客は、より広い公共圏の当局の監視下にいることになる。一九世紀における演劇の検閲は、著しく統一感がない。「ヨーロッパ各国がそれぞれであったように、演劇の検閲は多様だった」とロバート・ゴールドスタインは述べているが[38]、二〇世紀に検閲が根本から変わり、全体主義体制は例外として、検閲の撤廃は首尾よく行われたのである。一九〇六年のフランスに始まり、最後は一九六八年の英国まで、検閲撤廃のプロセスは、演劇が公共圏のなかで主体として次第に周縁化するしるしであろう。検閲の消失と同時に現れた、表現の自由に重きを置く憲法による演劇の保護は、演劇を公共圏とするもともとの理解を反転させてしまったのだ。明らかな性的表現や冒涜的な表現を含む西洋演劇を、どの程度「承認」するかは、演劇が前衛的芸術であろうと祝祭的なショーであろうと、少なくとも同意した大人だけが集う極めてプライベートな場所になってきたことを示している（第五章参照）。西洋演劇が行っていることは、ほぼすべてプライベートでしかないことを我々は認めなければならないだろう。演者と観客という同意した両者のあいだで行われる芸術的な行為であり、それゆえより広い公共圏の関心をひくことはほとんどないのである。ヌードや猥褻なものや暴言が舞台に現れたときですら、西洋化された観客（常連客中心のシーズンからフェスティバルの舞台まで幅がある）なら、自分たちが罰をうける心の準備をしているのである。そういうとき劇場のドアはピシャリと閉まっていて、編集者へ手紙が書かれることがあるが、それは何もかも許容されるなかでは例外である。子どもは子どもじみた行為をゆるされ、芸術家もまた然り、したがって彼らは法に守られ、明白なタブーを犯す自由を問題視されないのである。

もし上演の内容が広い公共圏からほとんど気づかれないとするなら、いったいどこに影響を及ぼしているのだろうか。ほぼ公共圏への貢献がないブラック・ボックス型ではなく、演劇が制度として、別の社会的、法的、経済的、芸術的役割を果たす方向へ向かう結果を予想するのは簡単だ。ブラック・ボックスの舞台と客席のあいだのパフォーマティブに循環する関係は、公共圏の範疇にはなく、少なくとも演劇に政治的、社会的効力があると確信する芸術家たちは、戦略を変え始めている。ブラック・ボックスを使用せず、別の場所を探すというのが、これまでの反応の一つである。しかし、工場跡を新しい拠点にして劇場として洗練させていったとしても、社会制度から離れたまま、新しいブラック・ボックスを創造することになりがちだ。政治的な公共圏へ直接介入して、劇場を（再び）公共圏の新しい拠点にしようとする、もっと根源的な動きもある。ユーロ危機を背景に公的資金の削減が行われ、イタリア、スペイン、ギリシャの芸術家と運動家は、助成を受けていた劇場の売却を食い止めるために働きかけただけでなく、劇場を公共の議論、芸術的、政治的活動のプラットフォームとして使用したのである。[39] 上演から制度への移行は、時間と空間の再定義ということもできるかもしれない。来るべき未来を形作るため、事前に必要な多様性を提供するうえで、公共圏は我々の将来と未来の認識にとって不可欠な要素である。こうしたあらゆる空間的な特徴によって（それが重要なのだか）、公共圏が最終的に未来を決定することにもなり、演劇の公共圏をも特徴づける。それは、制度の議論、演劇のスキャンダル、統合のかたちであり、最終的には社会における演劇の場と機能を特徴づけるのである。

この議論については、本書の別々の章で展開するが、キーワードによって互いに関連している。各章はおおむね時系列になっているが、演劇の公共圏の「歴史」を緻密に構成しているわけではない。それぞれの章では演劇の公共圏の特質を検討し、「やま場」を強調し余すところなく目配りしたが、それらはすべて著者の専門的な見解に基づくものである。歴史的に先行する演劇の公共圏の理論的概観についてである。おそらく最も基本的なものは、パブリックとプライベートの区別であり、実際この区別は、公共圏を支配するルールと劇場という建物に対する、我々の理解を規定している。ギリシャ文化において普及したアゴーンの概念の再検討によって、ハーバーマス的な伝統における公共圏の理論的で規範的な概念を拡大する。政治の言説における情動の側面を強調しながら、シャンタル・ムフの「アゴーン的」政治理論を援用し、本来はこの語を演劇学の骨子の概念として用いるべきかもしれないが、あえて私は、公共圏のアゴーンと遊び感覚をともなう色合いの異なる特徴への理解こそが重要だと主張したい。古代ギリシャの概念、イセゴリアとパレーシアは、男性の市民に自分の意見を表明する権利をうながすものであり、現代における検閲と上演における法的制限に関する議論への架け橋となる。劇場という場について、アゴーン的遊戯的主張の場と、批判する対象となる政治権力の助成によって運営される施設のあいだで、こうした古典的な理想が宙吊りになっていることも述べていきたい。

どのような公共圏であっても、演劇の公共圏であっても、異なる種類のコミュニケーションの統合を基礎にしている。演劇とメディアの関係は深いが、演劇学の分野においてはその重なりがまだ十分には共有されてはいないと思われる。仮に、たとえば印刷物だけをメディアとして見ても、互恵的な相互関係は必ず存在する。第二章では、こうした相互関係を検討していく。印刷機発明後、プレイビルや上演用の印刷広告が登場し、新しく出現した商業演劇の広告に利用された。この章は、内と外の関係を調整する実践をめぐる考察である。観客を集めて関心をひく努力は、「発信」の連続として、二つの意味でとらえる必要があるだろう。それは言葉の「発信」であり、（劇場内の上演という）内的なものと、（制度に特に焦点をあてた外部のコミュニケーションの範囲という）外的なものの「関連づけ」である。外側の関係と文化実践は、ときにより相補的な場合も相容れない場合もあるのだが。

公共圏では、誰もが自由に考えを口にできるように、あらかじめ制度上の条件がなければならない。一六四二年、英国でのかの有名な劇場閉鎖は、公共圏が機能している証左といってもいい。演劇に関する言葉によるアゴーン的な闘争は、エリザベス朝からキャロライン朝まで続き、最終的には強力な主張が国会での支持を集め勝利したというわけだ。かつては認められていた演劇人のコミュニティは、抑圧を受け、いったん主流から追放され、プロとして仕事に復帰するために反公共を作り煽動し始めたのだった。第三章は、（新しい公共劇場などの）施設、（印刷革命という）メディア、（司教制主義とピューリタン、王室主義と国会主義のあいだの闘争といった）宗教的、政治的要因の相互関係を通して構成される公共圏の過去の例を通して、有名な議論を再確認しておきたい。

第四章は、この論点をさらに伸張し、演劇の公共圏がどのように国境を越えてトランスナショナルな域へ達するかを検討する。グローバリゼーションや「ポスト・ヴェストファーレン条約」型の政治に関する最近の議論をもとに、トランスナショナルな公共圏の概念が取り上げられることが多いが、一九世紀末のパリとロンドンで突然起こった、ムスリムの預言者ムハンマドを扱う二つの戯曲上演に関する論争は、その時点までにすでに公共圏が国際化していたことを物語っている。長らくムスリムの影響下にあったトルコ、インド、中東からの公共圏の抗議の力によって、上演は結局中止された。二つ目のケース・スタディでは、有名な二〇〇六年の『イドメネオ』上演のスキャンダルにおける同様のテーマを検証する。このときには、実際に上演されたモーツァルトのオペラの冒涜的な演出を確実に実現させるべく、ドイツの政治家、芸術家、知識人が集まった。

第五章は、劇場で言ってはいけないこと、してはいけないことは何かという問いを中心に考察する。伝統的に、何が公衆に受け入れられるかの範囲の決定によって、検閲の支配体制がその限界域を定めてきた。「寛容の限界域」を決めることで、検閲は公共圏の権利を奪うことも、また育むこともでき、それゆえ限界域はさまざまな見解を内包することになるのである。第一次世界大戦後のドイツのように、検閲が一夜にして撤廃されるときには、その問いの効果は実に劇的だ。ワイマール共和国は、さまざまな個人や集団が連動して行った、前例のないスキャンダルの連続を目撃した。そして演劇は、人が出会い、時に騒ぎも起こるアゴーンの場ではなく、たんに暴力的な抗議をともなう集会へと変わり、ただ合理性を失っただけの討論の場になった。今日の寛容の限界域については、冒涜と人種差別的な配役が議論の的となっており、ここではその二点について検討していく。イタリアの演出家ロメオ・カステルッチとその劇団ラファエロ・サンツィオによる『神の子に免じて、顔の概念について（*On the Concept of the Face, Regarding the Son of God*）』（二〇一一）の上演は、フランスとイタリアでカトリックの集団による暴力的な抗議運動に直面した。このときは、カトリックのグループに右派とイスラム原理主義の集団が加わり、彼らは公共の場を文字通り占領しただけでなくメディアの注目も独占した。ドイツ演劇におけるブラック・フェイスの使用は、本来ナイーブで内省的なものでもあるが、ベルリンでは過激な公共の圧力の問題になった。糾弾を行った集団は、ＳＮＳを使用して社会の根底にある差別主義の文化を可視化したが、政治的に敏感な芸術家たちでさえもしっかりと対応するのは難しかった。

想像の共同体とつながる手段としてのインターネットの利用は、学問においてもメディアにおいても主要な眼目となってきた。この発展について、第六章の「分散型美学」のタイトルのもとに議論していく。この章は、インターネットのヴァーチャルな世界で新たに機能し始める演劇と、学問とメディアが再び結びついて完全に一体化する可能性の場としての演劇の公共圏、その両方にとっての新しい発展について書いている。分散型美学は、例えばクリストフ・シュリンゲンジーフの滑稽な政治的介入、「コンテナ・アクション」で知られる『お願い、オーストリアを愛して！（*Please Love Austria!*）』（二〇〇一）のようなものから、マリーナ・アブラモヴィッチによる新しい関係の提示が称賛された、『アーティストがいる（*The Artist Is Present*）』のライブ配信のセカンド・ライフのような形態までさまざまなかたちで現れる。中間に位置するのは、リミニ・プロトコルの『コール・カッタ（*Call Cutta*）』のような上演であり、対面の親密性を重視してはいるが、それはグローバルな情報通信の状況を踏まえている。本書の最後は、再びブラック・ボックス演劇に戻りたい。ＤＶ８フィジカル・シアターの『これについて語りあえるのか？（*Can We Talk about This?*）』の上演における、ダンスと言語を使用した、多元文化のさまざまな限界に関する問いは、演劇の公共圏が劇場の内と外に同時に存在し得ることを示している。

この研究へ寄与するもののなかには、いくぶん悲観的なテーマもあるが、視界は冴えわたっている。演劇人は、閉じられた自己言及的な循環の中ではなく、もっと広い公共圏へ関わりたいと心底望んでいることを前提にして、最終章は、可能な限りの一歩として読んでいただきたい。新しいメディアが登場するなか、既成の制度の実質と急速に変わりゆく公共圏のダイナミクスをつなげる戦略を、本書によって見出したいのである。

## 注

（1）例えば http://publicsphere.ssrc.org;the Public Sphere Project (www.publicsphereproject. org); and the historically focused Making Publics: www.makingpublics.org

（2）Habermas (1989), 221.

（3）「公共圏」という言葉が英語で使われるようになったのは、おそらく一九七四年、ハーバーマスが一九六四年に発表した論文に、ペーター・ホーエンダールが解説を加えたものが翻訳されてからだと思われる。(Habermas 1974)

（4）ドイツ語の原文では、ハーバーマスは一貫して圏としての Öffentlichkeit に言及しているため、英語の「公共圏」はドイツ語よりも空間性を強調しているが、厳密に言えばハーバーマスの意図した表現に近い部分もある。

（5）ペーター・ホーエンダールは、ハーバーマス（一九七四）の解説でこの点を強調している。「ハーバーマスの公共圏の概念は、『公共』を集まった人々と解されるべきではない。彼の概念は制度へ向けられており、それは人々の参加によってのみ具体的なかたちをとるものである」。(*Ibid.*, 44, n. 1)

（6）ハーバーマスの著書が英語圏で受け入れられるようになったのは、一九八九年の翻訳に基づき、一九九〇年代に入ってからである。最初の批判的な評価は Calhoun（1992）に見られ、特に「序論」を参照されたい。一九九二年以降の歴史研究におけるこの概念の研究と批判については、Gestrich(2006) がレビューしている。

（7）http://publiphere.ssrc.org. This subdivision is no longer maintained by the site. Last visited 4 December 2012.

（8）Benhabib (2011), Lynch (2012) 参照。

（9）Rebellato (2009) 参照。

（10）Taylor (2002), 112.

（11）Negt and Kluge (1972; Eng. 1993) 参照。

（12）ハーバーマスの論文「公共圏についてのさらなる省察」（一九九二）における理論の修正、特に市民社会への言及については、四五三－五頁を参照。

（13）Warmer (2002), 82.

（14）Brady (2004), 332.

（15）Mouffe (2000),16.

（16）*Ibid.*, 17.

（17）批評には次のようなものがある。Brady (2004), Dahlberg (2005), White and Farr (2011) and Bartholomew (2014).

（18）White and Farr (2011), 44-5 は、一九六〇年代アメリカの反戦デモについてのハーバーマスのコメントに注目する。ベリガン兄弟は、自家製のナパームを使って徴兵記録に血を注ぎ、公然と燃やすなど、演劇的なやり方で抗議活動を行っていた。Habermas (1985).

(19) Bartholomew (2014), 1-3. 強調は引用者。

(20) アンドレアス・コラーが公共圏に関する研究の最近のレビューで指摘しているように、「芸術分野（文学的公共圏、詩、建築、パフォーミング・アーツ、ビジュアル・アーツ）と公共圏との関係に関する長期的な歴史的視点を持った研究の統合は、ほとんど行われていない」。Koller (2010), 273.

(21) Sheikh (2004), 1.

(22) *Ibid.* 同様の議論は、シャンタル・ムフの論文「芸術的抗議活動とアゴーン空間」（Mouffe, 2007）でもなされており、彼女は「公共空間」という言葉を公共圏と同義に用いている。彼女の「反ヘゲモニー批判芸術」の例は、「街頭抗議」や「イエス・マン」のような非扇動的な活動からのみ引用されている。

(23) Reinelt (2011), 21.

(24) Lehmann (1999, Eng. 2006), Fischer-Lichte (2004, Eng. 2008). 両書とも多言語に翻訳されている。

(25) 「上演は自己言及的で絶え間なく変化する相互循環によって生成され、決定される」。(2008, 38)

(26) Kennedy (2009), 11.

(27) *Ibid.*, 12.

(28) Bennett (1997), Pavis (1998).

(29) Schechner (1985).

(30) Blau (1990).

(31) 商業的なものと芸術的なものは、互いに排他的なカテゴリーではなく、また、その二つしか存在しないというわけではない。過去四〇年間に、コミュニティの構築からセラピーまで、演劇が「応用」される、多様な機能が生まれてきた。

（32）Kennedy (2009), 155.
（33）親和劇場についてはStreisand (2001)、注意力とモダニズムについてはCrary (1999)を参照のこと。
（34）McGuigan (1996), 178.
（35）Huneker (1905), 65.
（36）Meyer (1971), 478, 476.『人形の家』は、少なくとも当初は、観るよりも読まれる劇であったことも忘れてはならない。
（37）『人形の家』は、史上最も上演された現代劇であり、特に西洋以外の文化では、社会的な反響を呼び続けてきた。Fischer-Lichte *et al.* (2011) 参照。
（38）Goldstein (2009), 266.
（39）現在の例としては、ローマのヴァレ・オキュパト劇場、パレルモのガリバルディ・アペルト劇場、アテネのエンブロス劇場などがある。なかでもヴァレ・オキュパト劇場は、「ヴァレ・ベネ・コムーネ財団」という新たな組織を作り、法的承認と持続可能な制度構築において最も成功している。

# 第一章　演劇の公共圏を位置づける

おお！　検閲するな、言葉を、我々の運命を、我々の選択を、
人々の声がこだまする舞台を。
演劇の法は演劇の観客があたえるもの
それが我らを生かしてくれるから、どうか生かしてほしい。（サミュエル・ジョンソン　一八二〇）[1]

一七四七年、ロンドンのある劇場の開場に際し、デヴィッド・ギャリックは前口上で、サミュエル・ジョンソンが思い描く舞台と客席の関係――公衆の声と演劇が共鳴しあう場――についての文章を読み上げた。ちょうど一世紀前の劇場閉鎖の法的根拠への、ジェレミー・コリアーによる批判がまだ記憶に新しいころだったが、ジョンソンの宣言は、自分たち好みの演目や派手な舞台との一体感を感じたい観客にとってみれば、好都合だったかもしれない。一八世紀、演劇への「非難の声」は絶えなかったが、その法的な基盤は比較的保証されていた。公衆の声は考慮すべき力であり、抗議は個別の作品ではなく演劇そのものへと向けられたのである。この時期、ヨーロッパ演劇全体で同様の議論が起きていて、演劇の公共圏は劇場の内と外双方にあった。おそらく新聞の次に、演劇は重要な真の公共圏であり、それは人類共通の娯楽であるだけでなく、舞台上で同時代の

問題が示されていたのである。

この章では、これまでに議論されてきた公共圏の概念を、どのように演劇により正確に適用できるかを考察したい。先立って述べておきたいのは、どこかに演劇の公共圏を発見できるかもしれないということである。序論で述べたように、公共圏がもう劇場の内側にないなら、公共スペースのほうにあることになる。具体的な空間よりも、絶え間なく変化する多様な社会制度の要因によって、演劇の公共圏の空間が決まってくるのである。最初に考えるべきなのは、プライベートとパブリックの違いで、これは人類学的、政治的、経済的に西欧文化を規定している二つの層である。演劇は、もちろんあらかじめ優れた公共的な空間だが、プライベート空間との関係性についてはあまり論じられていない。本書における議論の眼目の一つは、今日、文化としていっそう重視されている演劇形式が巧みに「プライベート化」されてきたため、もともとのパブリックとプライベートの関係が反転してしまったことについてである。

公共圏の来歴は古代にまでさかのぼり、演劇とポリスとの関係を切り離すことはできない。公共圏の有用性についての近年の議論のなかでは、合理性や批判性が優先されてアゴーン的な人々の参加が失われたとされているが、演劇の公共圏を適切に理解する第一歩として、まずはアゴーンの本来の概念を再確認しておこう。古代ギリシャ人によって作られた公共圏、もしくはその類の概念の前提は、話し、批判する権利そのものを指し、イセゴリアやパレーシアという語に言い表されている。紀元前二世紀に生まれ、この権利を守るために今日でも争われているが、演劇の公共圏の概念において基礎を形成しているものである。本章の終わりには、演劇と抗議の関係性について述べたい。アラブの春や人々の異議申し立てを背景として、抗議と調停の話し合いとして機能する演劇について再確認しておくのは有益だろう。歴史を振り返ると、抗議は、特定の戯曲や上演に対してと同時に、演劇の機能自体へ向けられてきたから、「制度的な基盤」に関する、演劇の公共圏の概念について述べておきたいと思う。

## パブリックからプライベートへ

ユルゲン・ハーバーマスは、自伝的推論のなかで二つのタイプの公共性（Öffentlichkeit）について強調している。一つは、パブリックとプライベートの境を消失させる、上流向けの演劇に馴染んだ上流階級の要請であり、公共の場への現れである。二点目にハーバーマスが挙げるのは、もっと狭い範囲の理論上の公共圏であり、政治参加、科学や文学についてのコミュニケーションと理解が、上流の自己演出という表現に取って代わるという。この場合「観客は、見物人や聴衆ではなく議論に参加する話者としてその空間を構成する」とハーバーマスは述べている[2]。前者はスペクタクル、後者は多彩なコミュニケーションを意味する。

上流階級のための度を超えた覗き見的なエンターテイメントが発展するにつれ、公共圏は退廃を始めるとハーバーマスはいう。なぜなら彼の構図では、それは公に向かって何もかも可視化するプライバシーと親密性の概念に紐づけられているからである。ハーバーマスが繰り返し強調するように、この親密圏というのは「観客ありきの主観[3]」に左右され、それが、いわゆる公に開かれアクセス可能な「文化的成果」となり、観客は「書斎、劇場、美術館、コンサートにおいて」心理的問いを探求しているとハーバーマスはいう。一八世紀のブルジョワのプライベート圏は、そのものが生産的で、公共圏の出現を可能にしてきた。公共圏の変容（または解体）は、それゆえプライベート／親密圏の変容を促し、親密圏は、資本主義の圧政と労働の再編によって大きな影響を受けることになった。結果として、親密圏は公共圏から切り離されてしまった。リチャード・セネットが『公共性の喪失』（一九七七）で述べているように、親密圏がブルジョワジーの生活を支配するようになり、公共生活は退廃へ向かったのである。セネットが例証したように、パブリックとプライベートの境界は一定ではなく、「複雑な進化の連鎖[4]」のなかに両者とも組み入れられている。プライバシーの概念とパブリックの領域は、歴史的にも文化的にも一定ではないのは明らかだが、その不確定さは公共性の概念そのものにもあてはまり、その概念もメディアの条件によってさらに大きく左右される。古代ギリシャのアゴラと演劇祭は、その時代で最も公共の力を発揮したから、演劇の観客と公共圏はある意味認識可能だったのに対して、マスメディアの時代では、単一の国家であろうと国を超える共同体であろうと、あるいはどんなに広い劇場の観客席であったとしても、公共の現れを保証することは叶わず、閉じられたブラック・ボックスにどうしても近づいてしまうのである。

政治理論においては、公共性は政治の領域へ結びつけられている。ローマ時代の概念、レス・プブリカ、すなわち、集団が自己認識する市民の自治に由来し、ローマ時代の法律における集団的

その後のさまざまな公共の概念の発展の基礎となった」とアマンド・サルヴァトーレは述べている。[5] さらに、そのような善という特殊なタイプとしての公共の概念は、一方で資産やパトロンというプライベートの領域を制限し、他方では家父長制（パトレス・ファミリア）を牽制する。民主主義の「モデル」に関するサルバトーレの議論について、デヴィッド・ヘルドはさらに、パブリックと「社会システムがもたらす困難に関わりなく生きられる」「親密圏」のあいだの境界と制限の問題を考察している。[6] ヘルドの見解では、この区分の論争こそが、プライベートな領域との境界設定に関わるため、民主主義のあらゆる議論の基礎ともなるという。プライベートな領域という概念は、公共圏をとらえるのが難しいのと同じくらい多義的だが、この二分法そのものと、変わりゆくプライベートとパブリックの関係性の両方に、関心を持たなければならないだろう。なぜなら、演劇はこの二者の媒介となるからである。劇場の空間的にも上演される内容の点でも、劇やパフォーマンスは例外なくプライベートとパブリックを主題にする。ジェフ・ヴァイントラウブが指摘するように、「プライベート／パブリックの区別は……一元的ではないが、無数にあるわけでもない。一種類の二分法でもなければ、たんに互恵的あるいはバラバラというわけでもなく、複雑で親密な関係にあるのである」。[7]

プライベートとパブリックの境と区分の再配置は、一九六〇年代の対抗文化（「プライベートは政治的」）がまず決定的な要因であり、それは後の、アングロ・アメリカンの文脈および新世界の多様な受容と翻案における、アイデンティティ・ポリティクスへの変容を促した。マイケル・ワーナーは、ハーバーマスの概念の拡大、とりわけ反公共圏による拡大の挑戦に注目している(8)。ゲイ、クィアとの仲裁を最優先したワーナーによると、反公共圏は、プライベートとパブリックそれぞれの振る舞いを再規定することになる。したがって、こうした複雑な関係は、変化し続けるプライベートとパブリックへの見方と既存のあり方を融合する、複数の視座を要求するのである。この二つの視点は、モダニズム演劇において複雑に重なって交錯していたものだが、そこから我々は、ようやく自らを現わし始めたのだ。

ヨーロッパのモダニズム以前の背景を考えてみると、演劇とは社会における出会いの場であり、コミュニケーションの場だった。座席、ボックス・シート、クローク、ロビー、弧を描く大階段などの劇場建築の構造は、複雑に連結した空間からなっており、舞台はその一部でしかなく、最も重要な部分ともいえなかった。こういった劇場形式は一七世紀のヴェニスで現れ、上流階級向けの商業的なオペラという、新しいジャンルのニーズに合致していた。一八世紀を通してヨーロッパ中にオペラ劇場がさまざまに工夫されて建設された。多様であった点は特に念押ししておきたいが、ともあれ、オペラ劇場は二〇世紀初頭まで優勢だった。蠟燭やガス灯の劇場では、客席の明かりは落ちておらず、むしろそこは、社交のコミュニケーションや見せびらかしの場だった。観客の視線は、舞台へ注がれるのと同じくらい、ボックス席へ、上階、下階の席へと注がれていたのである。もちろん、舞台に集中力が注がれることにはなっていたが、新聞やコーヒーハウス、クラブ、政治集会と同様に、もし劇場を少なくとも潜在的に公共圏の一部とするなら、区分された客席もまた舞台と同じくらい重要な空間だったといえる。

一九世紀の劇場は、一〇〇〇人、二〇〇〇人もの多くの人々が集まる場であった。建物の収容人数からすると、教会や大聖堂と肩を並べる規模である。スポーツの競技場ができる以前の時代では、建築物としては劇場が唯一の公共の場だったといえる。新世界では、この時期に新たな公共スペースとしてタウンホールが現れ、演劇上演の場を兼ねていた。演劇の公共性が、政治によるコントロールの目的を明らかにすることになる。このコントロールとは、通常は認可や検閲というかたちをとって現れるが、第一に上演内容へと向けられる。しかし、観客は、物言う誘惑にかられるし、大きな集団への煽動はしばしば反抗勢力になり得るから、権力側にとってはいつも不安の種である。よくある合理的な議論は、次のようなものである。ハーバーマスの古典的な公共圏とは、学のある紳士同士が交わす書き言葉による理性的な意見交換のことを指すが、それをうまくかわした演劇的な表現能力というのは、公の生活では実に変幻自在で予測不可能な因子だというものだ。

この予測不可能性と、それにともなう演劇の社会的、政治的重要性は、一九世紀後半には失われ始めると同時に、モダニスト運動の高まりが演劇に芸術的な原則を固着させていった。この時期、観客は小集団へ転換され、また、観客と演者のいっそう親密な関係が作られ始めた。客席と舞台の関係は映画でも引き継がれ、演劇から離れて空間的特殊性を発展させ、収益が少なく空席が多い演劇の劇場のほうで映画が上映されることもあった。最も重要なのは、モダニストが小さい親密な空間へ移動し、そしてバイロイト祝祭劇場でのワーグナーの有名な要求にしたがって、観客が暗闇に身をゆだねるよういざなったことである。舞台に集中力を傾けて他の感覚的な刺激をすべて取り除くというワーグナーの指令は、今日まで続くおおかたの劇場芸術のモデルを形作っている。アールデコの親密性であっても、古代ギリシャ風の円形劇場や額縁舞台の商業劇場、あるいは助成を受けたブラック・ボックス劇場であっても、モダニストの芸術劇場は、美学を基礎としていて、社会的な経験を基礎にしてはいない。そして観客は、高い集中力をもった暗号の解読者であり、自身の経験の内省的な観察者であることが理想なのである。本質的な内面性と集中力は、モダニストの観客の最も重要な特色だからだ(9)。

この形式は一九世紀末に始まり——おそらくアンドレ・アントワーヌの親密な自由劇場が出発点だが——植民地および、ヨーロッパを近代化の範とした国も含めて世界中に広がった。そして二〇世紀前半のさらに広い意味の近代化プロセスにおいて、映画館が劇場という意味を表すようになっていった。演劇というメディアを、小さな暗い空間へ縮小したことについて一ついえるのは、公共の多彩な機能を備えていたはずの劇場の潜在的な力を、実質的に根絶してしまったことである。いったん劇場のドアが閉まり、明かりが落ちると、劇場は親密でプライベートな空間となり、観客は反応を確実に共有し、心に刻むが、すべては芸術性重視の成果へと統合されることになる。公共圏としては実質的に機能停止となり、社会のいざこざは締め出され、記号論的な力学が作動してすべては記号になり果ててしまう。別のコードを割り当てきれず残ったものは、現象学的にいうなら、それ自体変えようのないものであり——たとえば子どもや動物——芸術劇場からは追い出される(10)。

したがって、演劇の公共性とは、あらかじめ決まっているものではなく、プライベートとパブリックの関係に踏み込んでしか考えられない、予測不能なものである。第五章で述べていくように、二〇世紀を通して廃止されていった検閲は、こうしたパブリックからプライベートへの転換を表している。ちょうど自然主義演劇の主唱者が、上演を会員制にしたのと同じように、今日では演劇は、ほぼプライベートといえる芸術的自由を保障されて当然とされている。舞台と客席のあいだで起きることが、互いに同意した大人のあいだでの行為と比較できるとしたら、公共圏としての演劇を再検討し、もっと正確に定義しなければならない。

今日のプライベートとパブリックの関係は、空間的な機能や美学的態度のことだけではない。演劇の社会における位置についての、さらに広い意味の問いに関わっている。プライベートとパブリックの二分法は、経済的、社会的面でも同じように論争がある。モダニズムとしての演劇の定義は、二つの相互に関連した発展とともにある。すなわち、演劇への公的支援の漸進的かつ避けられない移行と、それにともなう商業的（私的）性格の喪失であるが、この二つの関係は国や文化によって大きく異なる。本書で中心となる課題は、プライベートとパブリックが分断される演劇の機能に関して、基軸を保ちながらどうにか転回することである。これは公的基金と（スポンサーやパトロンなどの）私的な参与についての議論など、政治経済にも関わるだろう。なぜならこのことが、公共性を本来備える演劇上演への空間的な理解を促すからである。

## アゴーン的な公共圏に向けて

公共圏は基本的に政治の概念だから、それが開かれた議論の空間としてのアゴラであろうと、観客が理想的な市民であったディオニソス祭の演劇であろうと、公共圏についての議論が古代ギリシャの形式に向かうのは理にかなう。ハーバーマスはギリシャのポリスにも来歴をみている。

成熟したギリシャの都市、ポリスという空間は、市民にとって公共（コイネー）の場だったが、それは厳正にオイコスの空間からは切り離されていた。オイコスでは、個人が自分自身の空間（イディア）を持っている。ビオス・ポリティコスつまり公共生活は、広場（アゴラ）で進行したが、それが広場でしか成立しないということはない。公共圏は議論（レクシス）のなかに成立している。相談や法廷の場、もしくは戦争行為や競技といったあらゆる公の場での行動（プラクシス）と仮定できる。(11)

ハーバーマスによると、ヘレニズムの公共圏をモデルにしたルネサンスの規範的な権力は、「古代ギリシャ人が自己解釈したものが、かたちを整えられ、我々に手渡された」ものだという。(12)余暇の概念に基づく政治秩序としての「先祖から受け継がれた奴隷制経済」を肯定するマルキストから距離を置き、ハーバーマスは、自身の著書で古代モデルについては遠回しに言及するにとどめている。これは、彼が新しい公共圏を志向したからと理解できるだろう。新しい公共圏とは合理的、批判的なブルジョワジーの変容を指しており、それは一八世紀になって初めて現れ、そのころはすでに対面式のコミュニケーションではなく印刷メディアに依存し始めていたとハーバーマスはいう。演劇にはまったく言及されていないからこの議論はここでは意味を持たないが、裁判や試合など、公共圏に属する他のパフォーマティブな現象がここでは認識されている。ギリシャの遺産において重要なのは、ポリス（それがどこに確立されようと）と、ドメスティックな空間、オイコスの違いである。

それでは、ギリシャの劇場では、いったいどの程度までが出現したばかりの公共圏を構成していたといえるだろうか。劇場空間とアゴーンの関係とはどのようなものだったのか。実用化はあまりされていないが、公共圏のモデルの特徴とポスト・ルネサンスの理論化のための「規範的権力」によって、古代ギリシャへ立ち戻ることは、少なくとも正当化できるだろう。今日の公共圏の研究の多くが、ほぼ無条件にギリシャ演劇の文脈における公共圏の概念を視野に入れているのである。

『悲劇の誕生』のなかで、ニーチェがディオニソス的な観客をはっきりと可視化して以降、一九六〇年代には類似の論も多く現れており、我々は、古代ギリシャ人が、完全にディオニソス的な官能でないにしろ、集団的な経験をし、共同体に重きをおいていたと想像する傾向にある。フランス革命から一九六〇年代の大学紛争と演劇に至る支脈まで、ギリシャ演劇が典型的な公共圏の理想であると考えられてきた。階級や教育に関わりのない市民の集団としての演劇のイメージは、当時のギリシャ演劇への理解と、今日の我々の演劇改革の両方の文脈において、維持されてきたのである。

現存する証拠を検証し最近の研究を精査すると、ギリシャ演劇祭は、本書で意味するところの公共圏を確かに創造していたといえるだろう。我々はギリシャ演劇への理解を深めることだけでなく、演劇の公共圏という概念をより正確に打ち立てるために、二つの概念、アゴーンとパレーシアを検討しなければならない。互いに絡み合った機能のなかで、この二つの用語は、ギリシャ演劇が美学的経験（多くの読者にとっては驚くべきことではない）のみならず、ポリスの広い複雑な多層の文脈のなかにあるといっていいだろう。再現的な上演、合理的批判的な言説、アゴーン的な公共圏は、上演や制度の枠組みの複雑なダイナミクスにおいて生命を得る。しかしながら、こうしたダイナミクスへの理解とギリシャ演劇における公共圏の位置づけのためには、実際の戯曲上演を超えて、劇が立ち上がる文化的、制度的枠組みそのものを見ていく必要があるだろう。

観客の前で効力を発揮する代表的な公共圏は、機能の指標になり得る。それは、記号と記号内容のあいだでの直接の視覚的接続を前提とし、それによって政治的効力を獲得できる。したがって、象徴的な記号は目に見え、すぐに手に入る権力の代替物である。人類学者、ヴィクター・ターナーは、「儀式は何かを指摘し、祭式は変容させる」[13]として、儀式と祭式の二つを分けて示した。この分類を基礎にすると、特にディオニソス演劇祭は、祭式というよりは、主に儀式的で表示的なものと考えるべきだろうし、儀式は説明しがたい伝統の枠組みを提示しているといえる。しばしば用いられる四つの構造――行列、生贄、上演の前段階、上演――そして最後にまとめがあり[14]、生贄と上演にとりわけ関心が集まるのは、ここには最初期の演劇の公共圏を形作る文脈があるからである。

上演が始まる前には、政治的かつ表示的に、舞台の前方、オルケストラへ演者が行列になって入場し、開始の宣言が行われる。アテネ帝国を構成する植民地から来た人々は、毎年納める貢物を披露する。武具に身を包んだ戦争孤児（都市の助成で養育された）の青年たちが行進し、特別な席を陣取り上演を鑑賞する。最近奴隷を解放した人の名を官僚が発表し、それによってその人たちの新しい地位が報告されることもある。こういったイベントはすべて観客の前で行われ、それによって公に認知されるから、法廷の公表とほぼ同質である。

演劇祭は、アゴーンの勝者の発表、受賞、演劇祭自体の講評という、また別の儀式をもってようやく終了する。最後のイベントは、都市の政治中枢機関としてのアテネの集会であり、通常はプニュクスという別の場所で行われる。こういった集会や議論は演劇祭の多面性を強調している。そして、このような多面的、批判的側面が、アゴーン的枠組みによる直接の結果だといえるだろう。上演は互いに競い合う競技であり、ラッシュ・レーンによると、この競技会の枠組みが観客反応を決定しており、「演劇祭における競争の要素が観客反応に批判的な要素を与え、自分たちの都市の未来を決定する民主的な市民としての役割を強化するのである」[15]。そうなると、演劇祭の最後の集会は、アゴーン的な形式の直接の結果であり、それは本書の考察で近づこうとしている合理的、批判的公共圏の概念に非常に近い。公共圏には異なる意見がそれぞれ散乱しているのではなく、重なり合い浸透し合う複数の文化の実践があり、今日の我々からするとそれらの文化は、一つひとつまったく違うものだといえる。

アゴーンという語をさらに検討していくと、上演は、少なくとも悲劇の上演におけるカタルシス的な解放の情動的なダイナミクスよりも、合理的かつ批判的で多様な議論に近い認知上の枠組みを提供していることがわかる。喜劇上演で作者の考えを述べる風刺的なパラバシスは、明らかにカタルシスとは別の形式である。アゴーンおよびその語源アゴーニアは、ギリシャ文化および演劇における一般的な議論の概念である。この語には、次のようなパフォーマティブな意味が含まれている。競技とは区別し、集会、行動、討議、法的行動、議論などである。リデル＝スコットによる『ギリシャ語英語辞典』には七種類以上の意味が記され、それらは互いに関連し合っている。そのうちの一つの意味は俳優の意味として適用されており（登場人物はプロタゴニストという）、制度的には、劇のいくつかのセクションが、儀式的なプロアゴーンで上演されることになっている。このような形式はすべて、アゴーンの原理が隅々まで浸透した演劇の性質を示すものである。一九世紀の研究者が、この語をギリシャ喜劇の構成要素を示すものとして適用したのも不思議はない。アリストパネスの喜劇におけるバランスのとれた討議もまたアゴーンと呼ばれており、そこで意見が交わされ劇の主題が提示されるのである。

たとえば、ギリシャ人のみが使用したように、この語を文化相的な使用に限定したとしても、演劇の上演と公共生活は関連していることがわかる。これまで述べてきたように、演劇祭が都市国家のあるかたちを示すものだとすると、アゴーンはその原則に基づいているといえる。両者ともパフォーマティブで認知的であるがゆえに、一見別々のアクティビティのなかにも、議論がともに最優先事項として存在するのである。この意味で、アゴーンは公共性を一般化し、再構成するのである。どんな公の関わりも政治的行動ととらえられ、それ自体はプライベートな行動（イディアイ）

の反対に位置づけられる。アゴーンの狭い意味の政治集会も、実際は演劇祭のなかで行われていたという事実は、法廷、政治集会、演劇上演はすべて政治的だとする、サイモン・ゴールドヒルなどの学者たちの議論を支えてきた。こうしたすべての儀式は、国家における市民参加を（文字通りの意味で）促していたのだった。「観客になることは、民主的な市民の役割を演じることそのものなのである」[16]。

アゴーンという語は、古代以来ずっと重要な意味論の変動に耐えてきた。痛烈な身体の痛みを意味するアゴニーはさておき、同種の語アゴーニスティックは競争や闘争の意を保っていて、抗争と緊張と同様に論破への欲求も表している。政治理論において、序論で触れた、ポスト・マルキストの理論家シャンタル・ムフのアゴーン的複数性の理論は、表現における感情的、「情動的」表現も強調するから、元来のギリシャの概念との関連の確立のみならず、演劇に適した公共圏の認識確立の手助けとなるだろう。感情と「情動」の公共圏への統合によって、ムフは公共圏の概念の拡張を準備しており、それは演劇というメディアと歴史的、理論的に齟齬がない。一方ではムフは、ハーバーマスを批判するが、彼女が傾倒するアゴーンの原則は、彼女が思うほどハーバーマスの考えと真逆とはいえない。最も重要な違いは、意見の交換という合理性をかなり減じている点である。ムフは演劇にはほとんど言及していないが、唯一メタファーのレベルで、アゴーン的な公共圏の例としてパフォーマティブな抗議の重要性を意識しているようである。「芸術的抗議活動とアゴーン的空間」と題した論文で、彼女は英国の「街頭抗議」や米国の「イエス・マン」を「批判的芸術」と定義し、それは「支配的な合意が消し去ろうとするものを可視化する、言ってみれば不一致をむしろ促進する芸術である。既存の覇権の枠組みで沈黙を強いられた人すべてに声を与えることを目的とした、多種多様な芸術的実践がそれらを構成している」と説明する。[17] ムフの定義のなかで「アゴーン的」な演劇活動についての箇所は少ないが、私は歴史的な見地から、アゴーン的なるものを、その来歴と古代ギリシャ語の包括的な意味との結びつきにおいて考察していきたい。それによって、アゴーン的なものが、ある種の言説のみが機能する合理的合意による公共圏の理解と、情緒的な表現が同様に許容される考え方とのあいだの、失われた関係を提示する原則と考えられるだろう。

## 真実を演じる――パレーシア

言論の自由と、非難の恐れなしに自分の意見を述べる権利は、批判的公共圏における近代的な考え方の前提である。この権利はギリシャの政治文化における特殊な制度を基礎としている。イセゴリアとパレーシアという二つの言葉のコンセプトは、実に興味深い。前者は、政治集会で発言の機会が誰にでも平等に与えられていること示しており、後者は批判の権利、もっと平たく言えば意見を持つ自由のことである。イセゴニアは発言の自由を保証しているがゆえに公的な原則であり、その一方でパレーシアは話の内容についてである。両方とも誰もが平等に参加でき、言論の自由がある公共圏の近代的な理解のためには明らかに基本的な概念だが、これらはアテネの民主制を理解するうえでも重要である。すべての市民は（ただし奴隷、女性、外国人、子供は除く）イセゴニアという発言の権利とそれを聞いてもらう権利がある。そのような意味でこの権利は広く社会で受け入れられていたといえる。議論の余地があるのは、パレーシアである。というのも、パレーシアは「（1）政治的（または社会的状況）において個人が自分の思いを言うこと、もしくは（2）活動、姿勢、『自由』や『率直』といった個人の資質のいずれか」を指しているからである。[18]古代においても議論の的になったマーレン・ヴァン・レールの定義は、後者の個人の質についてである。「率直さ」とはどの範囲をいうのだろうか？　どこまでがパレーシアでどこからが非誇中傷なのだろうか？　一九八三年のバークレー大学での有名な講義のなかで、ミシェル・フーコーは、パレーシアの概念に今日的な意味を創出した。それは奇しくも今日のヘイト・スピーチや、言論の自由および多文化社会の公共圏の境界に対して、重要な観点を示していたのだった。近代の独立国家や自律的個人に基づく「政治性」の文脈で、フーコーは問いを立てる。究極的には話者は真実を述べるから、パレーシアは単に抽象概念ではなく、次の危険をともなっているという。「パレーシアは結局、危険に直面する勇気と関連している。危険があったとしても真実を述べる勇気を必要とする。究極には、真実を述べることが生死を分ける『戦い』になる」。[19]

　エウリピデスについてのフーコーの見解を演劇の議論へ還元してみると、アテネの民主制の危機に見られたように、実践はそもそも問題を孕んでいると彼は述べている。エウリピデス戯曲のテーマがここでは蘇り、アテネ市民に完全に寄り添った視点で有名な『イオン』は、民主主義システムで鍵となる実践における、問題含みの関係を表している。「パレーシアについての危険は真実の問題である。というのも問題の一つは、すべての人が等しく自分の意見を持つ制度のシステムの限界のなかで、誰が真実を述べる能力があるのかを見極めることであるからだ[20]」。

フーコーによるパレーシアの分析は、演劇の公共圏のある要素への強力な示唆であり、時代をずっと下って制度が発展するなかで関連づけられていったものだが、実際は早くも古代ギリシャ演劇に存在していたのである。このことから、理論や集会が行われる多様な文化的実践における祭りの文脈のみならず、イセゴニアやパレーシアといった、もっと基本的な民主主義の制度について問うことが必要だろう。この問題にこそ、内と外の結合、市民としての観客、公共圏というパブリックを見出すことできるからである。

フーコーがあまり注目していない点は、舞台上で意味が明らかになるパレーシアの制度的枠組みである。エウリピデスはパレーシアを悲劇に反映させてはいたが、権利を使用する場としての劇場を明確にはしていなかった。「真実を演じる」と題したこの節は、真実を語る空間としての劇場の両義的な立ち位置について言及したい。古代にはまったくそうでなかったかもしれないが、現代人の耳には「真実を演じる」というフレーズは、自己矛盾の円環に陥っているように聞こえる。しかしギリシャ演劇の舞台は、パレーシアのためにしつらえられたのである。パレーシアの役割が出現し、フーコーは一切触れなかったが、実際はアリストパネスのような古典喜劇の劇作家の手に落ちたのは有名だ。彼らは演劇のなかでパレーシアの境界を丹念に検討していた。劇中でも実人生でも、アリストパネスは、アテネの舞台で何を話せて、何を話せないのかついて示したのである。パレーシアとイセゴニアのテーマが繰り返される喜劇『アカルナイの人々』のなかで、主役のディカイオポリスはコロスと集まった観客のほうを向いて、イセゴリアとパレーシアの権利についてこう主張する。

乞食がアテネ市民の前でこの都市について厚かましくも戯曲のセリフを話しますが
悪意はないのでどうかお許しを
というのも喜劇であっても何が真実か伝えることはできるのです
真実でなかったら私はびっくり仰天いたします(21)

この人物の熱弁はパレーシアのいくつかの重要な要素をまとめてくれている。すなわち、下層市民であっても市民の前で話す権利があること、こうしたことを口に出す勇気ある行動が示されていること、話の内容は、基本的な信憑性において認識論的といえることである。

アテネにおける言論の自由に関する初期の論考で、マックス・ラディンは、特にアリストパネスのような劇作家について、パレーシアとその場にいる危険性のダイナミズムを相当詳細にわたって検討している。市民に知られた公人の舞台での批判は珍しくなかったが、名誉棄損との境界は曖昧だった。

クレオニモスというずんぐりした政治家がアテネにいた。アリストパネスは彼のことを、(複数の劇で）偽証者、稚児、おべっか使い、ほら吹き、ペテン師と呼び、少なくとも五回は「盾をなくした男」などと呼んでいるのだった。[22]

人を中傷するあだ名として「盾をなくした男」が非常に恥ずかしいのは、それが戦時下では臆病者を意味するからである。そしてラディンは、パレーシアは無制限ではなく法律規制の対象になったと述べている。名誉棄損の法律のもとでは、盾をなくした男、殺人、父や母を痛めつけるなどの言葉やフレーズは、アポレッタ（文字通り「言ってはならない」）言葉として規制された。アリストパネスは、常にどこまでが名誉棄損にあたるのか検討するために、必要があってわざわざ禁止された言葉を使用したが、舞台と法律はこの時点ですでに関連し合っていたのは明白で、それが長引き、猫とネズミの追いかけっこのように現在まで続いているというわけだ。風刺、パロディ、その他の喜劇の方法を使用することは、公共圏の遊戯性を前景化させる。したがって、真実を演じることは、真面目であると同時に、笑いを誘う面もあることを証明しているのである。

古代ギリシャの真実への執着、発言の条件、都市の民主的なプロセスへの関与、民主制の衰退、そして最終的にはこうしたすべてが繰り返し舞台で取り上げられ、演劇、公共圏、そして真実を語る命題を前にした市民という三者の関係性は深まっていったのである。そしてこの命題はつねに過酷なものだった。演劇、真実を語ること、公共圏の深い関係は、一九九五年南アフリカで、アパルトヘイトのトラウマに対応する「真実和解委員会」が設立されて、一つの具体化を見ることになる。約二年間の活動を通して、南アフリカの市民はさまざまな事実に触れ、制度の仲介によって真実を語る経験を得た。[23]「真実和解委員会」は、パフォーマティブかつ提案型のパレーシアの行動を例証したことになるだろう。人権侵害についての調査と報告のために、一九七四年から運営されてきた任務について、南アフリカの場合はさまざまなメディアから反応があった。本、戯曲、ドキュメンタリー映画、フィクション映画などはすべて、委員会の議論から現れたものである。演劇作品としては、『ユビュと真実委員会、私が語ろうとする物語』『翻訳の真実』『巻き戻し――声のためのカンタータ』『テープと証言』などが、基本的に同一の状況に対するさまざまな美学的反応である。その状況について、ウイリアム・ケントリッジが「原初的な演劇」と名づけ、公共の場で証言している。[24]『私が語ろうとする物語』のように、俳優が証言者と同一人物であろうとなかろうと、もしくはケントリッジの『ユビュと真実委員会』のように人形によって表されていても、過去数年にわたって議論されてきた多くの倫理的かつ美学的な問題を、それぞれの上演は明らかにしている。『翻訳の真実』プロジェクトは北アイルランド、ルワンダ、ボスニアへの旅であり、『私が語ろうとする物語』は「委員会の認知を高めるために国や地域を旅し、各地の市民を巻き込んで問題とされていることを議論する」[25]ために計画された。上演の説明には、公共圏の定義についての教科書的な記述があったのである。

実際の証言というゆるがない公の特質こそが、パレーシアと呼ばれるものである。人権監視団体アメリカ・プログラムを設立したユアン・メンデスの言葉によれば、「公に認められた知識とそれにともなう『公共的認知の場面』を創り出すことが……単なる『事実』では得られないミステリアスな特徴について吸収できる」[26]。パブリックのなかで共有された、何も付け加えようのない知識についても、「真実委員会」のような演劇的枠組みなら、真実の再定義、価値の変更すらできる。「単なる事実」という認識から一歩進んで公が精査する条件のもと、舞台上の真実が目撃され、よってパレーシアが承認されるのである。

## 抗議と仲裁

例えば、独裁制から民主主義へ転換する大混乱の時期は、前体制の期間に行われた蛮行を明るみに出すために、とりわけパレーシアは浸透しやすく、そういった行為を公にする集会としての演劇の使用も容易だった。劇場の規制がなくなり、革命劇やフェスティバル、熱を帯びて皆が政治を議論し、公開処刑と路上の反対運動などが一気に盛んになったフランス革命は、複数の層からなるアゴーン的な演劇の公共圏が形成された例であろう。スーザン・マスランは、革命を背景とした演劇実践の矛盾に着目している。一方では、古代の規制が再び復活し、既存の劇場ライセンスは剥奪され、多くの新しい劇場が設立された。そして他方では、有名なロベスピエールをはじめとする多くの革命家は、既存の演劇への反証であるルソーの『ダランベールへの手紙』に影響を受けた。このエッセイは、フィクションを舞台にかけるだけの劇場の制度を機能と実践において問うものである。マスランは、演劇の機能と適正をめぐる、熱心な支持者と反対者とのあいだで起こった熱のこもった議論をたどっている。ここには、反対運動や暴動に関与した特定の戯曲のみならず、演劇の制度そのものについての議論を見ることができる。その議論によって、客席が潜在的な公共圏であり、公共の見解を生成するため重要な場だったことが明らかになる。こうした見解に基づいてみると、集団感情を煽り、情緒を喚起するという、恐るべき力に左右される共同体の強みとリスクの両方が、演劇のなかには潜在している。「共同体の感情を確立する」という、印刷物ができないことを演劇はなし得るのである。[27]

フランス革命は、考え得る形式のなかで最も突出した「抗議する演劇[28]」と考えられ、またコンセプトは美学でなく政治的だが、演劇の公共圏は、「論争がすべてのパフォーマンス」もしくは、騒々しい主張と必ずしも同義語ではない。だが、異議申し立てと公共圏のあいだには、長らく続く生来の関係が存在する。古代ラテン語のプロテスタリは、宣言や公共の場での証言の提示、つまりは証言という行為を意味している。語源的には反対するということに結びつかないが、一七世紀までに、不同意の提示という意味へと転換された。[29]今日理解されている公共のデモンストレーションとしての抗議については、英語では一九世紀まで記述されていなかった。[30]しかしながら劇場自体が抗議集会になり得ると政府は認識してきたため、観客の制御が効かなくなると、政権はむしろ「騒動」「混乱」「暴動」などの語を好んで使用したのである。一八〇九年にコヴェント・ガーデンで起きた、有名な旧価格暴動にみられるように、公衆の憤りが劇場そのものへ向けられる場合もあった。そのとき、観客は劇場チケットの新価格に対して暴動で反発し、劇場が制度上、公共圏の問題そのものになったというわけである。ジョージ・クルックシャンクの有名な風刺画「人殺しのない殺人、グランド・ナショナル劇場での上演」にうまく描かれているように、言語による手段よりもずっと直接的な肉体的介入によって、不一致は明らかに示された。理にかなった議論による合理的な合意というハーバーマス的な理想は、まだ初期の段階にあったことになる（図1）[31]。

検閲のある体制は、演劇が社会不安を助長することを暗に認めていることになり、公衆の関心を明確にする場としての舞台の機能を検閲によって阻止しようとするが、演劇は常にそうした規制を回避するよう努めてきた。また、寓話的な示唆や即興のわきぜりふによって、舞台は人が集まる場としての機能を利用する方法を模索してきた。しかし、今日では、特に検閲がほとんどない社会では、舞台に機能があるかどうかが問題となってい

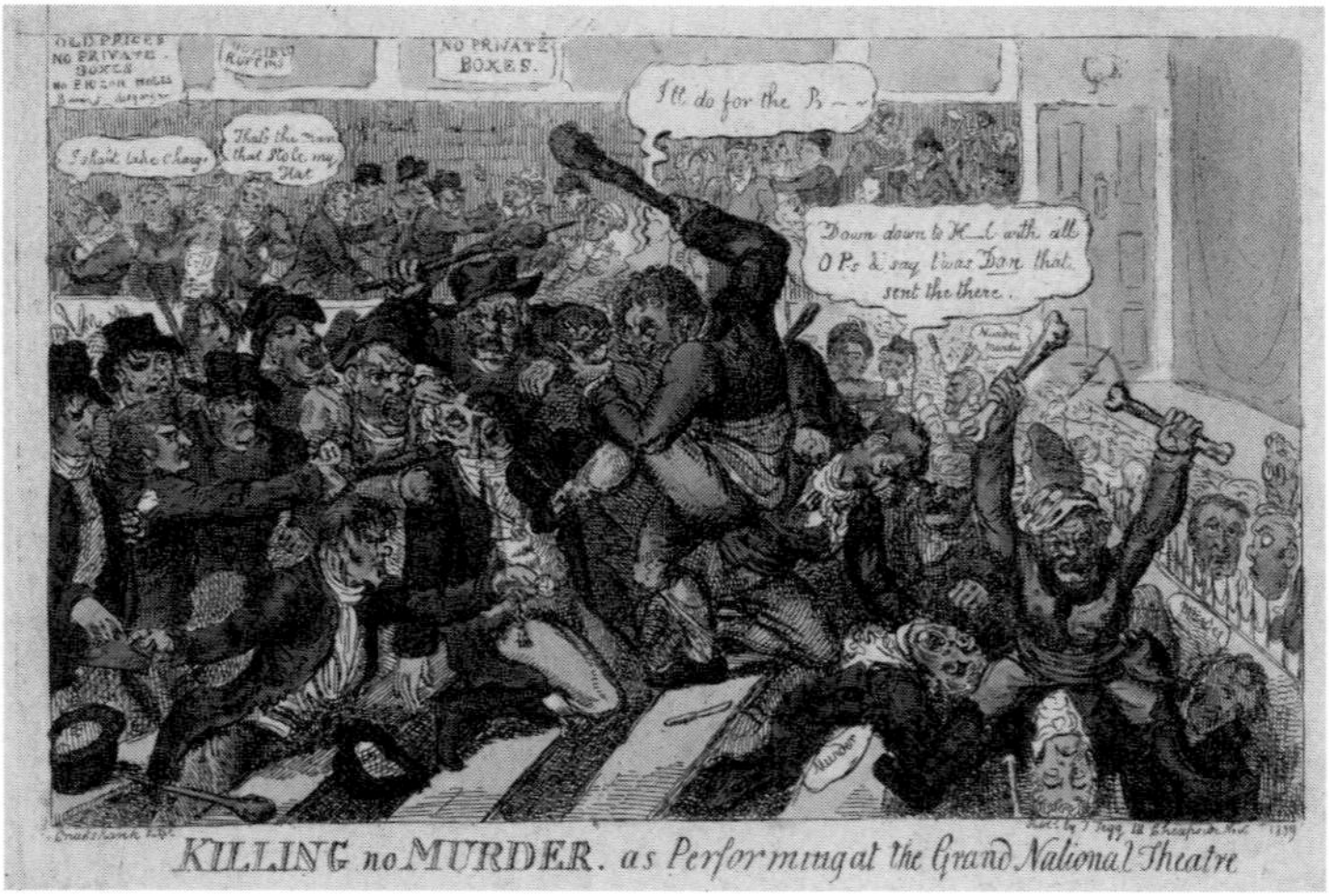


図1　旧価格暴動における合理的な合意形成の模索
ロンドン、コヴェント・ガーデン・シアター、1809年

るようだ。抗議行動に特有の直接的なコミュニケーションが、美的経験の複雑さや「謎めいた」性格と両立するかどうかということは（アドルノ）[32]、特に政治的な演劇では依然として難しい問題である。ピスカートアとブレヒトのモデルが、過度に単純化されイデオロギー的に曖昧さを排除したのが、流行らなくなった理由の一つであることは確かである。ロルフ・ホッチュの『代理人』（一九六三）や、冷戦下のヨーロッパで人気を得た、マルキストの作家ペーター・ヴァイスによる社会への反応としての抗議など、話題になった劇を思い出してみると、一九六〇年代のドキュメンタリーシアターは、確かに公共の議論を生み出す力があったといえるだろう。ヴァイスは、資本のコントロール下にあるマスメディアによって取り上げられる公共の議論にとって、演劇のほうが効果を発揮すると考えていた。けれども、一九六〇年代のドキュメンタリーシアターの形式は、単純な双方向のコミュニケーションを促すには、ごくわずかな能力しかなかった。この点は、語りや証言に基づく演劇など変容力のある政治的演劇のように、さらに現代的な形式にも引き継がれることなる。

演劇は、公共の議論の集会として再形成が可能なのだろうか。ブラジルの演出家で社会運動家でもあるアウグスト・ボアールが編み出した「集会演劇」は、その名前にすでに批判性が備わっている。集会演劇の「モデルとなる場面」では、社会・政治問題がテーマとなった上演が少なくとも二種類は行われる。一つ目のヴァージョンを観終えて、観客は別の解決法を考える機会を得るだけでなく、演者として上演に参加し俳優と交代することもできる。目的は、単に認識を高めるだけでなく、実際の生活へ介入したいという感覚を促すことにある。「集会演劇」はバーチャルな公共圏を作り出し、参加者が関心を持っているテーマについての議論を開始するが、このとき参加者は、ローカルな特定の問題を挙げることが多い。公共圏に極めて類似しているものに、ボアールのグループが「可視化された」「言説としての演劇」と名づけた形式がある。上演を目撃したり、理想的には介入したりする通行人がいることは知らせないまま、ここでは参加者は日常生活の場面を演じる。議論を引き出すことによって、各場面は日常の空間から「公共の集会」へと変容することになる。[33]どちらの形態においても、公共圏の重要な側面が仮想化され、ボアールの言葉を借りれば、通常の演者と観客の区別を解消することで「リハーサル」が行われるという。

より複雑な公共圏と上演の統合が達成された例は、ピーター・セラーズのプロジェクト『ヘラクレスの子どもたち（*The Children of Heracles*）』（二〇〇二―七）であろう。西欧諸国の特に子どもの難民の扱いに対する抗議として企図され、ある共通の構造とそのバリエーションが示された。私が二〇〇四年アムステルダムのオランダ・フェスティバルで観たのは、地元の専門家と難民グループによるパネル・ディスカッションに続く、エウリピデス劇の上演だった。上演中、近くの難民キャンプからやってきた若者のグループがコロスとして舞台に座り、ほとんど何も話さないまま観客をじっと見つめていた。そして上演後は、セラーズ自身が議論に加わった。他のバージョンは、地元のレストランで夕食をともにするという結末だったという。繰り返し取り上げられたインタビューでセラーズは、古代ギリシャにおける演劇と民主主義の連関の原型について強調している。演劇は、実質的に民主主義のプロセスを拡張し、強化すると彼はいうのである。本作品の上演の際にほとんどの共同体では、舞台で「実際の」避難所を探す人々を登場させて、倫理的な示唆を与えたが、より際立った問いは彼が考案した新しい形式についてである。「スペクタクル演劇」(ボアール)に内在するアポリアを認識し、『ヘラクレスの子どもたち』は、難民問題についての多様なアプローチと形式を組み合わせた。そのやり方はマスメディアが手放してしまった方法そのものである。ヨシュア・アブラハムの評価によると、「論理と情動の相互作用」をともなうこの上演は、「二一世紀の倫理的な公共圏」を再び想像し、定義しなおす力を内在させていたことになる。[34]

しかしながら、この課題は簡単ではない。オランダのテレビ番組のインタビューでセラーズは「あなたは芸術家ですか? それとも社会活動家ですか?」[35]と質問されていた。この質問は、芸術家による広い公共圏への関与が、芸術と公共圏を組み合わせるのではなくどちらかを選択すべきという、一般の認識をほのめかしているのである。二者択一を迫られた挙句締め出されるという「もう一つの選択肢」が、実はこの本の議論の基調としてあり、いってみれば現代演劇としての芸術様式確立に成功しているからこそ、社会活動やその成果へ資する方法としては適切な計画とはいえないのである。セラーズの上演では、理論上は、観客は都度切り替えて次の三つの役割を果たすことになっている。情報を聞く者(パネル・ディスカッション)、美学的鑑賞者(上演)、能動的な議論者(上演後の議論)である。これら三つは誰にとっても馴染みがあるが、一つの上演のなかで三つを組み合わせることが、演劇の公共圏を作り出すための、一つの戦略の輪郭を描いて見せてはいないだろうか。

強い抗議型の演劇やパフォーマンスの多くは、劇場以外の空間で上演され、社会活動家のパフォーマンスの推進力となり、ソーシャル・アートと政治活動の境が曖昧になることもしばしばである。とりわけ米国では、政治や反対運動に参加するために、幅広い論術を使用するグループと主導者は非常に過激である。「愛国法に反対する愛国主義者」、「ブッシュに賛同する億万長者」、「イエス・マン」、「ショッピング後の教会生活」、「秘密反乱のピエロ軍（CIRCA）」などがその例である。これらの多くは、九・一一後の米国メディア政治における抑圧的な雰囲気への反応として現れ、ペーター・ヴァイスの論文で確認できるように、主要メディアでは、反対意見は実に手際よく沈黙を強いられたのである。概してこれらのグループは、多様な反体制的表現を活用し、抗議する対象を確認し拒否する。抗議の対象は、政治、企業による搾取もしくは消費社会などである。[36] こうした活動の多くに本書が焦点を当てない理由は、すでに触れたように、抗議活動よりも演劇という制度のほうを主眼としているからである。ストリートやメディアでのこうしたグループの活動は間接的に、演劇は政治的に効果が小さいという認識を裏づけている。彼らは演劇的な手段をあれこれ駆使し、公共圏へ接近することができるが、演劇そのものはあまり役立たないのである。

九・一一に続く政治的混乱と危機的動向、そして「有志連合」による二〇〇三年のイラク侵攻は、実際のところ英米では、公共圏としての演劇を一時的に再活性化させた。デヴィッド・ローマンは次のように述べている。「劇場へ足を運ぶことは、ある集団への参加を意味するが、九・一一以降にいっそう明白になったナショナリズムの、暴力的な言説とは異なる感情や情動の反公共圏を作ろうとする束の間の努力に過ぎない[37]」。マーヴィン・カールソンは、ブッシュ大統領による戦争とテロに抗議する演劇的イベントを展開していた、政治活動グループ「我々の名においてではない[38]」による「反戦劇場（THAW）」という別の有志連合について書いている。活動のハイライトは、二〇〇三年三月三日に五六か国で同時に行われた『リシストラータ』のリーディング上演という、国際的なイベントだったという。[39] また、抗議演劇に関して最近調査を進めたジェニー・スペンサーによると、次の七月七日のテロ攻撃後は実際、演劇人は「自己検閲による沈黙」を保ち、その後、最初はニューヨーク、次に英国へ波及し、ようやく演劇人が組織化して抗議集会の開催を始めたという。[40]『リシストラータ』のように新しい技術を結集した地球規模のイベントは、演劇と公共圏との問題含みの関係を否定的に明示するのである。こうしたエネルギーを活性化するのに、九・一一規模の大惨事や米国主導の戦争が必要だとしたら、制度が機能している日常ではどのような条件が適用できるだろうか。

## 制度の基盤

公共圏の制度の核は、複雑な文化、および後にメディアが取って代わる出版業界によって増幅された、コミュニケーションのネットワークによって構成されている。文化やメディアは、芸術をプライベートで楽しむ人々を、文化を再創造する参加者へと変えることができ、国民は公共の見解の媒介となった社会統合へ参与が可能になるのである。（ハーバーマス[41]）

公共圏の古典的な構成からすると、公共圏と制度は相反するものと考えられている。ハーバーマスは自由市場経済と国家のあいだに公共圏を設定しているが、前掲の引用が示しているように、公共圏はプライベートとパブリック両方の制度からなっており、それらが相互に連関するところに公共圏の核がある。ほとんどの研究者は、演劇のメディアとしての面に関心がないにしても、演劇を制度とすることにほぼ異論はないようだ。しかし、演劇に関わる制度の概念を定義する作業は、あまり行われてこなかった。[42] 進まない原因は、ある面では理論的伝統が、本来共通するはずの特徴を切り離して定義してきたことによる。共通の特色は、ギリシャ演劇から現代まで、能からベトナムの水上人形劇まですべて演劇に適用できるものである。こうした現象学的な提示で最も有名なのは、もちろんエリック・ベントリーによる、AがBを見つめていて、Cがその関係を見ているというものである。今日のポストドラマ演劇のような、高度に間接的な上演においては、この基本的問いすら合意を得られないと思われるが、間接的な上演は、最も粗い認識の用語で演劇を考える以外に有効性は証明しにくい。

公共圏と演劇の制度との関係について検討するなら、「制度」という語を再考し、その特性を明らかにする必要があるだろう。少し調べただけでも相当広い範囲の定義が出てくる。『オックスフォード英英辞典』によると少なくとも8つの異なる項目がある。社会人類学、社会学、政治経済学、芸術学まで含めて使い勝手の良い一つの共通する定義はない。社会人類学は、握手などの社会的な振る舞いを、ある文化の文脈における制度としてとらえるが、その一方で、もっと複雑な社会の相互関係が制度という概念の基本的な条件であるというのがおおかたの見解である。

制度が根本的な「ルール」であるということは広く合意されている。歴史経済学者のダグラス・ノースの有名な言葉によると、制度は「我々の社会のゲームのルール、もしくはもっと形式ばっていうなら、人間関係を形作る人間が作り出した制限である」[43]。ルールと制限がほぼすべての定義において重要視され、ある種の集団における態度の前提となる。なぜなら、個人は通常、自分の意志で自分たちに何かを課すことはないからだ。制度は、個人の行動と集団の実践のあいだの中間層を形成し、個人に制限を課し、集団には調和と予測可能性を与える。この目的の達成は、互いに関連する特色である、継続性、法的立場、個人の機能の三つによって成り立つ話し言葉（物と人も「制度」とみなされる）においても、時間の超越という厳格な意味でも、制度という言葉から感じる継続性は特徴的である。継続性の概念は、実質のみならず公に関する法によっておおかた決まってくる。この意味で、例外はあっても、私的に運営される劇場は制度とみなされることは少ないだろう。他方で、法的な規定により、法に則った枠組みの制度を生み出すことができ、そのなかで劇場も運営できることになる。後者においては、エリザベス朝の公共劇場はまとめて一つの制度であり、一五七二年の浮浪人処罰法のような一連の法律によって可能になったもので、同時に統制されてもいた。同じように、何か特別な法律が根拠になっていたわけではないが、アテネのディオニソス祭もまた、制度的な枠組みを提供していたといえるだろう。そこでは、準司法的な文化実践の本質があったからである。最も重要なのは、こうしたすべての例は実践を意味し、特定の芸術家や興行主から独立して機能していたことである。芸術家中心の運営と比べたとき、制度は、それが演劇的なものであってもなくても、誰が運営していようと、通常個別に機能し続ける。

制度に関する非常に複雑な研究が、社会学や政治経済学において現れるのは驚くに値しない。マックス・ウェーバーによる、近代性の前提条件としての制度を規範とする主張は、さまざまな分野の研究を方向づけ、一方では制度と官僚のよくある関係を、他方で信頼できる法的枠組みを強化することになった。ここ数十年のあいだで最も重要だったのは、こうしたウェーバー的な規範が問い直されたことである。その動向は、「新しい制度主義」というゆるやかな枠組みのなかに組み変えるというものである。仮に旧来の制度の理論が、人間の認知できる行動のなかでの価値や概念や既成概念に重きを置き、その根底にある制度をデザインしたとするなら、新しい制度主義のほうは、無意識に現れる認知の内的な枠組みと筋書きを強調し、我々が通常関わる制度がどのように実際機能し、その内的均衡について説明するものである。この分野の代表的な理論家であるディマジオとパウエルによると、「概念や価値観ではなく、認められた筋書きやルールや分類がマクロレベルの抽象概念……認知モデルであり、そこでは内的認知の枠組みと筋書きは、行動決定者が新しい証拠を拒むよういざなうのである」[44]。この新しい制度の定義は、目新しい衝撃を探すという意味ではなく、現状をより強化するために、すでにあるものの複製に近い構造的な傾向、あるいは改革ではなく均衡のほうを強調する。まさにこの定義からすると制度という語は、騒然とした抵抗運動、転覆、やむことのない革新としての演劇の理解からはかけ離れている。

「制度がマクロレベルの抽象概念である」というのは、いってみれば制度と組織との区別をはっきりさせる一つの方法だともいえる。制度論者の多くが用意しているように、この二つの語が常に表裏一体だとしても、その区別は明確にする必要がある。ノースのような経済学史の研究者からすると、制度は主に法的枠組みとの関連において理解され、そのような枠組みが会社、貿易組合、教会、学校、大学といった、人の集まりや個々の組織を構成し、それぞれの行動の在り方に強制力を持つ。「組織というのは、共通の目的を達成するための個人による組織体である……制度はゲームの根底にあるルールであり、組織（および企業）への主な着眼点は、変化する制度の主体としての役割である」[45]。この区別をみると、演劇は組織や組織体というカテゴリー下に組み入れたほうが良いように思われる。このことはもちろん、個々の劇場にもあてはまる。ロンドンの国立劇場のような「制度」ですら「共通の目的を達成するための個人による」組織体である。しかし別のレベルで考えてみると、国会の法案によって定められ、アーツカウンシルなど他の財源からも財政的に維持されている、制度的な枠組みもしくは状況の一部といえる。こういった制度的状況において、自由経済のなかの舞台芸術を位置づける政府の方針を含め、他の制度と関連している[46]。

演劇の分野、もっと広く芸術（いうまでもなく二つは重なり合う）に目を向けると、一方では制度と、他方では特殊な組織や組織体との違いが保たれていることがわかる。ペーター＆クリスタ・ビュルガーのような前衛的な論者は「芸術の制度と、出版社、書店、劇場、美術館など、個人の仕事と公共を融和させる社会的組織[47]」を別々のものとして強調する。この分類からすると、芸術の制度は、抽象的な高いレベルに置かれ、たとえば「社会（あるいは個々の階級やランク）において一般的に有効とみなされる芸術（その機能的確実さ）についての概念[48]」というような、社会における芸術の機能に適した考えや信条と直接結びつけられるのである。芸術制度の合法性に関する主な機能的確実性は、ブルジョワ社会において芸術が自主的に地位を占めるようになった前提と同類である。

これが、一八世紀にはじまり、近代社会の芸術とその機能を決定づけた歴史的過程の結果であろう。その起源は明らかに一八世紀ヨーロッパ（もしくはもう少し前）にあるものの、制度のモデルは地域によっていくつかのバリエーションがあり、今や世界中に普及している。こうした定義によって、制度とは、うまくバランスをとったり、無自覚に形式主義（後者は芸術関係組織とはされていないが）を受け入れたりすることではなく、さまざまな信条、思考、概念が存在する場そのものであると理解できるだろう。この点において、ビュルガーの抽象的な定義は新制度理論に近く、認知パターンを強調し、より一般的には、制度の構築と維持において重要な考えを示しているといえる。

社会や個々の組織形態のなかに「新時代の機能を決定するもの」としての制度を区別することによって、演劇の制度的特徴をより明確に見ていくことができる。ローレン・クリューガーが英国、フランス、米国の国立劇場運動の研究において述べるように、演劇の制度は政治、経済、美学的な領域の関わり合いのもとで理解されなければならない。「演劇の制度に関する包括的な理論は、政治経済の制約と美学的概念の長年の対立が演劇実践を左右し、また時に互いを表象し合うことを無視することはできない」[49]。この著書は「包括的な理論」を提供してはいないようだが、演劇の公共圏を探求するには、社会のなかで演劇という制度に対する特別な認識が必要だと論じている。演劇は適当に組み立てられただけの組織から、成熟した制度へと変わり得るからこそ、公的助成にふさわしいものになり、また変容する公共圏において提言、対話する役目も負うのである。制度としての演劇は、特定の作品や上演のみに縛られないもっと広い議論の役割を担っている。芸術監督の任用、運営と財政の議案に関する熱心なコメントは、上演を観ている観客に加えてさまざまな集会への参加者によるものも多数ある。演劇が制度として価値が高い理由は、活発な動きのある公共圏を生み出すことができたからである。なぜなら、それがコミュニティの文化の主要部であり、政治そのものであるからだ。[50]

では我々は、ここまで述べてきた、演劇の公共圏における多様な概念をどのように融和できるだろうか。つまり烈しい抗議のパフォーマンス、長期間持続する制度の構造、アゴーン的な情動、合理的な討議をどうするのか。両者は両立しないととらえるべきなのだろうか。アゴーン的な情動や遊び心あふれる批判は、議論のための集会の性質を失わないまま演劇の領域に統合できることは、すでに論じたとおりである。同じように、上演もまた「仮想の」公共圏の一種とみなされてきたし、今もそう見ることができることも述べてきた。ローレン・クリューガーは一九世紀、二〇世紀の国立劇場研究のなかで、国立劇場のような制度が生み出し、表現する、舞台上のフィクションと、より広い政治社会的議論に接点を見出す公共圏の概念を構築している。

> 象徴的な登場人物や審美性に基づく芸術や演劇の相対的な自律性、そして認識可能な空間での一般的な上演から適切な距離を置くことが重要である。なぜなら、すべてが順序だった統制のもとにあるわけではないから、この境界のスペースは少なくとも仮想の公共圏を表し、そこで描かれる象徴的な登場人物が、エンターテイメントを、覇権への依存とは決定的に異なる、社会的、政治的、文化的経験にすることができるのである。[51]

パフォーマンスの記号論は実際、舞台上で発せられたすべての言葉、行動を特別な枠組みとしてとらえる。パフォーマンスが作り出すこの境界のスペースはどのような公共圏でも存在し得るが、それらは個別のルールとその理解の条件のもとにある。「境界」「仮想」のどちらの呼び方がふさわしいのか、まだ決まってはいない。しかしながら、劇場における上演時の公共圏は「一般的なパフォーマンス」や「物事の順序だった統制」といった外の世界とは異なるという、クリューガーに同意するのが良いだろう。それは、レイモンド・ウィリアムズによる「主体的行動の場と言説」[52]を継承している。しかし、本質や「主体的行動」といった概念は、行動すべてを演劇の公共圏のなかでとらえる必要が出てくる。こうした理由から、歴史的、理論的レベルのどちらであっても、演劇の公共圏という概念を定義しようとするなら、舞台で演じられる物語は、それ自体が固有の興味深さを備えているということにはならない。本書でこれから見ていくように、舞台で起きることは演劇の公共圏の研究に当然ながら直接関係しているものの、それだけではなく、より広く見渡していく必要がある。演劇の公共圏の研究のために、変わりゆくいくつかの境界について検討しなければならない。それはプライベートとパブリック、内と外、市民権と芸術の自由、観客と劇場に行くなど考えたこともない市民とのあいだの境界である。

# 注

（1）Johnson (1820), 162.
（2）Habermas (2005), 15. 筆者訳。
（3）Habermas (1989), 29.
（4）Sennett (1977), 91. プライベートとパブリックという二項対立には多くの批判が寄せられたが、最近のジェンダー研究では、その有用性が見直され始めている。ジリアン・ラッセルは、ジョージア王朝時代のロンドンにおける女性と演劇の研究において、社会史的観点から、現代の理解とは多くの点で異なる一八世紀のプライベートとパブリックの区別そのものを歴史化する必要があると主張する。家（私的な女性）と家ではない（公的な男性）という区別が、例えば、私的なものと公的なものという意味合いと一致しないのは、家にいる人が男女問わず、必ずしも私的とはいえないからである。(2007, 8)
（5）Salvatore (2007), 252.
（6）Held (2006), 283.
（7）Weintraub (1997), 2.
（8）ワーナーは、プライベートとパブリックの区別の根底にある極めて複雑な意味論を分析し、対照的な意味を持つ一五のペアと、対応するパブリックの意味を持たないプライベートの三つの意味のリストを提案している。(2002), 30-1.
（9）Crary (1999).
（10）States (1985) 参照。ポストドラマ演劇の文脈では、動物や子供が躊躇なく舞台に登場するが、これはモダニズム・モデルの現象学的および記号論的前提を明確に否定するものである。Ridout (2006) 参照。

(11) Habermas (1989), 3.

(12) Habermas (1989), 4. ハーバーマスはこの特徴づけにおいて、ハンナ・アーレントの『人間の条件』に忠実にしたがっている。(1958), 12-13, 24-5.

(13) Turner (1982), 80.

(14) Rehn (2007), 185 参照。

(15) *Ibid*., 189, 強調は引用者

(16) Goldhill (1997) 54.

(17) Mouffe (2007), 4-5. この論文は、改訂版が出版されている。Mouffe (2013).

(18) Raalte (2004), 279. イセゴリアとパレーシアの複合体を Sluiter and Rosen (2004) では詳しく扱う。

(19) Foucault (1999a), n.p.

(20) Foucault (1999b), n.p.

(21) Aristophanes (1984), 34. 強調は引用者。

(22) Radin (1927), 223-4.

(23) Cole (2010) 参照。

(24) Kentridge (1998), viii.

(25) http://en.wikipedia.org/wiki/The_Story_I_Am_About_to_Tell

(26) Hayner (1994), 607.

(27) Maslan (2005), 31. ルソーと公共圏については Primavesi (2013) も参考になる。

(28) Tilly (2008).

(29) ローマ・カトリック教会への反抗を表明した人たちを、「プロテスタント」と呼ぶようになったのもこのためである。

(30) OEDは「抗議集会」の現代的な意味での最初の使用例を一八五二年としている。(Oxford English Dictionary online version)

(31) Baer (1992) 参照。

(32) 「すべての芸術作品は、そして完全なものは、謎めいている」。(Adorno (1997), 160).

(33) Boal (1985), 139-47.

(34) Abrams (2012), 40.

(35) www.vpro.nl/programma/ram/afleveringen/17018915/items/17716422/ 二〇一三年一月二四日最終閲覧。二〇〇四年四月三〇日にインタビュー。

(36) 例えば Beyerler and Kriesl (2005) and Wiegmink (2011) 参照。

(37) Roman (2005), 246.

(38) Carlson (2004).

(39) Elam (2003), vii.

(40) Spencer (2012), 3.

(41) Habermas (1987), 319.

(42) 国立劇場構想に関する研究は、構想の歴史と特定の組織の歴史とのあいだのギャップを埋める例外である。構想の歴史については Kruger (1992)、構想と組織の両方については Wilmer (2004) を参照。

(43) North (1990), 3.

(44) Dimaggio and Powell (1991), 15.

(45) North (1990), 5. ノースは、制度と組織を厳密に区別するが、これは、さまざまな社会や歴史的エポックにおける経済状況、経済成長の差における制度上の枠組みの重要性の分析に関連している。

(46) 英国演劇における制度の変化と経済については Kershaw (1999) 参照。

（47）Bürger and Bürger (1992), 5.

（48）*Ibid.*

（49）Kruger (1992), 13.

（50）制度上の動機に基づく議論の例としては、一九八〇年後半にアメリカで起きたいわゆる「文化抗争」をめぐる論争がある。この論争は、デヴィッド・ローマンによると、これが「演劇とパフォーマンスが国家的な議論の中心になった最後の機会」だった。(2005, 237).

（51）Kruger (1992), 17.

（52）*Ibid.*, 56.

# 第二章　互恵的な発信――プレイビルからブログまで

公共圏は、コミュニケーション、情報、発信のネットワークとしてとらえるのが相応しい……公共圏はコミュニケーションの行動を通して再生産されるから、自然言語を習得すれば十分なのである。

（ユルゲン・ハーバーマス）(1)

演劇は、身体と空間が記号へと変容したものを観客が認識するだけの、上演イベントによってのみ成立しているのではない。今ここに構築される構造とパフォーマティブに組み合わされた外の範囲境界が、演劇を成立させているのである。どのような演劇も事件ではなくしっかりとした構成によって時空間に存在している。つまり、最終的には観客という集団の一人一人を魅了するような情報や美学を提供するのである。演劇は、上演中のみならず、その前後のコミュニケーションを可能にする。これらは、ある特定の上演への観客の関心を集めるという一過性のものではなく、持続的で複雑なプロセスであるから、時には演劇の歴史と観客についても触れなければならない。この章の中心となる考察は、内と外に介在する実践をめぐるものである。公共性を創り出し観客を魅了する努力は、二つの意味における一連の「発信」が構成するプロセスと見る必要があるだろう。これは文字通りの意味と、そして内側（劇場内の上演）と外側（とりわけ制度に関する外のコミュニケーションと交流）が、たとえ対立関係であっても文化実践を行いながら、互いに出会うという二つの意味である。個別の問題や議論よりもコミュニケーションの実践に注目しよう。それがなければ、公共圏は機能しないのだから。

発信についての関係性やプロセスは、多くの劇場が行っているキャンペーンや上演の放送も含めた他のメディアとの関わりなど、広報を通して現代の文脈で理解することは容易だが、もっと前の時代の同種の演劇実践の研究となるとかなり難しい。印刷の発明以来、一九世紀末まで、プレイビルは劇場と観客のあいだをつなぐ通信の要だった。プレイビルは双方向というよりは一方向の発信であるため、双方の関係性や公共圏との関わりは間接的にしか測れない。しかし戯曲の対話には、過剰なほどの身体と空間の記号が埋め込まれているから、プレイビルには観客という表現しがたい全体にふさわしい多くの情報が掲載されることになる。

プレイビルは、演劇産業が急速に多様化した二〇世紀初頭には消えてしまった。主に言語情報で構成されるプレイビルは、情報が行き交う都市の景観になじむアイコニックなポスターへ道を譲ったのである。二〇世紀を通して、演劇は新しいメディアからの挑戦を受け、競争は今日まで続いている。ラジオへのフィードバックを重視したブレヒトから始まり、本章の二つめのセクションでは最近の実践、特にブログやＳＮＳの使用について検討する。ブログやＳＮＳは少なくとも原則としては、演劇と観客のフィードバックについてより緊密な関係を可能にするはずである。本章の最後には、上演に対する明らかに最も正式な反応である演劇の批評と、インターネット中心になった近年の変化について検討したい。

ここでの意図は、プレイビル、プログラム、ブログの保存された歴史の提示ではなく、それらがどのようにメディア化との関係でとらえられるかということである。上演イベントの運営の外側にある人々が関わり合う領域として演劇の公共圏を定義するなら、演劇が演者と観客のあいだの本能的なエネルギーの交換以上のコミュニケーションに基づいているのは明らかであろう。これが、公共圏の、本能的な潜在力不足を意味しないのは、広告や世紀転換期のプレイビルを見れば確認できることだ。観客や演者ではなく公共圏に着目することで、制度を直接、歴史学的な視点で見ることが可能になる。第一章ですでに述べたように、演劇の制度は、上演、戯曲、俳優に比べるとあまり注目されてこなかった。一般的には、制度としての演劇はまだ理論化が、さらには研究がはじまったばかりである。劇場の建物のなかに作品は置かれてきたし、それが演劇地理の考え方だったが、制度は劇場の建物に似ているわけでも、劇場が制度に近いというわけでもない。ここでは、演劇史における制度の面についての詳細を詳しく述べることはできないが、制度の持続性（およびときには非持続性）に着目する視座は、公共圏における演劇とその媒介との関係の理解にとって重要であり続ける。

# プレイビルとその観客

プレイビル　チラシ、プラカード、劇の広告ポスター。配役が示されている。

（『オックスフォード英語辞典』一九七一）

ＯＥＤによるプレイビルの定義は簡潔だが、正確とはいえない。プレイビルはその由来である「プレイ（劇）」の広告であり、その歴史は変化に富んでいるもの、常に俳優の名前を記していたわけではなかった。過去四世紀間にはあったかもしれないが、それはごく例外である。プレイビルは、まるで大げさなかつての上演のように、来歴のよくわからない頼りない記録だが、演劇の制度の変わりゆく本質を最もよくとらえている。制度的な持続性についての問いは、過去の上演そのものよりもずっと漠然としたもののように思われるが、問題提起の必要はあるだろう。何世紀ものあいだ、プレイビルは制度としての演劇と観客のあいだのコミュニケーションを規定してきた。演劇のポスターとプログラムが生まれる前に、プレイビルは、上演の広告および、役名、上演内容、価格などの情報提供という二つの機能をもっていた。プレイビルは実際のところ、制度の内と外、また観客の社会生活と演劇の社会美学的側面のあいだの重要な関係を作っていたのである。

基本的にプレイビルは短命だが、スクラップ・ブックや目を凝らして見るマイクロフィルム、最近ではインターネットでアクセス可能なデジタル・イメージなどの方法で、何千、何億と多様な素材が閲覧できるようになった。個々のプレイビルは、劇場の記録、収集された俳優の記録など、さまざまなアーカイブに見出すことができる。しかし、プレイビルは遍在しているものの、演劇史のアーカイブのなかでは見過ごされてきたカテゴリーであり、ほとんど「短期保存」しかされず、それゆえ理論的、経験的見地から考察する必要がある。最近はより体系的にプレイビルを扱うことへの関心が高まってきているものの、まだ十分理論化されてはいない。ジャッキー・ブラットンはプレイビルについて「極めて現実的な実際使用された史料」だといったが、それは正しいと思う(2)。

しばしば比較される演劇の視覚資料と同じように、プレイビルもまたそれ自体が何かを語るということではない。もちろん演劇史の分野が確立されてからは、研究者がプレイビルから何かを引用することはあったが、ここで考察すべきは、この特殊な史料を批評的、理論的に有効な方法でどう読めるかということである。他の演劇の視覚資料が受容されてきたようにはプレイビルが研究方法として問われてこなかったのには、おそらく二つの理由がある。プレイビルが提供する情報がほぼ言語によるため(これから見るようにそれがすべてではないが)、解釈するうえで特に問題が挙げられなかったのである。上演の時期によっては、紙上は名前、日付、価格といった、実際、経験主義的で意欲的な歴史研究者を喜ばせるあらゆる情報で埋め尽くされていた。プレイビルにある情報を事実と呼ぶなら、それが事実なのかもしれない。理論と方法論から外れてしまった二つめの理由は、証明が難しいけれども、だからこそプレイビルの演劇史的再評価の根幹に触れる点である。演劇の図象学と比較すると、図象の場合はたとえ表面的なとらえ方であっても、演劇のイベント——舞台での上演(もちろん舞台とはいえない場所の方が多いが)——への回路を保証してくれるが、プレイビルは上演前に行われることで、上演そのものではない。導入部分で行われるものがほとんどそうであるように、プレイビルも興奮と刺激を促すよう作られている。だが、事実を探求する研究者にとっては、卓越した経験と魅力は「上演そのもの」であって、プレイビルは保存されたゲームのアドレスを表すのみである。それゆえ、演劇史研究者がまじめにプレイビルを関連づけるのは、その演劇のイベントに重要性があったかどうかによる。プレイビルは注目に値するし、上演のインデックスにもなるが、上演が行われる前段階としか通常は定義しない。上演の一部にはなり得ないから、演劇史研究者はプレイビルをあくまでも上演とは切り離して注意深く検討しなければならない。プレイビルの告知が、必ずしも実際には行われなかったのは有名だからである。

プレイビルの使用頻度は高かったが、散在し精査されていないために、演劇史料の特殊なカテゴリーに分類されている。マーヴィン・カールソンが指摘するように、プログラムやプレイビルは、「特権的な一次資料」であるにも関わらず方法論や歴史的見地からの扱いがこれまであまりに不遇だったのである。このことは、演劇史研究者が資料に対するメタ理論的な研究や調査への関心が、以前から低かったことを反映している。そしてそれが、基本的な用語法すらも不明瞭にしたのかもしれない。一九世紀における、プレイビルと演劇のプログラムのはっきりした区別はできない、とカールソンはいう。

近代演劇史についての次のような文章を目にすることがある。一八世紀から一九世紀の初めまで、長いあいだ、英国と米国で演劇の特有広報として使用された細長いかたちのプレイビルと、内容は同じでも両面印刷の数枚の紙で作られたプログラムを区別しようとする記述である。この区別に関連しているのは、プレイビルの機能は公共へ向けたもので、プログラムは劇場内で販売もしくは配布されたという事実である。(3)

さらにカールソンは、公共へ向けたプレイビルは劇場内で販売されたり配布されたりしていて、実はプログラムと同じ機能を果たしていたとしている。彼は実際の上演期間において観客にどう使用されたかに焦点をあてているが、プレイビルについて、「公共へ向けた」機能を前提として、時とともに変わる内と外、公共圏と親密圏の関連を見つつ、さらに広い範囲で検討する必要があるだろう。プレイビルには情報が多量に掲載されすぎて、こうした関係性や注目すべき点までもおおかた見過ごされてきたのである。

カールソンが指摘するように、特に英国と米国で体系的なプレイビル研究を行うのは難しい。英語のプレイビルは一七世紀末から使用され始め、その全盛期はだいたい一八世紀一九世紀、消失するのは、プログラムとポスターにはっきり分かれた一九世紀末と見るのが研究者の常だった。この年代記は保存された記録によるものである。英語圏の現存する最古のプレイビルは、王政復古期、語彙を検討すると一六七〇年から一六九二年のあいだということになる。(4) また、ドイツの研究者は、一五世紀から一六世紀より始まり一七世紀半ばまで、とりわけ英国の巡業劇団とその影響を受けたドイツの劇団のあいだで普及したとしている。最近の研究では、近代初期、どのようなエンターテイメントであろうと印刷可能であれば、プレイビルが使用されたことが明らかになっている。ティファニー・スターンは、手書きの文書を検討し、エリザベス朝においてプレイビルが至るところにあった事実を例証する膨大な文献目録を作成した。最初期のものは一五六七年であり、おそらく重要なのは、ある「古い芝居」の上演の広告を出した詐欺師の話である。ここでは、プレイビルは、いつ始まるかもわからない芝居の観客から金を集め逃走することに使用されたという。もちろん、これはプレイビルの良からぬ印象を与える例に過ぎない。ただ、プレイビルの存在を示す最初の上演例は、実際は行われなかった上演ということだ(5)。

スターンの研究によって、ロンドンの家と郵便ポストには、プレイビルやその他の広告が貼られていたのが明らかになった。使用人に、朝九時にその日の新しいビルを集めてくるように申しつけて、家の主人や夫人が目を通すのは珍しいことではなかった。ビルは、演劇そのものと同様に、演劇反対論者の人たち（彼らによる批判は最も信頼のおける史料となっている）のあいだでは良俗を乱すものに映るほど、そこかしこに目立つようになっていた。彼らの権力が見てとれる気の利いた例は、ジョージ・ウィザーの風刺劇『はく奪とむち打ちの虐待（*Abuses Stript and Whipt*）』（一六一四）のなかの悪口からわかる。作中、ある紳士が教会で説教を聴きに行く途中でプレイビルの強力な誘い文句を見て、劇場に行ってしまったという。

途中でビルを見て
新しい喜劇をやっているっていうから
彼はそっちの方へくるっと曲がった

彼の好奇心を邪魔するものは何もない(6)

プレイビルによって教会から劇場へと方向転換した「気まぐれな」紳士の例は、邪心の無い通りがかりの人に悪影響を与える、演劇のメディアとしての潜在力に焦点が当てられているのである。

プレイビルについての数少ない研究は、おおよそ二つに分かれる。一つは「狩猟生活者」的なアプローチというべきものだが、資料を集め、まとめ、注釈を加えることが主である。この方法は一九世紀に始まり、最初のコレクションが編集され、そのうちのいくつかはヴィクトリア・アンド・アルバート博物館のような施設が保存しており、現存するものは数十万にも及ぶ。特筆すべき点は、狩猟生活者的なアプローチは、プレイビルが使用され始めた一六世紀から、他のものに代替えされ消失した二〇世紀初頭までのメディアとしての歴史を提供してくれることである。

演劇史をより複合的にとらえるために、プレイビルをメディアとして理論化するか、少なくとも関連づける、二つ目の方法はあまり普及してはいない。しかしながら、ジャッキー・ブラットンはプレイビルを分析するために、彼女が「インターシアトリカル性」と呼ぶ新しい枠組みを提唱している。ブラットンの理解によると、インターテクスト性に類似した「インターシアトリカル性」は、「すべての演劇的テクストのあいだ、テクストとその使用者のあいだに張り巡らされた関係」が有効である限り、特定のテクストやイベントのみに焦点を当てるのではなく、関係性の再構築をめざしている。伝統的な演劇においても、上演における相互依存、演者と観客の記憶の重要性、時代を超えて共有するダイナミクスを、彼女は強調している。この記憶と意味づけによる複雑な網目へ通じる回路の鍵がプレイビルであり、「演劇史において消えゆく最も難しいもの——観客の期待と観客の性質」を理解するために、いっそう多様な読み方をしなければならないと彼女は主張する[7]。

プレイビルは、演劇の公共圏との関係性をさらに理解する目的においても考察することができる。この方法は、すでに検討済みの多くの方法論を互いに結び、一般的な上演ではなく観客そのもの、とりわけ演劇がどのように観客と関わっていたのかという点へ検討対象が広げる。プレイビルは、共同体のパブリックスペースの一部であると定義されているのである。メディアの主な役割は、広報、および時間、場所、経緯などの詳細の情報を伝える多様な言葉の意味によるコミュニケーションである。また人々の感情に訴え、近代初期に始まった進行中の「放送文化」の一部となった。そして、政府による発表、法案、新聞、文書といった公的なドキュメントとプレイビルは競合していたのだった。近代初期、こういった異なるドキュメントが視覚的に同じ領域に並べられ、その関係性によって解読しやすく変換されていったことを、ティファニー・スターンは明らかにしている。「空間それ自体が『読まれ』ていた。プレイビルは掲示物や文書とともに掲示されたという事実のみならず、公式に認められた法案と並置されたのである[8]」。この合法性ついての問いが重要なのは、演劇が常に許可制であり、法的な要請、ときには差し止めまで受けてきたからである。

一七世紀半ばまでには、プレイビルは、国ごとに違いはあれど一定の形式をとるようになり、半ダースほどの異なる情報やコミュニケーションによって構成されるようになった。さまざまな活字体を実用化し、一七世紀後半のドイツのプレイビルは以下のように構成されていた。

認可（市または国からの）
劇団名とその評判
劇のタイトル
劇の内容（通常は派手なうたい文句で）
劇本編の後に行う喜劇のタイトル
料金
上演の日時と場所（認可後に示されることもあった）

一八世紀のあいだに、この基本的な形式に他の情報が追加され始め、登場人物名、俳優名、劇作家名といった重要項目が追加された。というのも、一八世紀半ばまで、ドイツ語圏の劇団は基本的に巡業劇団だったから、認可が確実に保証されるということはなく、陳腐な定型の許可（「最も尊敬すべき人に許可を受けて……」など）が劇団と公共圏のあいだで、明確に発信された最初の政治的な発言であろう。プレイビルの図柄が派手で、活字もいかにも仰々しいことからわかるように、認可の宣言という権威づけなしに、上演は実行されなかったのである。それによって観客は、承認と制裁という官僚的なお墨つきがあるかどうかを知る。その先に目をやると、特に面白くない、実用的な情報が並び、料金、日時、場所という極めて平凡な項目で終わる。

一八世紀半ばのドイツ語圏におけるプレイビルへの重要な項目の追加というと、俳優と作者の名前であろう。登場人物と人物相関（「～の息子、～に仕える者」）については筋書きのなかでたびたび記載されていたが、俳優が観客にとって見るべき対象として現れたのは、一七五〇年以降のプレイビルにおいてであり、それは彼らの地位向上の努力を示唆している。(9) 初期のころは徐々にではあったものの、俳優・女優へ注目を促したことは、演劇と公共圏の関係を再編成する重要な機ととらえられる。演劇は、カリスマ的（ときに官能的）な俳優の魅力を使用し始め、劇場と観客のあいだに永続的な相互関係を築くことになった。観客と俳優の接近は上演に欠かせない魅力であり、演目が社会やモラルの現状を少しばかり問うような場合はなおさらである。作者の位置づけは（登場したとしても）目立たないのが常であり、（通常は）不在の作者よりも目の前の俳優に特権を与えるような、コミュニケーション戦略の影響下にあるのかもしれない。

## 公共へ入る

劇団の活動がだいたい整ってくると、劇場を長期間借りたり、上演向けに改装できる建物を利用できるようになった。したがって、宮廷や個人のパトロンの必要性は、劇場運営にとってそれほど重要ではなくなっていく。おそらくこのことが、プレイビルの一行目から政治的な認可が消え、劇場の制度的枠組みの方へ移行し始めた理由であろう。ヨーロッパでは、パトロン的援助は「ロイヤル」、もしくは様々な同義語として維持されるに留まっている。ロンドンの場合はそれは勅許を指し、ドイツやフランスの場合は、より実質的な金銭援助や宮廷によるライセンスの許可を示す。この状況の変化は、プレイビルの見た目にも反映され、基本情報は変わらず掲載されたが、認可が下りたことをことさら押し出す必要はなくなった。政治文書の法的手続きがどうあろうと、たとえ省略されていても、この制度が政治的、法的な力に拠っていることを、ありのまま知らせていることは間違いない。こういったプレイビルは、演劇もしくは劇団という制度と芸術的機能の関係性について重要な点を示している。

このような関係の変化は、アウフ・デア・ヴィーデン劇場で一七九一年九月三〇日に初演され、その後何度も再演された、モーツァルトの『魔笛』の初演のプレイビルに見て取れる。商業劇場は基本的にウィーン郊外にあったが、それでも宮廷のダブル・イーグルと守護天使ケルビムの図章が施された「KKに認められたヴィーデン劇場」（KKはkaiserlich-kiniglich（帝王）の略であり宮廷のオーストリア王室指定を表す）との、垂れ幕を下ろしてライセンスを示す必要があった。このタイトルには、まず場所が誇らしげに表され、台本の名前、マネージャーの名前、そして最初にパパゲーノを演じたエマニュエル・シカネーダーが記されている。また、登場人物と俳優の名前もすべて掲示されている。別のセクションに小さい文字で「マイスター、ヴォルフガング・アマデウス・モーツァルト」「指揮者兼作曲者」は「美しく尊敬すべき観客のみなさまと、劇作家への友情によって、自ら指揮をする」。作曲家のセクションの下に、プレイビルではリブレットの販売が告知されている。「オペラの本には、シカネーダー氏がパパゲーノ役を本物の衣装で演じている二枚の版画がついていて、三〇クローナで窓口で販売しています」。ビルの最後では、場面画家のセイル氏とケルスターラー氏について触れ、彼らは「劇のプランに沿って、可能な限り芸術的に尽力した」としている。そして最後に、料金は「通常通り」、上演は「午後七時」と記されている。

文章は、時間や料金など、単なる情報提供と、大衆の美的感覚へのアピールの組み合わせである。「パパゲーノの本物の衣装」を着たシカネーダーの版画の販売を明言することで、リブレットの販売促進を図った。また、この舞台へ貢献した場面画家への言及は、壮大な風景や舞台効果とうまくマッチさせることで有名な、シカネーダーの評判を利用したものである。作曲家にはたったひとことしか触れていない点は、一八世紀のオペラ劇場における作曲家の地位を示すのみならず、劇場と観客とのコミュニケーションの標準パターンを表してもいるだろう。この人気の舞台の看板役者は、宮廷作曲家で指揮者のモーツァルトではなく、劇場のマネージャーであり主役のシカネーダーだった。ここで特に重要なのは、「美しく尊敬すべき観客」という言葉である。半世紀前であれば、地元の貴族や市長への表現限定されていたが、このころには、観客の存在がプレイビルのなかにも見出せる。

こうした情報は、特定の劇場と興行主独特のものともいえるが、プレイビルに掲載されたという事実は、メディア自体が制度と公共のあいだのコミュニケーションの主要な媒介であることを証明しているのではないだろうか。重要なのは、些細な情報の特異性ではなく、プレイビルという媒体の実態であろう。一六世紀半ばに誕生し、一七世紀に発展した基本的な形式と比較すると、一八世

図2　グラスゴー・ニューシアター・ロイヤルの情報過多状態のプレイビル

紀末には、プレイビルはそれ自体がメディアとなり、機関と観客のあいだをつなぐ最も重要なポイントとなっていたことがわかる。あらゆる制度がそうだが、特に劇場のような複雑な制度は、公共圏とのコミュニケーションを維持するために、他のメディアに依存しているのである。

一九世紀に入ると、こうしたコミュニケーション機能は飛躍的に普及していくことになる。ヨーロッパの多くの劇場は民間の商業施設だったため、公演の基本データ以外の情報を観客に提示する必要性が明らかに高まっていった。図2にあるような一九世紀初頭のプレイビルからは、（通常は直接の補助金を受けてはいないものの）劇場は地域へ貢献する市民生活の一部である必要があったことを示している。一八四〇年のグラスゴーのニュー・シアター・ロイヤルのプレイビルを見ると、一九世紀前半の典型的な夜の上演は、悲劇、歌、インタールード（短い芝居）、ハイランド・フリング、笑劇の、四つか五つの演目やジャンルで構成されていたことがわかる。当時のプレイビルには、通常、「笑い声と拍手で迎えられた」のように、自画自賛の批評的反応というメタ的なコメントが含まれていた。劇場経営者は、公演関連のデータ以外にも、宣伝や観客への案内など、様々なコミュニケーションのためにプレイビルを使用していた。このケースでは、劇場経営者、ジョン・ヘンリー・アレクサンダーによる劇場再開の宣言、また建設に携わった地元の商人たちへの宣伝も含まれているようだ。また、ドアマンの募集、規制に関する情報（「子供を抱いて入場はできず、ギャラリーでは喫煙できない」）、空気の循環を良くするための工夫を「ボックス席をよく利用する人へのお知らせ」に記載している。プレイビルには、すでに見たように、料金の情報が必ず折り込まれ、このケースでは、割引価格で上演開始後に入場することのほうが、むしろ一般的であったことがわかる[10]。

プレイビルは、すべてを容易に読み取ることはできず、精査しなければないない「複雑なテクスト」になっていった。このように、ビルを熱心に読む行為は議論をも促し、また制度との関わりを生み出し、劇場に関する活動を一般の人々に知らせることで、劇場と人々はほとんど融合状況になる。作家の声が読者に語りかける印象を受けることがあるかもしれないが、ここでの声の主は、ニュー・シアター・ロイヤルの悩める支配人、アレクサンダーであり、彼は「公共」と会話しているのである。

このビルで注目したいのは、公共そのものが明示的かつ反復的に言及されている点である。ハーバーマスが『公共圏の構造転換』で論じているように、「公共」という言葉は一八世紀後半に決定的な変容を遂げ、それは文学、演劇、芸術の領域で始まった。[11] このビルの冒頭の段落は、ハーバーマスのテーゼを明らかにしている。「公共」は様々な装いで現われる。「丁重に扱われ情報を受け取る」のも、ニュー・シアター・ロイヤルの再建における経営者の努力を唯一判断するのも公共の人々であり、一方、劇場運営における経営者の努力は「彼の努力に後援と支援を惜しまない公共のために」つまり公共の人々へ向けたものである。商業ビジネスが、ここでは「公共サービス」という言葉で装っているのである。ここでは「公共」は、「グラスゴーの市民」という言葉とそのまま入れ替わり、想定されている公共圏が、少なくとも潜在的には都市全体を包含しているのは明瞭になっている。公衆への直接的な呼びかけは、ビルの一番下にある、建築家組合の責任者からの安全証明書を引用して、この建物が安全規制に適合していることを知らせている点に見て取れる。

特に注目すべきは、このビルの最後から二番目のセクションに、「ボックス席の常連客へのお知らせ」という指のマークがついている部分である。ここでは、ボックス席にスライド式のパネルが取り付けられていて、マネージャーの判断でそれを取り外すことで「加熱された空気」を放出することができるという革新的な技術が示されている。アレクサンダーは、ボックス席という親密でプライベートな空間が、隣接するロビーから公衆の目にさらされる可能性があるため、こうした告知が必要と考えたのかもしれない。ここに記録される特殊な建築の革新は、「謹んで公共の承認に付す」ものではあるのだが、コミュニケーションの政治性ほどは重要ではないだろう。こういった記述は、少なくとも劇場経営者にとっては、公衆が、先に情報を得て準備し、お金を払ってくれる観客になる存在であることを示している。

アレクサンダーによる、自分の建物の「内側の生活」と、外側の世界とのコミュニケーションへ関心は、一九世紀におけるプレイビルの中心的な機能を示している。ボックス席後ろのパネルを取り外すことは、「常連客」に親密な影響を与える可能性のある建築上の措置だが、それは物理的な建物の領域の話に過ぎない。一九世紀半ばから後半にかけて、ドイツのプレイビルはさらに進化して、出演者の状況、居場所、状態を伝え、時には出演者の身体の最も親密な部分を公衆の視線にさらすことすらあった。一九世紀半ばにミュンヘンの宮廷劇場で発行されたプレイビルは、ほぼ毎日、出演者の欠場を伝えている。例えば、一八七四年三月二六日発行のビルには、下部に注意書きがある。

病気　オペラ歌手ヴァイクルシュトルファー氏
不調　女優ツィーグラー氏
休暇中 俳優ラング氏(12)

ヴァイクルシュトルファー氏の病気とツィーグラー氏の「不調」という記述は、演者の健康状態が公になるべきことを示している。このような情報提供は、この時代のドイツのプレイビルによく見られるもので、健康状態が演者に影響を与えるという理由のみならず、俳優の私生活が本質的に公共的な面を持っていたという事実を裏づけている。ツィーグラーの「不調」については、また別の面があり、ミュンヘンで絶賛されている演技派の歌姫、クララ・ツィーグラーが月経中であることを曖昧に公表しているようにも読める。英語の「インディスポジション」と同様に、一九世紀ドイツ語の「unpäßlich」は婉曲的だが、女性に関してはやや曖昧さがなくなっている。[13] 婉曲表現を好む一九世紀の傾向を考慮しても、公共のプレイビルでの「病気」と「不調」の区別は、明らかに必要だったことがわかる。このような発表にはいくつかの問題がある。第一に、宮廷劇場では俳優の健康状態や在席状況が毎日監視され、伝達されていたということである。これは、公衆が「自分たちの」俳優を見たい、見られない場合は説明を受けたいと期待していたからに違いない。

第二は、明らかにジェンダーの問題である。婉曲的にカモフラージュされているとはいえ、本筋から逸れたプライベートな身体の詳細の公表は、一九世紀後半のヨーロッパ演劇において、表現の最重要項目としての俳優を、明確に浮き彫りにしているのではないだろうか。一八世紀半ばに上演のチケットに俳優の名前が記載されて以来、俳優の社会的地位は高まり、一般の人々は彼らの健康状態まで覗き見したくなるほど関心を持つようになっていたのである。一八七四年ごろには、クララ・ツィーグラーはドイツ語圏を代表する女優となっていて、悲劇のヒロイン役を得意としていた。三〇歳年上の指導者との短い結婚生活の後、彼女は再婚せず、彼女の性癖についてゴシップが飛び交っていた。もちろん、芸能人やその私生活についてのゴシップは、それまでもさまざまなメディアで非公式に流れていた。重要な違いは、この類の情報の一部が、プレイビルを介して公表されるようになったことである。
三点目は、プレイビルの形式である。これは「王立劇場のための公報」と題されるもので、王立劇場など個々の劇場のビルに記載があった既存の情報に加えて、ビルの別項で説明されているように、新しい形式のプレイビルの構成である。タイトルのすぐ下の告知文には、次のように書かれている。

シアター・ロイヤルの公報は、街角に掲示される公報を除いて、それまで発行されていたプレイビルに代わるものです。国立劇場、レジデンツ劇場、王立ガートナープラッツ劇場のプレイビル以外、つまり「ガゼット」はミュンヘンの王立劇場に関する公式発表、その他のオペラやドラマの上演に関するニュース、その週のドイツの優れたレパートリーについてのニュースを提供します。(14)

この公報は利益目的で運営され、宮廷の公式印刷業者であるヴォルフ&ゾーン社が製作していて、安く購入、購読することができた。ドイツ統一によって鉄道網が発達すると、演劇が地域の区分を超えて注目されるようになったのは明らかである。劇団や俳優は巡業したが(クララ・ツィーグラーは後にツアーだけで生計を立てるようになった)、観客にも旅をする人は出てくる。別の都市へ移動してもしなくても、劇場を訪れる人々は、自分たちの都市の外での上演にも非常に関心を持っていたのである。ここには、新しい国家の想像の共同体を前提とした、地域を超えた演劇の公共圏の出現が見て取れる。

前述のプレイビルが衰退したことはよく知られている。すでに述べたように、その情報提供の機能は、公演を象徴するポスターと劇場プログラムという二つのメディアに分離されることになった。どちらも一九世紀に登場し、プレイビルと一定期間共存していた。ちょうど同じ時期、専門誌や定期刊行物、新聞の芸術欄など、劇場の公共圏を拡大、席捲する別の印刷メディアもまた急増する。演劇の公共圏を占有するための制度的な手段として、プレイビルは一義的でしかなく、フィードバックや双方向対話をうまく取り入れることは難しい。プレイビルはあくまで機関の代弁者であり、機関のブログではない。しかしプレイビルから、その「言外の」公共性を読み取ることが可能ではないだろうか。初期のプレイビルは、読者や潜在的な観衆へ語りかけている例もある。そして情報を提供するのみならず、おだてたり、アピールしたり、勧誘、懇願もしている。

観客や聴衆ではなく、公共圏を演劇史研究の対象として定義することで、演劇の公共性について上演イベントの分析とは別の研究方法が可能になるだろう。演劇とは、個々のパフォーマンスのまとめだけで構成されてはおらず、芸術的実践と同様に、制度的にも複雑な組み合わせから構成され、それらは歴史学的に着目に値する。アーカイブからプレイビルを抽出することで、制度が生む文化や慣習にアクセスすることができるようになるのである。

## 互恵的な回路

二〇世紀における演劇と公共の場のコミュニケーションには、チャンネルやメディア数の増加という特徴がある。ポスター、プログラム、広告、そして同世紀後半には公演がラジオやテレビでも放映されるようになり、演劇と公衆の距離を縮めるのに役立った。しかし、演劇への反応は、新聞や雑誌で提供される専門的な批評の領域にとどまっていた。一般市民が、演劇に対して直接何かを言う機会はほとんどなかった。経営陣や新聞の編集者へ手紙を出すことはあっても、互いに共鳴し合う可能性は極めてわずかだったのである。

一方通行のコミュニケーションであったため、ベルトルト・ブレヒトなどの知識人や政治に関心のある演劇人は、観客や聴衆からのフィードバックが技術的にまだ容易でなかったにもかかわらず、双方向のコミュニケーションを可能にする手段としてラジオの発明を歓迎した。ブレヒトは、一九三二年に刊行した有名なエッセイ「コミュニケーション装置としてのラジオ」のなかで、当時は夢想に近かったが、今日には十分予見可能な通信チャンネルのネットワークのビジョンをこう描いている。

そこで、積極的な提案をしたい。ラジオは、公共の生活において可能な限り最高のコミュニケーション装置であり、巨大なネットワーク回路となるだろう。つまり、個別の聴き手を想定する代わりに関係性を築く手段がわかれば、受信だけでなく、送信の手段にもなり、聞くだけでなく、聞く人に話させる手段になるのではないか。この原則に基づいて、ラジオは提供するビジネスから脱し、発信者としてのリスナーを組織すべきである。ラジオが公共の場に真に公共的な性格を与える試みがあるとすれば、それは正しい方向への第一歩である。(15)

すべてのリスナーは、送信者と受信者の両方でなければならない。これは、双方向コミュニケーションとしてのラジオの技術的な可能性に基づく要請である。ブレヒトは、この新しいメディアに、「おおかたの公共制度に欠如した状況と闘う努力(16)」を求めている。ラジオは「コミュニケーションの装置」として、制度とリスナーのあいだの議論を促進するものでなければならないというのだ。しかしブレヒトは、新しいコミュニケーション・テクノロジーの正当性は、既存の必要条件からは決して生まれないという、基本的な問題を十分に認識していた。技術的な発展が社会の発展に先んじることはよくあるが、「リスナーは突如、話すこともできるようになったが、改めてそう考えると、何も言えなくなってしまう(17)」のである。このエッセイの背景、つまりブレヒトが上演したラジオ劇『リンドバーグ家の飛行』は、ラジオに対する新しいビジョンが演劇にも同じく適用できることを示唆しており、ブレヒトは双方向コミュニケーションの同様の構造を演劇にも要求した。この要求は、同じ制度上の理由から、ただの夢想に終わったと彼は認めている。「ラジオや劇場がいろいろなことを『可能にする』というとき、私はこれらの巨大な制度が『可能な』ことのすべてを行うことはできないし、望みさえすれば何でもできるわけじゃないとはわかっている(18)」。ラジオ、映画、劇場が、互いに共振する公共圏を求めたブレヒトの主張は、彼の存命中は一般には聞き入れられなかったが、そのまま忘れ去られてしまったわけではない。

その四〇年後、ドイツの詩人であり公共の知識人であるハンス・マグヌス・エンツェンスベルガーは、ブレヒトのメディア論を再構築し、影響力があり、極めて先見性の高いエッセイ『メディア論の構成要素』執筆の基礎とした。エンツェンスベルガーは、マスメディアを完全に「操作可能」なものとするやや左翼的な見方を批判しつつ、メディア化された公共圏に公衆のより民主的な参加を促すために、送り手と受け手の区別の解消を想定する。「現在のテレビや映画のような機器は、コミュニケーションに役立つどころか、それを妨げている。送り手と受け手の互恵性がない」[19]。彼は、電子媒体を紙媒体と対置させ、単一方向の紙媒体は作り手と読み手をどちらも孤立させ、フィードバックと互恵性の可能性を制限するとしている。また、「コントロールされた文芸批評は極めて煩雑かつエリート主義的で、そもそも一般大衆を排除する単一方向の因習がある」と批判する。[20]「意識形成産業」という支配的なメディアの構造は、そもそもこうした相互コミュニケーションには関心がないのである。それに代わるものとして、「政治的に活発なグループのビデオネットワーク」を含む、分散型の「コミュニケーション・ネットワーク」を彼は提案する。[21]最近の理論家たちは、このビジョンがインターネット、とりわけ Web 2.0 のインタラクティブな潜在能力において実現できると考えている。

インターネットとその様々なプロトコル、そしてワールド・ワイド・ウェブのようなハイパーテキスト・システムが、公共圏に関する議論を再活性化させたことは疑いの余地がない。一九九〇年代初頭、ハワード・ラインゴールドは、インターネットと新しいコミュニティが、双方向のコミュニケーションを可能にすることで、草の根の活動を活性化できると述べていた。彼は、啓蒙主義者の公共圏の概念を明示して引用し、インターネットを「マスメディアに支配された公共圏」に対抗するものと位置づける。インターネットの政治的意義は、「既存の政治権力が強力なコミュニケーション・メディアを独占する状況に異を唱え、市民ベースの民主主義を活性化する能力[22]」にある。ラインゴールドは、この新しいメディアには公共圏を活性化させる可能性があるという議論を展開していった。同じく、メディア理論家のアレクサンダー・ロスラーも一九九七年に、「古典的なモデルであるアゴラや啓蒙主義の討論に由来する公共圏の特徴が、技術的にはインターネットで実現されるようになった[23]」と指摘する。ハーバーマスは似たような見解を『近代　未完のプロジェクト』のなかで示した。「インターネットは、好奇心旺盛なサーファーを生み出しただけでなく、会話の相手や文通相手に平等な関係を望む大衆という、これまで可視化されてこなかった現象を再活性化させた[24]」と述べている。インターネットのいわゆる「平等主義」的性格とアクセスのしやすさは、ユーザーの選択性、社会的コントロール、方向性の欠如を意味する。その結果、過剰な「ノイズ」、デジタル・オーバーロード、仮想空間のゴミが発生し、検索エンジンが格段に向上したにもかかわらず、有益な情報がわからなくなってしまう場合がある。公共圏の理論家であるベルンハルト・ペータースは、晩年になって、インターネットを基盤とした公共圏の主な矛盾を次のようにまとめている。つまり、平等なアクセスおよび発信と伝搬の弊害とは、コンテンツが過剰になり、自然に備わっているはずの「注意力」に過剰な負担をかけるようになったことである。プロのジャーナリズムが編集基準を設けて行っているような、制度的なゲートキーパーによる情報管理をすれば、インターネットは古いマスメディアのただ後追いでしかなくなる。平等な言説が不可能であるという問題の中心が、すでに発信の限界から注目の限界へと移行していることを示すだろう。ある意味、第一世代のインターネット活動家や理論家が唱えた基準そのものが、ブーメランのように返ってきて、このメディアを無力化してしまったのである。[25]

しかし、演劇の公共圏はどこにあるのだろうか。時代の先端よりも少し後ろのほうに位置しているのかもしれない。今日、劇場が急速にコミュニケーション・ネットワークに統合されていることは間違いない。したがって我々は、劇場が組織レベルで、インターネット、特に Web 2.0 のインタラクティブな可能性をどう利用しているかを気にとめる必要がある。換言すると、ブログ、ディスカッション・フォーラム、その他のコミュニケーション形態は、演劇の観客形成にどのような役割を果たすといえるだろう。インターネットを基礎とした演劇の公共圏には、大まかに三つのタイプがある。劇場が運営するウェブサイトは互恵的なコミュニケーションを可能にする。そのなかで、劇場側が発信するブログ、制作者と観客側の相互コミュニケーションができるツール、オンラインの舞台批評の三種類があり、批評はプロによる組織化されたものと、プロではない非公式のものがある。

劇場のウェブサイトには、いくつかの追加機能があるが、今日のプレイビルに相当するものと考えられる。従来の一方通行の情報伝達に加えて、現在ではユーチューブへのリンクと予告動画の掲載、Ｅメールの連絡先やＦＡＱ、さらにはデジタル版のビジターズブックを提供しているサイトもある。今日、コミュニケーション手段を持たない劇場はほとんどないが、その利用方法はそれぞれ全く違う。フィードバックフォーラムの提供により、チケットを購入するだけの観客の役割を超えて、公共圏における制度への認識が明らかになっている。その意見や嗜好が対立することはあっても、ますます重要な役割を果たすようになったといえるだろう。双方向のフォーラムを廃止した劇場もあるが、それはフォーラムが不満や苦情、さらに劇場に関係のない文句を言う場にもなってしまったからである。今ではSNSが代わりにその役割を担っている。フェイスブック、ツイッター、RSSフィードなどの主要なSNSサイトとのリンクは、今では観客とのコミュニケーションに不可欠な要素となった。

多くの劇場のウェブサイトの第一印象は、膨大な数のボタン、リンクや情報が見る側の注意を引き、極めて複雑になっている。ロンドンのリリック・ハマースミスの例は、経済的に逼迫している非営利劇場の典型であり、公的支援、民間支援、アーツ・カウンシルの補助金、企業スポンサーへの依存が見て取れる。しかし、二一世紀のデジタル・プレイビルは、一八四〇年にグラスゴーのニュー・シアター・ロイヤルの再オープンを宣伝したビル（図2）よりもわずかに情報量が増えたに過ぎない。このサイトには、さまざまなカテゴリーの情報を検索する約三五個のハイパーリンクが埋め込まれている。作品やプログラムなどの基本データ以外にも、チケットの購入、寄付、過去の作品情報、予告編の閲覧、会員登録、求人情報の確認、スペースの予約などができるようになっている。コミュニティとの連携、特に子どもたちへのアプローチが大きく取り上げられている一方で、双方向のフィードバックについては、フェイスブックのリンク頼みにならざるを得ない。観客は、チケット購入や寄付、もしくは経済を活性化させるコミュニティの一員として扱われる。芸術作品について思考し批判的にフィードバックする観客は、どれだけハイパーリンクを介しても、劇場と関わる方法を見出せないのである。

現在、フェイスブックやツイッターは、劇場と一般市民との関係について、次の段階を示唆しているように見える。デジタル・アウトソーシングの一種として、劇場やグループに義務づけられているフェイスブックやツイッターは、ファンサイト、グリップボックス、広報ツールとしての複数の機能が備わっている。オペラやバレエなどファンが多いジャンルでは、個々のアーティストに、すでにかなりの数のツイッターのフォロワーがいる[26]。これらのメディアは、既存の観客や潜在的な観客とのコミュニケーションに、大きな可能性を秘めていることは明らかだが、その多くはまだ利用されていない[27]。しかし、一四〇文字で構成されたツイートと、批判的な討論や議論を本当に混同してよいのだろうか。特にツイッターには、フォローする、されるという仕組みがあり、対話的というよりは一方向的な印象が強い。その一方で、ハッシュタグ#を使うことで、メッセージをテーマ別に分類することができ、問題やトピックを特定してフォローすることもできる。膨大な数の選択肢に直面している観客が、最も有望な作品について互いに素早く情報を交換できるような映画祭などの場合、すでに「即席討論会」も開かれている。しかし、文字数がさらに制限されることも十分考えられ、言葉の工夫には際限がない。批判的に介入する格言、俳句のような表現にまでなるのかもしれない。また、劇場とソーシャルメディアを利用する一般市民のあいだで、どのような創造的な交流が生まれるかを予測することも難しい。ツイッターの開発者ジャック・ドーシーは、バレ

エのファンだったため、その協調性と規律性に触発されて、無駄を省いた単純なツイートを生み出したといわれている。(28)

## 批評のメディア

「批評を二分する演劇があるが、そのなかに『スリー・キングダムズ（*Three Kingdoms*）』がある」とマディ・コスタは『ガーディアン』紙の演劇ブログに寄稿している。「読み手によって、このコラボレーションは…独りよがりで、大げさで、半端なく謎めいているか、あるいは、今年見ることのできる最高の演劇の一つであり、喜びに満ち、魅惑的な夢のいずれかである」(29)。このように、非常にバラバラな評価（傍線のついた表現はそれぞれ別のレビューにリンクしている）をすることで、コスタは、大手の新聞の批評家の否定的な論調と、オンラインのライターやブロガーの賞賛との二項対立を明らかにしているのである。英国のサイモン・スティーブンズが戯曲を書き、ドイツのセバスティアン・ニュブリングが演出、エストニアのエネリス・センパーがデザインを担当したこの作品は、ミュンヘンのカーマシュピーレ、タリンの九一九番劇場、そしてロンドンのリリック・ハマースミスの共同制作で、三カ国の俳優がそれぞれの言語で話し、字幕が表示された。英国で女性の頭部が発見された事件を発端に、英国の刑事たちはその証拠を追跡してドイツへ渡り、東欧の性犯罪組織に遭遇し、タリンにたどり着くが、そこでプロットと演出はますます悪夢に満ちたシュルレアリスム的になっていく。実際、この作品と演出は、暴力的な犯罪、性的搾取、一般の理解を超えたオリエンタリズム的な東欧を表す、闇の奥への旅のようなものだった。同時に、各場面は言葉による対話中心のロンドンから、より視覚的・物理的な様式の中欧・東欧へと、地理的にも変化する。

受けとめ方の分裂は、前述のように、「批評が二分する」という通常のケースではなく、「大手の」メディアと「非公式の」ブロガーが制度的に分離しているという斬新な状況であり、後者はメディアについて活発な自己省察の議論を生み出そうとする。議論はそれ自体が多様だが、紙面のレビューの不十分さ、星の数によって評価しなければならないこと、演出家対劇作家という古い問題の再現、英国の劇場と「ヨーロッパ」の劇場とのあいだの地理的文化的な隔たりなどに焦点を当てている。この議論を、次の革新の波をとらえられない「古参の」批評家と、「革新を理解する」「若い」非公式ブロガーとのあいだの世代間ギャップが繰り返されていると片づけても良いかもしれないが、よくよく調べると、そう簡単な問題ではないことがわかる。第一に、対話のなかには両方の陣営に属する人もいること、第二に、若さが必ずしも賢明さに結びつくとは限らないからである。

重要な点は、演劇の議論を小劇場のブラック・ボックスの外に移し、パフォーマンス、批評家の反応、観客の反応の区分を、相互のフィードバックへと変化させる力にある。旧来の批評の力と、それに付随し依存する制度の関係は、ブログ圏の「草の根」的な多声の出現を前にして、自らの無効性を認めざるを得ない。我々は、明らかに、言説のヒエラルキーを再編成するメディア革命のただなかにいるというわけだ。しかし、これはまったく新しいものではない。同じくブロガーのマッドサイレンスは、批評と芸術のブログ圏について次のように述べている。

一九世紀後半、新しい印刷技術、安価な紙、鉄道など交通網の発達により、新聞や雑誌が爆発的に売れるようになった。当時、出版された言説の情報源や質については大きな懸念があったのである。最終的に市場の反応により、多くの定期刊行物は廃刊になった。[30]

今日の我々が、当時の重要な最先端の作品とみなすものの多くは、小さな非公式の定期刊行物に掲載されたもので、伝記のように数冊しか発行されないことも多く、そのうちの半分は三ヵ月で廃刊になってしまったものもある。[31]

こうした見解は、既存の演劇批評が抱えるもう一つの苦境、すなわち商業的な要請にいっそう応じざるを得なくなっている状況を示唆する。この点については、フレデリック・マルテルが著書『メインストリーム――文化とメディアの世界戦争』のなかで説得力のある議論を展開している。「ブロードウェイの屠殺者」と呼ばれたフランク・リッチが、ニューヨーク・タイムズ紙の演劇評論家に就任したとき、彼は夢が終わった瞬間に夢の仕事を始めたと、著者に話したとここでは紹介されている。「ドビュッシーやヒップホップについて書くこと、それがアメリカだ。評論家は何でも書かなければならない。文化と商業の融合は、アメリカの古い伝統だ。新しいことは、批評家が作品と同じように、マーケティングやお金、ビジネスに関心を持たざるを得ないということだ」[32]。批評のヒエラルキーが失われたことで、今日の批評家は、消費者に娯楽費をどのように使うべきかを提案する「消費者批評家」となっている。

こうした消費者機能を持つ既存の批評への抵抗は、『スリー・キングダムズ』の議論においても繰り返されたテーマである。ブロガー批評家たちは、四〇〇~五〇〇語のレビューと星取りを競うシステムが、観客の期待と批評規範へ一石を投じるテクストや作品そのものと、いかに相容れないかを繰り返し指摘している。最も明白なのは、キャサリン・ラブによるブログで、彼女は自身の四〇〇語レビューを批判している。

> 一つの演目が伝統的な演劇批評へ反論できるとすれば、混沌としてアナーキーでスリリングな三時間にわたる『スリー・キングダムズ』は、その点をかなり包括的に主張している。まだいくぶん朦朧とする脳から、わずか四〇〇字を義務感からひねり出しているにもかかわらず、そんなものは破棄したいと願う自分もすでにいる。サイモン・スティーブンスの最新作は、字数制限のなかですんなり納まった、星の数による評価に対して積極的に抵抗している。つまり、よくできたレビューを侮蔑しているというわけだ[33]。

自らの「よくできた批評」の不備を再考することとは別に、ラブの寄稿は、作品の性的方針について苦悩する二人の論客のあいだで交わされた、ツイッターやり取りをそのまま引用することで、メディア特有の言説の可能性を示唆する。いってみれば、批判の対象である表現戦略を再現することなく、女性の搾取をどう表現できるかということだ。いうまでもなく、ラブはハイパーリンクを介して、作品に関わる他のレビューやブログも参照している。『スリー・キングダムズ』の議論は、この個別の演目を超えたせめぎ合いの境界を明らかにする。それは、新聞批評の文化が全く異なるドイツを見ればわかるように、制度化された演劇批評のある部分への深刻な懸念を示している。主要な新聞の批評は星による評価がなく、時には二〇〇〇語にもなり、必ず公演日翌朝に掲載されるわけでもない。また、英米のような批評文化を左右する商業的な要請もそれほど強くはない。

例えば、ドイツでは、ブログが既存の批評を脅かすかもしれないという認識は、四、五年前からすでにあった。ドイツの過激な劇作家、ライナルト・ゲッツが『ヴァニティ・フェア』のウェブサイトに、自分のブログ（劇評を含む）を掲載し始めたとき、第三者による再検討が失われ一線を越えてしまった。一般市民がブログを書くのはいいとしても、著名な作家がこのメディアを利用するとなると、単にアマチュアの戯言として片づけることはできなくなる。主要日刊紙『南ドイツ新聞』へ寄稿したブルクハルト・ミュラーはこういう。「ブログは、古い形式の私的な文章と公的な文章のあいだに、新しい形式の半公共圏［Halböffentlicheit］を挿入し、大きな力となってきた(34)」。

実はその一年前にすでに、制度化された演劇批評を直截脅かす出来事があった。二〇〇七年五月、nachtkritik.deというウェブサイトがオープンしている。このサイトは、ドイツ語圏の重要なすべての初演について、翌朝インターネット批評を提供する演劇批評誌を自称する。週末ごとに最大一〇本の批評を掲載し、インターネット・ジャーナリズムの新しいかたちの代表となった。これは、公開のスピードのみならず、批評へコメントし投稿する読者との双方向交流の可能性をも意味する。この新たな試みは、数ヶ月もしないうちに既存の報道機関から厳しい反応を受けることになった。ドイツで最も権威ある月刊演劇誌『テアター・ホイテ』誌の年鑑で、演劇評論家のクリストファー・シュミットは次のようにコメントしている。

オンラインサービス nachtkritik.de は、革新的かつ脱専門化のスキャンダラスなデモである。このジャンルのレビューで起きているのは、印刷メディアへ参加できずＤＩＹするしかない人たちによる復讐から始まった共食いである。(35)

もちろん、これが批評家たちの一致した見解ではない。二年後、nachtkritik.de は軌道に乗り、『シュピーゲル』誌の演劇評論家ヴォルフガング・ホーベルは、このサイトを「批評家、観客、アーティストが粗い表現で活発な議論を行い、騒動が起きることがあっても、演劇界を活性化させる」芸術的な戦いの場になっていると指摘する。(36)

プロの批評家による相反する評価は、このようなサイトが、演劇の公共圏の既存の構造に揺さぶりをかけ、舞台制作と観客受容の相互関係の回路を壊してしまうという恐れによる。クリストファー・シュミットの発言は、印刷メディアが抱える不安、および演劇作品の批評を構成する要素である「人々の声」への全否定を端的に示しているだろう。

この対立を解決する方法はあるのだろうか。新旧の対立の弁証法的な解決方法は、おそらく既存の報道機関のインターネット版で見られる。制度化された批評とブログ圏のあいだを仲介する新しいハイブリッドな形態でありながら、新聞のオンライン版に掲載されているものである。その最たる例が、『ガーディアン』紙の舞台ブログであろう。[37] コメントやスレッドなど、双方向の公共的なブログ圏の可能性を吸収することで、既存の報道機関は対立関係を部分的に和らげることができる。クイックレビューもあるが、興味を持った観客は舞台ブログでさらに深い議論もでき、また『スリー・キングダムズ』の場合は、ブログ圏とプロの批評の間の仲裁さえ可能となった。

『スリー・キングダムズ』の場合、批評家たちは狭い形式上の点から、この戯曲、特にこの時の演出を批判した。ブログでの議論が続いたことで、この議論が大きく開かれ、趣向や美的規範の範疇を超えた制度的な意味合いが導入されたのである。真の制度的革新は、ミュンヘン・カンマーシュピーレのヨーロッパ演劇プロジェクトの一環として行われた三つの劇場のコラボレーションであり、その結果、批評家たちの通常の批評手段を超える美学的な革新がもたらされた。英国やドイツの演劇批評は、国や文化の慣習による、暗黙の制度的ルールや規範に沿って成立しているのが現状である。だからこそ、三国間の国際的な共同企画が、批評の基準に問題提起し得たのである。まだこの先を見通すには早すぎるが、ブログ圏での活発な議論は、ハーバーマスが最近唱えた「会話の相手や文通相手へ平等な関係を望む大衆という、これまで可視化されてこなかった現象」を復活させるために、演劇批評がこのような複数の声を統合する必要があることを示唆している。[38] そうすれば、演劇の公共圏は、真に重要な社会的・政治的問題を扱うより広い公共圏と再びつながることができるだろう。

# 注

(1) Habermas (1996), 360.

(2) Bratton (2003), 39. 英国の歴史の日付などは以下による。David Robert Gowen, 'Studies in the history and function of the British theatre playbill and programme, 1564-1914.' D. Phil. thesis, Oxford (1998).

(3) Carlson (1993), 102. プレイビルとシアタープログラムの違いについての詳細については以下参照のこと。Gowen (1998), 3-6 and 11-12.

(4) 日付については次の2つを参照。Kennedy (2003), vol. 11, 1043, and Hartnoll (1952), 619. ゴールウェンは、現存する最古のフランスのプレイビルを一六二九年、最古のドイツのプレイビルを一六三〇年としている。Gowen (1998), vol. 11, 39-40.

(5) Stern (2006), 60.

(6) Stern (2006), 70より引用。

(7) Bratton (2003), 39.

(8) Stern (2006), 77. siquis の語源はラテン語の si quis。商品やサービスを宣伝する一般的なビルを指す。

(9) 英国では、その数十年前に出演者の名前が挙げられている。ゴーウェンは、プレイビルに完全な出演者リストが掲載されたのは一七一六年としている。Gowen (1998), vol. 1, 17.

(10) ダンロップ・ストリートにあるニュー・ロイヤル・シアターは、アレクサンダーとライバルのマネージャー、フランク・シーモアとのあいだで長年にわたって論争が続いていた。www.arthurlloyd.co.uk/Glasgow/TRDunlop.htm. 参照。二〇一三年二月一二日最終閲覧。

(11) Habermas (1989), 38-9.

(12) プレイビルは再生産されている。Balme (2010). Eder (1980), 149-59 参照のこと。イダーはプレイビルを多数再生産している。

(13) しかし、「unpäBlich」という言葉は、男性の演奏家、特にオペラ歌手に関してもプレイビルで見かけることがあるが、女性の場合はほとんどない。

(14) 一八七四年、王立劇場は、オペラを中心とした宮廷劇場と国立劇場、演劇を中心としたレジデンツ劇場、オペレッタや方言によるオペラなどの人気作品を中心としたギルトナープラッツ劇場で構成されるようになった。

(15) Brecht (1964), 52.

(16) *Ibid.*

(17) *Ibid.*, 53.

(18) *Ibid.*, 52-3.

(19) Enzensberger (1970), 15.

(20) *Ibid.*, 33.

(21) *Ibid.*, 23.

(22) Rheingold (1993). ここで使用したのはオンライン版。www.rheingold.com/vc/book/intro.hml

(23) Roesler (1997), 182.

(24) Habermas(2009), 157.

(25) Peters and Wessler (2008), ch. 5.

(26) サンフランシスコ・バレエ団のプリマ・バレリーナ、マリア・コシェコワのフォロワー数は一八万人といわれている。Mackrell (2012) 参照。

(27) 世論や政治的意思決定に関して、ツイッターと公共圏に関する研究はすでに増えてきている。最近のレビューは Moe (2012) 参照。

(28) Mackrell (2012) 参照。

(29) Gardner (2012).

(30) http://madsilence.word press.com/2008/02/03/the-future-of-the-art-blog

(31) *Ibid.*

(32) Martel (2010), 172. 著者訳。

(33) Love (2002).

(34) Müller (2010). ミュラーによる翻訳の記事は、ゲッツが出版したブログの書籍版を参照している。Klage (2008).

(35) Schmidt (2007), 141.

(36) Höbel (2009).

(37) www.guardian.co.uk/stage/theatreblog/2012/aug/06/theatre-blog-changing

(38) N.24 参照。

# 第三章　開放と閉鎖——ピューリタンと晒し台

暴力と卑劣さはパンフレットの伝統の一部だから、ある意味、検閲に好まれるのである。

（ジョージ・オーウェル）[1]

ピューリタニズムの歴史家は、プラトンの洞窟に座り、現実ではなく、「登場人物」や「ステレオタイプ」という現実の影のほうを記述する。

（パトリック・コリンソン）[2]

一六四二年は、英国およびヨーロッパ演劇史において、重要な転換点となる年である。それは、議会の命令によって、国全体で演劇の上演が禁止されるという初めての出来事が起こったからである。それまでにも、ジュネーヴなどの町や都市では、短期間もしくは長期間にわたって演劇が禁止されたことはあったが、国全体における禁止令発令は、それ以前にも以後にもなかった。一六六〇年にチャールズ二世が英国へ戻り、劇場再開まで続いたこの悪名高い劇場閉鎖は、英国演劇史の壮大な物語の中断として扱われている。一六四二年から一六六〇年までのあいだ、実際には完全閉鎖ではなかった事実を演劇史研究者は検証してはいるが、演劇界が大規模な統制と抑圧にさらされていたことは間違いない。この一八年間は、演劇史の「暗黒時代」であり、劇場が文字通り暗闇に包まれ、破壊されたため、温厚な演劇史研究者ですら眉をひそめるような特異な時期だといえる。閉鎖を実行した人々、いわゆる長期議会の議員たちは、ピューリタンの教義を実行するか、あるいは自らがピューリタンであることを公言していたと考えられる。それゆえ、英米を問わず、ピューリタンは演劇の天敵と見なされてきたのである。人物や運動への言及は、常に侮蔑的で非常に感情的な言葉で表現され、ピューリタンは殺戮者の典型とされている。このように、演劇とピューリタニズムは相互に排他的なカテゴリーであり、対立的な言葉でしかとらえられてこなかった。しかしながら、劇場と公共圏との関係という観点から見ると、舞台をめぐる論争は、マニ教的な善悪の争いというより、言葉、ペン、舞台が優位性を争い、言説が飛び交う新しい場が出現したといえるだろう。

本章では、真の演劇的公共圏の最初の例と思われる、無数のパンフレットや小冊子、舞台の上や外、裁判所や教会で行われる議論の場を探っていきたい。攻撃の対象となった劇場は、劇場という制度を中心とした問題主導型の公共圏の一例と見ることができる。市場原理と宮廷の庇護に支えられた特殊な劇場で、史上初めて上演されるプロの演劇文化の出現は、すでに宗教上の教義論争に巻き込まれており、社会を揺るがす存在だった。

公共圏の観点から反演劇運動を論じるには、第一章で定義した公共圏の基本的な要件を検討する必要があるだろう。近世に公共圏というものが存在したことを示すには、過去二〇年にわたって繰り広げられた、複雑な学術的な議論に立ち寄る必要がある。ハーバーマスによる通常の解釈が、公共圏の出現を一八世紀の啓蒙思想と結びつけているのに対して、近世英国の歴史・政治研究者の多くは、一六世紀にはすでに公共圏の基準が存在していたとしている。議論と個人主義を前提としたプロテスタントの読書文化を背景に、様々な書籍、エッセイ、パンフレット、説教などを生産する活発な印刷産業が当時すでに存在していた。後述するように、研究者のなかには、エリザベス朝とキャロライン朝のあいだに重要な区別を設け、真の公共圏は後期キャロライン朝になって初めて出現すると主張する者もいる。しかし、裁判や刑罰などの公の見世物の形態と同じく、舞台そのものが公共圏に大きく貢献していたことを強調するのは重要だろう。

一六四二年に公表された最初の五年間の閉鎖と、一六四九年以降の恒常的な延長という二つの出来事は、公共圏が機能した状態と見なすべきだと私は主張したい。そこでは、議論が最終的に場当たり的な封建的決定よりも、世論の形成により劇場を閉鎖する法律の通過が余儀なくされたからである。演劇研究者としては、このような結果は喜べないが、公共圏に関するルールは、世論が演劇に不利な方向に動くことを妨げるものではなく、それは一六四二年までの数年間に起こった事実として認めなければならないだろう。

チューダー朝とスチュアート朝の英国における反劇場運動は、当初は（ワーナーの言葉を借りれば）反公共的だったが、最終的には主要な議会勢力へと変化していく。これは、ナンシー・フレイザーの「弱い公共性」[3]という概念の一例であり、実際の意思決定とは対照的に、審議による意見形成のみに焦点を当てていると考えられる。この章では、「弱い公共性」における論争から実際の国家政策や立法行為へ展開するなかで、反劇場の議論がどう変化したのかを見ていきたい。一六四二年までに、反劇場派は多くの出版物を刊行し、また優れた議論を展開していたようだ。

一五七〇年から一六四二年までの約七〇年間、エリザベス朝、ジャコビアン朝、キャロライン朝の演劇活動は、「攻撃」と「防衛のための攻撃」の連続、ジョナス・バリッシュの言葉を借りれば「ゆっくりと進化するパンフレット戦争時代(4)」という、絶え間ない対立の伝播とされる。この長期の消耗戦について、主に重要なテキストの要約によって研究が進められてきたが、対象テキストに共感する研究者は少ない。ここでの課題は、こうした記述をただ要約するのではなく、これらの記述とあまり検討されてこなかった他の記述を合わせて、新たな公共圏の枠組みのなかに位置づけることである。

ピューリタニズムと反劇場的なものを単純に同一視することはできないだろう。初期の反劇場論はピューリタニズムの思想のなかで生まれたものの、とりわけロンドン市議会へそれが移入され、無差別に規制された劇場の社会的・行政的問題を解決するために利用されて、ほぼ反劇場論は消え、一六三〇年代に議会と宮廷のあいだの政治闘争の一部として再び登場したのである。一六世紀から一七世紀にかけての英国における反演劇的な偏見は、幾度となく持ち出されるギリシャ由来の思想の表れというよりも、制度の変化に対する具体的な反応としてとらえる必要がある。つまり、国家による電波の独占管理から民間テレビが導入されたように、規制の緩い民営の公立劇場が設立されたことで、高貴ではなく粗野で攻撃的ですらある一般の観客を、劇場は相手にすることになったのである。

序論で述べたように、演劇の公共圏についての私の議論は、個々の演劇や演者よりも、制度的な問題と密接に関連している。つまり眼目は、反演劇の大論争そのものであり、その存在論的な模倣の根拠である。ピューリタンの反対運動を再検討する最近の研究者ピーター・レイクは、まさに制度的な観点を強調する。「制度、文化的実践の集合体として、もしくは物質的、文化的、感情的な交流の集合体として、劇場は当時の社会的、道徳的な悪のイメージや代名詞だった(5)」。レイクの見解によると、劇場という制度は、大都市ロンドンに現れた市場経済の力学によってもたらされた移動の増加や顕著な消費行動など、社会の急激な変化から生じる不安や不安定さによるものだったという。

ピューリタンの反対運動を体系的に研究した最初の研究者の一人、エルバート・トンプソンは、自身のピューリタンへの同調を隠そうとせず、劇場のほうが攻撃の原因を作っていたと主張する。劇場が「市民の混乱の元凶(6)」であると認識されていたこと、宗教的な劇や祭りの制作が経済的負担であったことや、放浪芸人たちによる無秩序な活動、新しい囲い込み法により土地を追われた農村部の人々が潜在的な観客であったことなど、さまざまな要因が重なり「深刻で難しい問題」となっていたという。トンプソンの研究は、舞台が「衰退」したスチュアート朝以降における戯曲の展開と、「最高の芸術」であるシェイクスピアおよびマーロウを比較することで、「抗しがたいピューリタンの大義(7)」を辿っている。

反演劇論は、古典的権威や教父の言葉の引用に繰り返し現れるテーマのバリエーションの一つではあったが、宗教的、政治的な背景は決して同じではなかった。一五七五年から一五八九年にかけての最初の「攻撃」の時期には、演劇に反対する主要な発言者の多くがピューリタンだったとは言いにくい。当時も今も、ピューリタンという概念そのものが論争の的となっているのである。演劇への抗議は、ピューリタンだけではなく、英国社会の中心である「中流階級」にもその支持者がいたという点では、おおむね見解は一致しているだろう。特に重要なのは、ロンドン市当局による演劇への抗議である。彼らの反感は、厳しい教義よりも、公共の治安や衛生面での実用的な観点に基づいていた。

一六二〇年代までの教会は、カルヴァン派を堅持していたため、最も過激なピューリタンの教義以外は広く受け入れられていた。状況が変わったのは、一六二九年にチャールズ一世が即位してからであり、さらに重要なのは、ロード大司教がピューリタン的発想を取り入れ、英国国教会を再び儀式化するキャンペーンを始めたことである。カトリック教会を彷彿とさせるヒエラルキー的な司教機構の再導入により、「説教壇よりも祭壇」(8)が優遇されたのである。王政とローディアン改革のあいだには明らかに因果関係があったが、ウィリアム・プリンのような急進的なピューリタンであっても、常に王への忠誠心を保っていた。

## パンフレット、説教、小冊子——公の言説と密かな言説

この時代の「公共圏」という言葉の性質と正当性を理解するためには、チューダー朝初期にすでに公共圏が存在していたとする全く異なる視点と、公共圏を一八世紀に限定している今では少数派

の立場とのあいだで、交渉の必要があるだろう。レイクとピンカスは、宗教改革後と革命後を次のように区別している。前者は、一五三〇年代から一六三〇年代にかけてであり、教義上の論争において公共圏がいくらか形成されていた。しかし、これらの公共圏は、公共の場に対する一般的な不安を背景に、当局によって管理、編成されることもよくあった。一六四二年から一六四九年の内紛と宗教改革後の時代に、ようやく公共圏の力が明らかになってくる。印刷された新聞という新しい言論形態が出現し、議論の激しさが劇的に増していく。自由市場が形成され、国家にとって商人、貿易業者、金融業者が重要な存在となったことで、いくつかの領域の並びが一つにまとまり、抑圧が不可能になったというのである。[9] デヴィッド・ザレットも、革命の時期であった一七世紀半ばに公共の言説が「形成され」、それは「エリートが印刷という媒体を使って大衆にアピールし、また逆に、エリートに働きかけるために大衆の活動家が見解を発表するという対立関係の形成であった」としている。[10] その一方で、ウィルソンとヤクニンは、近世において複数の公共圏が一つに融合したのではなく、複数の競合する公共圏が出現したと主張する。この見解では、集団と大衆は、公的な表現と行動における拮抗する力関係を発展させることになる。したがって、公共を作るということは、「家族、地位、職業に根ざしたものではなく、むしろ個人が共有する興味、嗜好、コミットメント、欲求に基づいた自発的な集団を基盤としたかたちで、人々が互いにつながることを可能にする、新しい制度の形態を積極的に創造すること」[11] とここでは定義されるのである。

時系列はひとまず措くとして、最近の研究は、近世の公共圏の出現と、パンフレット、説教、小冊子、公式および非公式の言説が数多く存在する印刷文化との相互依存関係に注目しているものが多い。アレクサンドラ・ハラースは、パンフレットと公共圏の研究において、ハーバーマスが一八世紀に指摘した中心的な基準が一六世紀にはすでに形成されていたことを明らかにし、特に印刷市場と公共圏が、必ずしも併存するものではないが、相互に構成し合っている点を強調している。ハラースにとって印刷は、公共の言説における「生産者」と「消費者」の両方の立場にアクセスする可能性を提供する力だったため、言説を商品に変える重要な要因となり、伝統的な流通パターンに広範な影響を与えたのだという。[12]

印刷物と公共の場におけるコミュニケーションとの関係で重要なのは、一五五七年にメアリー女王がロンドンの文房具商会に与えた憲章である。これにより、印刷物の生産を全国的に独占できるようになっただけでなく、文房具商会は、王室の代理として活動していたため、王室側にとって印刷物を規制する手段であり、また実質的に公式の検閲官となったのである。メアリー女王は、プロテスタントの報道機関の影響力に対抗するために特許を付与したが、その一年後にエリザベス女王が勅許を承認したことから、メアリー女王の最大の関心事は印刷物の管理であり、特定の宗教的教義を広めることではなかったことがうかがえる。シンディア・クレッグが論じているように、文房具商会には、「国の法律に違反する」スキャンダラスで冒涜的な出版物の出現を防ぐことが求められていた。[13]当然ながら、こうした冒涜は、教会の公の教えに反することを意味している。この統制の程度から、デヴィッド・ザレットのような歴史研究者は、政党がなく、ゆえに「野党」もなく、「議会の議論を公開することが犯罪[14]」であった一六世紀末から一七世紀初頭の英国に、果たして公共圏があったといえるのか、と疑問を投げかけている。ザレットによる定義と年代は、主に公共圏の政治的定義に基づいているので、公共圏という用語の問題主導型の定義には部分的にしか適用できない。とはいえ、彼は一七世紀前半の英国に「初期の」公共圏が出現したことを明らかにしているが、おそらくハーバーマスのいうような純粋で普遍的なかたちではないだろう。だがザレットは、公共圏の前提となる「話し手、書き手、印刷業者、請願者、出版社、読者などのより大きなグループによるコミュニケーションの実践」を強調しているのである[15]。

ここでいう「コミュニケーションの実践」は多様であり、口承、書記、印刷などの形式によって成り立っていた。しかし、問題となっている時期において印刷文化は、その到達範囲と拡大する波及力によって、公共のコミュニケーションのダイナミクスと統制力のバランスを変え、公共の見解へ影響を与えたのだった[16]。この多面的なコミュニケーションは、一枚のビラから重厚な本まで、さまざまなかたちをとる。公共の場では、印刷されたパンフレットが最も重要な武器であり、抗議のための真のメディアであり続けた。ジョージ・オーウェルは、パンフレットの定義はやや難しいとしたうえで、冗長性よりも簡潔性を重視し、形式よりも機能によって定義されるとしている。パンフレットは「常に明白な政治的意味合いを持つ」ため、ウィリアム・プリンによる一〇〇〇ページに及ぶ舞台への批判『ヒストリオ・マスティック』は、オーウェルがいう「五〇〇語から一万語のあいだ[17]」という長さを多少超えていても、機能的にはパンフレットであると考えられる。印刷部数は、最も安価な一枚の紙で二〇〇部、書籍で一二五〇部であった。イデオロギーの有効性だけでなく、「印刷は利益を得るために売る商品に違いない」のであり、読み書きのできない民衆も、印刷されたバラッドを広める旅芸人や、酒場や他の公共の場で読み上げていた人を通じて、印刷文化に触れることができた[18]。

活字文化の普及は、典型的な公共圏の前提条件であり、文房具商会とのライセンス契約による管理があったとはいえ、活字のメッセージは基本的に管理されない違法な方法で広まった。実際、パンフレット戦争では、法に縛られない手段のほうが、より効果的であると考えられていた。オーウェルが示唆するように、ある程度の違法性はパンフレットの効果を上げたのである。なぜなら、「真に言論の自由があり、あらゆる視点が公表されるようになれば、パンフレットを作る理由の一部はなくなる[19]」からである。

非合法のパンフレットに対抗するのが、公的にコントロールされた公共圏である。国家は、印刷とパフォーマンスを利用して、一方通行のメッセージを伝えようとする。この手法は、絶対主義的な支配に関するハーバーマスの代表的な公共圏の定義に相当する。この文脈でピーター・レイクは、一五八一年に大々的に報じられた、カトリックの司祭で殉教者のエドマンド・カンピオンの裁判と処刑を、公式に指示された宣伝の極端なケースとして分析している。

体制側は、カンピオンが使用したすべてのメディア、すなわち、噂、印刷物（正式な神学的極論と、より直接的で卑劣なパンフレットの両方を含む）、手書きのニュースレター、さまざまな公的パフォーマンス（論争、見せしめ裁判、そして最後には処刑）を、今度はカンピオンに対して利用しようとしたのである[20]。

このような理由により、レイクは公共圏という言葉を条件付きで使用し、「エリザベス朝イングランドに初期の『公共圏』のようなもの」が出現したと主張している。しかし、この公共圏は、「外部からの様々な、そして教条的な脅威から自らを守ろうとする体制側自身の努力に応じて、頻繁に開かれたり閉じられたりした」ため、公共圏は括弧つきのままだった[21]。

要するに、明白な境界がなく言説が飛び交うなかで、一六世紀末までには、技術（印刷）、教育（識字率の向上）、法律の条件が整い、公共の関心事であるいくつかの問題について、適度に自由で開かれた議論ができるようになっていたということである。その一つが劇場であり、特に一五七〇年代にロンドンとその周辺に誕生した、商業ベースの新しい「公共」であった。この劇場の存在によって、相反する反対意見が現れ、検閲や国家の干渉を受けずに、パンフレットや議論が次々と展開されたのである。

## 演者と議論

最初の段階として、演者と議論を区別しなければならない。ここでは、演者は演劇的な意味ではなく、社会学的な意味でとらえることにしたい。舞台へ反感を持った人の多くは、ピューリタンへ同調したが、そうでない者もいた。また、ピューリタンは原則としては演劇に反対していたが、無条件に嫌っていたわけではない。「ピューリタン」という言葉は、これまで述べてきたように、この運動に反対する人たちが侮蔑的な意味で作った厄介な言葉である。大まかに言えば、プロテスタントの極端なカテゴリーに属し、形式的な儀式を拒否し、階層的な「司教中心」の教会構造ではなく小規模な集会を好み、キリスト教の教えを聖書を中心に理解する人々のことである。ピューリタンの教義に関連するグループには、再洗礼派や長老派など、幅広い宗派やグループがあった。彼らは、カトリックに回帰するかのような英国国教会の動きに反対することで一致していた。彼らは自分たちのことを「信心深い人々」と呼んでいたが、これは儀式ではなく、聖典、つまりキリストの真の教えを守ることを意味していた。ピーター・レイクは、「神性」が必ずしも劇場に行くのを妨げたわけではなく、「一五八〇年代の初期から中期になっても、自称信心深い人々は劇場に行っていた」[22]証拠があると主張する。実際、レイクは、舞台が説教壇やパンフレットの出版社と観客を奪い合っていたのは、すべての人が同じような文化的、イデオロギー的問題へ直面していたのが理由だとすらいう。実際にこの考察どおりだとすると、「ピューリタニズム」のような不安定なイデオロギー由来の呼び名よりも、問題や議論そのものを追う方が意味があるだろう。

演劇に対する反対意見は、一方では神学的、他方では社会的・道徳的な、相互に関連する二つの論点に分けることができる。当初、支配的な言説は、主に神学的なものだった。聖典自体には、演劇や遊戯を禁止する正当な理由はないが、説教者の伝統にはそういった禁止事項が多分に含まれていた。[23]エリザベス朝演劇に関する議論はほぼ、ローマ時代においてパフォーマンスの慣習へ異を唱えた初期の神父たちがすでに主張していたものである。[24]その内容は、剣闘士の戦いやサーカス、エロティックなパントマイムなど多岐にわたっており、苦境に立たされていたキリスト教の宗派のうち、演劇を歓迎するものはほとんどなかった。極めて影響力を持った最初の演劇への攻撃は、二世紀の教父テルトゥリアヌスによるもので、彼は『見世物について』（紀元二〇〇年頃）という論文のなかで、反演劇の核心的な議論をほぼ要約していると言っていい。テルトゥリアヌスは、サーカスも演劇の演目も同じ呼称（ルーディ）を持ち、通常は互いに協力して行われると指摘する。また、演劇と異教の密接な結びつきは、劇場建築物に古来よりヴィーナスやバッカスの神殿が含まれていることからもわかるという。さらに、演劇はキリスト教の教えに真っ向から反し、戒律が禁じる行動を実演しているのである。何よりも演劇は、キリスト教社会に悪影響をもたらすと考えられる人々の情熱を喚起する。偶像崇拝や熱狂的な興奮はもちろんのこと、真のキリスト教徒にとって、良からぬ行いを見せつける「独特の場所」として劇場は避けるべき場所であった。そこでは「女装した道化師」が「下品な行い」を見せ、「公衆の欲望の犠牲者である娼婦たちが舞台に上げられ、隠しておきたい性をさらさねばならず、極めて悲惨である」[25]というのである。

新しい劇場で何が起こっているかを知ったら、テルトゥリアヌスは信心深い人々へ進言すべきことが多かっただろう。一五七五年および一五七六年、修道院の跡地にブラックフライアーズ、ショーディッチのカーテン座とシアター座という最初の公共劇場がオープンしたとき、かつてのテルトゥリアヌスの警告が高らかにこだましたに違いない。[26]公共劇場に反対する最初の声は、間違いなくピューリタンの界隈から聞こえてきた。一般的には、イングランドにおける演劇反対運動は、一五七七年一一月三日にポールズ・クロスで行われた、トーマス・ホワイトという説教師の説教が出版されたことに始まるとされる。以前にも同じ類の出版物は出回っていたが、それらは主に外国書籍の翻訳だった。

　公共圏の問題を考えるうえで特に興味深いのは、ホワイトの説教とそれに類する書物のパフォーマティブな文脈である。旧セント・ポール大聖堂に隣接するポールズ・クロスの開かれた説教壇には、数千人というロンドン市民の幅広い層の聴衆が集まった。そこには、扇情的な演説や説教、政府の方針表明、暴動、暗殺未遂、論争の歴史があり、パフォーマンス空間は過剰なほど多くの要素が詰め込まれていた。ロンドンに「公共圏」と呼べるような公共空間があるとすれば、それはこの場所であろう。エリザベス女王の治世下では、この空間は当初、騒動を恐れて閉鎖されたが、その後、公式の連絡や国による宣言の伝達手段として有用性が認められ、再開されること

図 3　セント・ポールズ・クロスの木版画、1625 年頃

になる。[27]

ここで行われた説教は、「説教壇のなかの説教壇[28]」として、かなりの伝播力があり、その後の出版によってさらに影響力が増大した。一六二五年に出版された木版画（図3）は、トーマス・ブリューワーが、ペストについてのさまざまなテーマで書いた詩的な出版物だが、なかでも屋根のついた説教壇の位置や、大聖堂の中庭で説教師の周りに集まる多様な人から成る群衆の様子を正確に描いていて、そのアンサンブルはまるで公共劇場での上演のようである。

ポールズ・クロスの説教壇は、実際には演劇的であり、コミュニケーションの場でもあった。メアリー・モリッシーの言葉を借りれば、「近世ロンドンのニュース収集ネットワークのハブ[29]」だったのである。誰がそこで説教できるかという点では、もちろん管理された空間ではあったが、教会や市民団体の当局、そして王室がいずれも支配権を争っていたため、管轄権は必ずしも明確とはいえなかった。

ポールズ・クロスは、有名なポールズ・ウォーク（セント・ポール大聖堂の中央通路）に隣接しており、重要なニュースはすべてここで伝えられていた。したがって、ポールズ・クロスは、説教が行われるだけでなく、ウォークに隣接しているから、人々が集まる十字路として交流の場でもあった。また、一五七五年から一六〇八年にかけて、ピューリタンの説教師たちを悩ませた、商業的な児童劇団「セント・ポールズ・コリオスター」もこの場で活動していた。だが、ここで最も重要なのは、ポールズ・クロス・ヤードが、印刷業者と書店が軒を連ねるロンドンの書籍取引の中心地であるパターノスター・ロウに隣接していたため、口承のパフォーマンスから印刷への移行が迅速に行われたことである。

この場で行われた説教には共通点があり、ソドムとゴモラ、ティール、あるいはエルサレムなどと比較して、大都会の社会的悪に注意を喚起することだった。聖書を参照しながらも、注意喚起の対象はロンドンという都市であり、そこに暮らす不道徳な市民と彼らの誤った行いであった。七つの大罪はもちろん、出来たばかりの建築物で行う演劇という新たな誘惑も、その注意の対象に加わったのである。

トーマス・ホワイトは「疫病の時」に行った「神の説教」のなかで、安息日に教会に行かずに気晴らしをするという文脈で、劇場通いがキリスト教徒にとって特別な脅威となっていることを指摘している。

ロンドンの一般的な演劇、それに集まる大勢の人々、それを良しとする人々、ロンドンの放蕩と愚行の果てのない記念碑である豪華な劇場を見よ。疫病のために劇場は閉鎖されているが、私はこの政策が大のお気に入りだ。原因を根絶できない疫病は、手当てをしても治らない。疫病の原因は罪であり、罪の原因は演劇である。したがって、災いの原因は演劇である。(30)

疫病と演劇を結びつけるこうした三段論法は、ピューリタンの説教の特徴である。あまり取り上げられないが、口承が主な形式である説教が、この時期出版されていたという事実もある。しかし、一五七〇年代に入り、このような注目度の高い説教を印刷、配布できる可能性を教会当局が認識するようになると、この状況は変わり始める。エリザベス女王が即位するまでは、説教が印刷されることはほとんどなかったが、一五八〇年以降は一般的に出版されるようになった。一六四〇年までに約二〇〇〇冊の説教集が印刷され、そのうち二五〇冊がポールズ・クロスで印刷され、実際、当時の出版物のうち五〇パーセントを説教などの宗教的文章が占めていた[31]。このスペースには、中世から公的な発表の場として伝統があったが、パフォーマンスと印刷の新しい結びつきにより、公共圏出現のための結節点として、ポールズ・クロスはさらに重要な意味を持つようになったのである。

一五七六年一二月九日に行われた説教のなかで、ホワイトは印刷媒体そのものについて考察し、巷に氾濫する、取るに足らない出版物やその類のなかにあって、自分の「玉稿」が購入されても読まれることはないのではと懸念を示している。「何千ものパンフレットやおもちゃはすぐに手に取って急いで飲み込んでしまうが、毒が多く良い物質として消化されないのではないかと心配している[32]」。毒を含んだ読み物の摂取によって、彼自身の出版物は怪しげな仲間入りをすることになるのだが、これは現代の情報過多や注意力の経済性に関する不安によく似ている。

舞台と説教壇のあいだに刻まれた対立は、純粋なピューリタンによる言説の中心テーマでもある。一五七七年にポールズ・クロスで行われた説教のなかで、学校の校長であり聖職者でもあったジョン・ストックウッドは、演劇がいかに不道徳であるかと同時に、それが俳優の莫大な利益（「一年で二〇〇〇ポンドになる」）になっていることを嘆き、舞台と説教壇は注目を集めるべく競争せざるを得ないというホワイトの懸念に、劇場通いを無駄な浪費とする経済的な見解を付け加えている[33]。

ストックウッドは、演劇や劇場の原理に明らかに反対しているが、無条件の非難については躊躇しているようだ。「モラルの腐敗」を見ることで、見る者に模倣を促すという模倣の誤謬について彼は主張する。「雨を浴びたダイアナを前にしたジュピターのモラルの腐敗を描いた絵を見た者が、自分だけは腐敗しまいと思えるだろうか」[34]。つまり、演劇の常連客が同様の模倣の強迫観念から逃れられるとは到底考えられないというのである。「野性味あふれる若い男女の群れが、生き生きとした身振りや声で娼婦の世界に誘われる幕間においても、性欲に溺れず純粋なまま家路につくことができるだろうか」[35]。ストックウッドはおそらく内心では確信していたが、演劇の完全禁止を提唱するには至らず、「ただし、キリスト教の共同体において、安息日の上演が許されるかどうかという議論には参加する」[36]と述べている。

しかし、安息日の上演「問題」は、一五七〇年代後半から一五八〇年代前半にかけて公共圏を支配するようになった幅広い問題の一つに過ぎず、より雄弁な論客たちがこの論争に加わった。ストックウッドの説教より少し前の一五七七年に出版された『安息日のための賭博、ダンス、芝居、暇つぶしの幕間劇』という論文では、デボンシャー出身で出家したジョン・ノースブルックが、パンフレットの題名が示すとおり、劇場で学ぶ悪徳行為をひたすら列挙し、この議論を継続した。老人と若者の対話形式で、タイトルにある三つの悪徳（他にも多数ある）を攻撃するが、新しい議論はほとんどなく、さらに説教のような直接的な表現もなかった。しかし、後にウィリアム・プリンが引用することになるラテン語の引用を含む神学的・教義的な文献の数々は、ホワイトやストックウッドの説教よりも、はるかに専門性の高い読者を対象としているように思われる。よって、ホワイトが出版した説教があるにしろ、この本は、英語で書かれた最初の、特に劇場に向けられた書籍だといえる。異教徒の演劇についての学術的な長文だが、ロンドンの劇場についての具体的な情報が含まれており、シアター座やカーテン座などの個々の劇場名、ジャンルやパフォーマンスの形態が挙げられている。これらの劇場はすべて、サタンの仕業に加担していると非難され、即座に解散するに値するとされてはいるのだが。

ノースブルックは、自身の主張を対話によって示している。しかし、これはドラマの形式に言及するものではない。ある解説者は、一方では演劇を非難しつつ、他方で演劇を使って演劇への反対意見を述べるという点が矛盾していると指摘する。だが実際、この形式は、演劇というよりも、哲学的な対話の慣習と関係している。すなわち議論について、話すというパフォーマンスの母体から切り離して、読者の領域に移そうとする意図的な試みであると読むことができる。この意味で、この作品は本物のパンフレットであり、実際に印刷媒体のために書かれたものであり、印刷文化における口語の兆候を示すものでもある。

## 攻撃と攻撃への反発

この文脈において次に重要なのは、演劇反対派の歴史において最も有名なものの一つである「雇われハッカー」の俗称を持つ、スティーブン・ゴッソンとアンソニー・マンデーによるものだ。主眼となるのは、議論そのものに対する貢献のみならず、彼らは議論の文脈を広げ、説教者や説教というピューリタンの領域から、言説と学問の領域へと議論を移したことである。さらに重要なのは、彼らを雇用していたロンドン市当局が反対派に加わっていたかもしれないという事実である。ノースブルックの論文では、ピューリタンの代弁者である老人は、一五七六年（編纂年）に「売春宿やその類の場所を廃止し、権威によって解散させ、鎮圧すべきである」[37]と述べたが、実際はまだ実現していなかった。一五七七年のペストの猛威により、当局は劇場を一時的に閉鎖し、それまで以上に強力に演劇への反対運動を展開することになった。一五七四年には、ロンドン市議会が「演劇的な表現活動を制限する」という命令を出すが、これは特に宿屋での上演について言及したもので、良からぬ行いや安息日の怠慢への批判や、感染が身体へ及ぼす被害まで、あらゆる危険が列挙されている。

多くの人、特に若者が舞台や幕間、見世物にあまりに出没することで、ロンドンに大きな混乱と不都合が生じることがわかっている。それは喧嘩の原因、大きな宿屋での悪習にもなり、オープン・ステージやギャラリーと隣り合う部屋や秘密の場所で、女中や孤児、善良な市民の子供を誘惑し、不愉快な契約を内緒で結び、不品行、不愉快、不道徳な演説や行為を行うといった類のことである。女王陛下の臣民が日曜日や安息日の神事に参加しないで、このような演劇が行われ、貧しき人や善良な人に無駄にお金を使わせ、財布を盗み切りつける強盗、慌ただしく誘い扇動的な事柄を口にすること、青少年の堕落やその他の不正行為を誘発するのである。また、足場や骨組み、舞台の廃墟や、演劇の小道具や舞台用の武器、火薬によって、女王の臣民が実際に殺され、傷つけられることも多々あった。また、疫病という神の警告がもたらされるときは、群衆や広報関係者が集まること自体、感染拡大において非常に危険である。(38)

このリストを見ると、ピューリタンによるよくある反対意見と、公共の安全に関する行政懸念が混合されていることがわかる。ピューリタンとロンドン市議会との関係はよく知られており、表向きは健康上の理由で劇場を閉鎖したが、イデオロギーも含まれていたのである。大きな劇団は、一五七二年に制定された「一般俳優に関する法令」に基づき、貴族の庇護を受けていたが、その一方で、最初はショーディッチの自由区、後にはテムズ川の南岸など、劇団は都市の中心から離れた場所に追いやられていった。さらに、市の管轄外に特殊な劇場が建設されたのは注目すべきで、つまり、ロンドン市議会の行政介入の権限は、市内の限られた範囲のみ有効だったことになる。このため、「新聞や説教壇を使って劇場に反対する世論を作り、市当局が枢密院や裁判所に行動を起こさせるための継続的な努力に訴える」(39)というかたちで、公共圏が活用され始めたと説明している。

劇場は裁判所によって保護されていたため、市の立場からすると、パトロンの貴族に彼らが援助している活動がいかに有害で不道徳かを説得する必要があった。大卒の劇作家スティーブン・ゴッソン（一五五四－一六二四）のように、宮廷内で流行する言説を駆使する人物が起用されたので、改宗者への説教を主な活動としていた宗教領域を超えて、公共圏は効果的に拡大されていったのである。

ゴッソンは、オックスフォード大学卒業後、俳優、劇作家として活躍し、当時の婉曲的な散文を用い執筆していた。トンプソンは、ゴッソンが市当局に雇われていたかという問題について、「ドラマの強大な敵に対して偏見を持つべきではない。ゴッソンが自身の信念に対して正直であったことだけは確かである」[40]という。トンプソンの見立てによれば、ゴッソンは牧師としてキャリアを終えた事実により、その誠実さを十分証明できるし、経歴自体が、放蕩な学生時代を経て劇作家から聖職者へ転換するという啓発的な物語となっていることになる。

一五七九年に出版されたゴッソンの『虐待の学校』は、その大げさなタイトルでもって、演劇への反対運動の議論に当時よく使われていた新しいスタイルである。

『虐待の学校』は、詩人、路地のパイプ奏者、演奏者、道化師をからかい、英国連邦の島々にいる見たこともない虫を、愉快な罵詈雑言によって取り上げる。世俗的な書き手、自然の道理、一般的な経験がちりばめられ、道化師たちのいたずらっぽい様子を真っ向から否定し、その守りの姿勢を崩す。学問好きの紳士にとっては楽しい話であり、徳に従うすべての人々にとって有益な話である。

「愉快な罵詈雑言」や省略可能な「連邦の島々の虫」などの矛盾した表現をわざわざ挿入するのは、ゴッソンの修辞学の訓練を示すものであり、次の段階のため調子を整えるものでもある。「学問を好む紳士にとっては楽しいものであり、徳に従うすべての人にとっては有益なものであるように」というゴッソンの希望が表され、貴族とピューリタンの両陣営を効果的に結びつけている。この議論は、ポールズ・クロスの説教師たちやノースブルックのパンフレットの、極めて宗教的な枠組みを拡張する。安息日の演奏、欠勤、法と秩序、公序良俗、感染症の危険性、さらには政治的な破壊行為などが言及されているからである。このようにゴッソンは、すでに引用した市民の「演劇的な表現の制限」において言及された点と、ピューリタンの神学的な反論と、その根拠となる教父や古典的な権威の三つを結びつけている。ゴッソンがロンドン市当局に恩義を感じていることは、巻末のロンドン市長リチャード・パイプ卿と「彼の兄弟たち」に宛てた手紙で明らかにされており、彼は「理に適う示唆を受けたときには俳優たちを追放する」という当局側の姿勢と貴族のパトロンを支持している。(41)

ゴッソンは、詩人、インテリ、宮廷人でもあり、文学者のパトロンであったフィリップ・シドニー卿に自分の論文を献上したことで有名である。このような献辞は、作家をどのグループや言説に位置づけるかという役割を果たしていた。婉曲的な文体と献辞は、プロの演劇への支援が広がっているまさにその界隈で、反演劇の大義を支持してもらおうとする決意の表れである。シドニーはその論考に満足せず、返答を書き、シドニーの死後に出版された『詩のための謝罪』（一五九五年）は、ゴッソンの攻撃が動機の一部となっており、ゴッソンへの軽蔑が含まれている。さらに状況を複雑にしたのは、シドニーがピューリタンとまではいかずとも、カルヴァン主義者寄りだったにもかかわらず、舞台に対する議論に納得せず、態度を保留したことである。

ゴッソンは、ローマ時代の舞台に匹敵する「恥ずべき行為」がロンドンの劇場で行われたとは主張していないが、それ以外のあらゆることが道徳的に問題で、特に観客席の乱れた雰囲気が不道徳な行為を助長すると考えていた。劇場は、どこから見ても売春宿に過ぎず、「売春の総合市場」[42]となっていたという。インテリの読者層を想定して、ゴッソンのパンフレットには、古典から引用した持論の正当化や説明がふんだんに盛り込まれているが、彼の主張は実はロンドンの状況を表すものである。

ゴッソンの論文において、アイデアの独創性よりも、それが引き起こした反応や反発のほうが、今現在の我々にとっては極めて重要である。シドニーの直接的な支援がなくても、『虐待の学校』は広く読まれ、すぐに活発な反応があった。一五七九年から一五八五年のあいだに、現存するものだけでも、一五以上の論説が発表された（現存しないものはもっとあったと思われる）。主に発信したのは、ゴッソン自身に加えて、トマス・ロッジ、アンソニー・マンデー、フィリップ・スカブだった。この論争が出版されたことからすると、エリザベス朝の検閲は演劇に対してそれほど注意を払っておらず、まずは、ここに比較的開かれた公共圏出現の可能性があったことがわかる。

演劇には擁護者も存在した。ゴッソンに対する最初の反発は、弁護士であり、新進の劇作家でもあるトマス・ロッジが、ゴッソンの出版と同じ年に発表した「ＳＧの虐待の学校に対する反論」である。このパンフレットは、許可を得て発行されたものではないが、同じように流通している。ロッジは、ゴッソンと同じ言葉を使用し、同様に古典を参照して論じる。詩人や劇作家が淫乱性を助長するとゴッソンがいうのなら、ロッジは、詩人を「神々の聖なる代弁者」[43]とするホレスの言葉を引用して、その議論を逆転させるのである。ロッジは、劇団が喜んで戯曲が採用する劇作家であり、演劇活動のためにペンを取っていたから、攻撃を受けつつ興業のために働きかけるいわばロビイストだった。アンソニー・マンデーが匿名で出版した『演劇と劇場からの第二、第三の撤退』は、賭博やダンスなどの社会悪と一緒に舞台を扱うのではなく、演劇や劇場だけを対象にしたパンフレットであったため、論点はいっそう絞られた[44]。任務は明確である。見開きに、ロンドン市の紋章が描かれているのだ。マンデーはゴッソンと同様に戯曲も執筆していたから、彼の主張のもとにある誠実さには疑問もあるかもしれない。しかし、ここでは個人の知性や誠実さは措いておこう。公共の場では、議論の質や真摯さ、文体の美しさと同様に、そこへ参加した対話者の数も重要なのである。マンデーは、パトロン側に立って、舞台の社会性や管理面に対して異を唱える。主な問題は、俳優たちが貴族のパトロンから、支援を受け続けていることである。しかし、この議論は、少なくともこの時代に発言・印刷ともに表明し得る限界点に達していた。ドーヴァー・ウィルソンは次のように述べている。「この大胆な言葉は、一、二年後に女王自身が俳優のカンパニーを持ったときには、とても言えたものではなかっただろう[45]」。

俳優たちは、自分たちができる最善の方法で対応することにした。パンフレット発刊のみならず、彼らはゴッソンの二つの戯曲を上演したのである。ゴッソンが三度目にこの問題に触れた『五幕の告白劇』（一五八二年）からわかるように、偽善者ゴッソンの信用を失墜させることが上演の明らかな目的だった。『虐待の学校』を出版した後に戯曲を書いたというのが偽善の根拠である。ゴッソンがパンフレットの「第四の行動」で説明しているように、一五八二年二月二三日に劇場で『演劇のなかの演劇と暇つぶし』が上演されたというが、戯曲は今はもう残っていない。寓話的な登場人物による道徳の形式で書かれており、ゴッソンはこの劇の内容を詳細に説明している。ピューリタンに設定されたゼールは、かなり破壊的な人物として描かれており、デライトの口に「彼を抑えるために[46]」蛇をくわえさせ、節度のある態度を見せたときだけ彼は許されるのだった。この上演ではゼールが温厚な人物に変身したところで終了したらしいが、ゼールは「問題が浄化され、奇形が燃やされ、罪が非難され、嘘のない笑いが生まれ、もう一度いつか同じことを聞くと約束される[47]」のなら、と喜劇への転換すら受け入れた。モラルの基準は結局のところ、内容や上演の条件（おそらく安息日ではない）ごとに異なるものの、演劇の本質である自己省察によって成り立っている。こうした自己省察の機能は、この作品がゴッソンとその信奉者の信用を失墜させたものの、妥協的立場を提案する議論への直接的なパフォーマンス的介入であることを明らかに示している（この作品はおそらく印刷されなかった）。

一五八〇年代後半から一五九〇年代にかけて、「信心深い人々」に対する政策的な抑圧が強まったことを背景に、ロンドン市とピューリタン一派による圧力はほとんど消えたが、議論とその支持者は残った。エリザベス朝末期からスチュアート朝初期にかけては、演劇に対するピューリタンの反対意見はほとんど発表されなかったが、説教のなかで演劇の俗悪さが非難され続けていたことは間違いない。しかし、ピューリタンの地下組織が出版した風刺的なマープレレートによる小冊子や、彼らに対するキャンペーンは、政治的な公共圏を大きく変えた。これらは、違法性があり、当局による冷酷な迫害があったものの、公共圏形成に対しては素晴らしい貢献をしている。今日、話題になっているインターネット・フォーラムの匿名性や、奔放な批判や名誉毀損さえ可能にするさまざまな「内部告発」は、同じように、言論の自由の限界を示す適切な背景を提供しているといえるだろう。

マープレレートの小冊子は、演劇について詳しく触れていないが、ピューリタンである著者が舞台にほとんど共感していなかったことは明らかで、公共圏に関わるルールの変化と、ピューリタンの立場の一時的な弱体化を理解するうえで重要である。一五八三年にジョン・ウィットギフトがカンタベリーの大司教に就任すると、彼は直ちに教会におけるピューリタンの力を削ぐための仕事に着手した。最も重要な施策は、一五八六年に文房具商会の経営権を取得し、ピューリタンの教義を説教壇から離れた場所にも伝える主要な手段であった、活字という完全な権力を手中にしたことである。この措置は、ピューリタンの教義に対する誹謗中傷や異端に関する法律を新たに制定、もしくは刷新し強化したものである。この動きは、一五九三年に制定された有名な反ピューリタン法令に結実した。この法令には、教会組織への攻撃に対する厳しい処罰が盛り込まれ、プロテスタントの不適合者を表舞台から排除したり海外に追いやることになった。

ウィットギフトが改革を進めていたころ、ある秘密の印刷所は、ウィットギフトと彼の改革プログラム全体を嘲笑する、風刺的な攻撃を次々と刊行していた。マーティン・マープレレート、「傷つけられた」「前任者」というペンネームで、正体不明の数人からなる著者たちが、風刺に富んで洗練された神学の議論を行うことで、英国国教会に対抗する武器を得たのだった。一五八八年一〇月から一五八九年九月のあいだに、密かに印刷され広く配布された一二の小冊子が登場したが、その批判が極めて鋭かったため、公の反応としては、すぐに無慈悲な断圧へ結びつくことになった。ウェールズの伝道師ジョン・ペンリーはこの小冊子制作に関与したため絞首刑に処され、ジョン・ユドールは獄中で死亡した。

この論争には演劇的な側面もあり、教会はトーマス・ナッシュ、ジョン・ライリー、また悪名高いロバート・グリーンなどの熟練した劇作家を起用して、マーティン・マープレレートに対する非難を書かせたのである。第五作では、マーティンが、いや彼の「息子」が、この演劇的な介入に直接答え、舞台俳優を次のように批評している。

> 舞台俳優は、貧しく、愚かで、飢えに苦しむ哀れな者たちで、連邦のなかで生きのびるためのまっとうな職業には就けない。哀れな浮浪者は、英国で最も優れた悪党を満足させるために、一ペニーのために喜んで舞台に上がり、一時間か二時間のあいだ、恥知らずの愚か者を演じられるほど心が貧しい。だから、哀れなならず者たちは、主人マーティンを相手に商売をしているうちに、気の利かない思いつきを大勢の人に目撃されたとしても、それほど責められないだろう。そして、彼らはランベス宮殿とカンタベリーの王冠保持者へ、いかに見事に迎合してい

ることか。[48]

ここでの非難は、俳優の放埓さではなく、公然と既成教会（「ランベス宮殿とカンタベリーの王冠」）に味方し、ピューリタンを敵視していることへ向けられている。この論争はすぐに鎮圧されたものの、情勢が逆転したことがわかる。ピューリタンの運動は、事実上、地下や海外に追いやられていたが、国内や社会のあらゆる階層で支持され続けていたのである。

このような状況下、トーマス・ヘイウッドが発表した有名な『俳優たちへの謝罪』（一六一二年）は謎めいている。この作品は、少なくとも公共の場では解決済みの論争を復活させているように見える。当然、すぐに匿名の「反論」というかたちで再反論が続くことになった。ジョン・ドーヴァー・ウィルソンは、当局の文書として保存されている、俳優兼劇作家のナサニエル・フィールドが書いた一六一六年の手紙に注目している。「フィールドの手紙によると、説教壇では、悪徳の怪物であり官能の権化である俳優への非難の言葉が飛び交い、劇場の観客は、妙な信心深さと偽善を混ぜたようなピューリタンの行動を日々笑っている[49]」。背景には、すでに述べたように、議論の場が小冊子やパンフレットから舞台そのものへ移り、舞台上のピューリタンの姿が軽蔑の対象になりつつあったことがある。[50]

## 最後の一撃

一七世紀初頭における反演劇運動の再興は、一六〇四年以降のスチュアート朝がもたらした二つの重大な制度の変化と関連している。一つは演劇、もう一つは宗教である。演劇の領域では、それまで様々な貴族が持っていたパトロンの権利が無くなり、代わって興業制度を指揮するチェンバレン卿が中央管理を行うようになった。「ジェームズ一世は、即位後三、四年のうちに、奏者、劇、劇作家、劇場の管理を実質的に王室の手中に収めてしまった」[51]と、マーゴット・ハイネマンがピューリタニズムと劇場についての研究で述べるように、エリザベス女王よりもジェームズ一世の方がはるかに舞台の管理に厳しかった。これは事実上、劇場は宮廷に直接従属し、演劇活動が宮廷の延長線上にあるという認識を意味する。ジョン・ドーヴァー・ウィルソンの言葉を借りれば、「俳優は王党派以外いない[52]」のである。

ジェームズ一世の制度改革のなかには、検閲の強化も含まれていた。エリザベス女王時代でも検閲はあったが、いくぶん行き当たりばったりだった。演劇に対する新しい検閲については、君主や友好的な外国の表現を含む宮廷批判の禁止はよく知られるが、さらに、宗教上の論争へのコメント、下品な言葉や宣誓、有力者への風刺なども対象に盛り込まれていた。新しい規制は、ほぼ政治的な検閲に集中していたが、それは人々の生活に最も直接的に影響を与えるもの、すなわち教会、国家、個人の関係に関わるものだった[53]。

同じ時期に、ピューリタン運動はその影響力を議会へも及ぼすようになり、いっそう政治色を強めていった。直接の政治関与は、一六三三年以降、大主教ウィリアム・ロードが主導した、ピューリタニズムに対し教会上層部の政策を強化する改革プログラムが物議を醸し、抑圧的な性格を持つようになってからさらに勢いを増すことになる。ロードの弾圧は、ウィットギフトが始めた政策を事実上継続しながら、より組織化していった。ロードに幾度となく苦言を呈したために苦境に立たされ、最終的に彼の死刑執行人となったのが、ピューリタンの弁護士ウィリアム・プリンである。

## ウィリアム・プリンの公開殉教

その後、柱のなかに入れられた彼（ヘンリー・バートン）はこういった「善良な人々よ、私がここに連れてこられたのは、現世の、一〇人の天使の、そして人間たちの見世物になるためだ[54]」。

一六二五年、匿名のパンフレット『俳優への短い論説』が出版され、劇場に対する攻撃が再開された。このパンフレットは、弁護士のウィリアム・プリンが『ヒストリオ・マスティック』（一六三三年）の準備段階で書いたものだと言われている。プリンによるこの本格的な攻撃は、劇場閉鎖に至るまでの第二次反演劇論争の始まりを知らせるものだった。一〇〇〇ページに及ぶプリンの大作ほど、批判され続けた本はないだろう。ドーヴァー・ウィルソンの評価では、狂信者によるこの本は「見当はずれのエネルギーと熱意による巨大な記念碑、時間の砂の上に放置された貧弱で役立たずのピラミッド(55)」であり、ジョナス・バリッシュは著者を「誇大妄想者」、本を「病的多弁の悪夢」として、「膨大な量の恨みと不安を解消するため(56)」に作られた病理学の演習だという。マーティン・バトラーによると、プリンは「革命家予備軍であり、宮廷の敵(57)」だったが、同時に「この時代の最も有名なピューリタン(58)」でもあった。この本がどのような影響を与えたかについては、本が押収され、ほぼすべての刊行物が破棄されたため推測は難しいが、プリンの裁判は、反演劇の議論の刷新に貢献した最も重要な出来事であるのは間違いない(59)。

プリンの運命は、活字を利用する作家に何が災いするかを示す、悪名高い例の一つである。目次に記した女優を「悪名高い娼婦」と形容しているのは、サマセット・ハウスのプライベート空間での牧歌劇のリハーサルに他の女性たちと一緒に参加した、芝居好きで宮廷演劇に従事していたヘンリエッタ・マリア王妃に対する直接の誹謗中傷としか解釈しようがない。プリンは王妃の名前こそ出していないが、当時の三段論法によりすぐに王妃のことだとわかる。つまり、すべての女優が娼婦で、王妃も演じていることは知られており、公共の劇場に女優がいないなら、王妃が娼婦という論法である。彼はこうして裁判にかけられ、扇動罪で有罪となる。この本は公演前に出版されたものだと彼は弁明したが、王妃がリハーサル中だった証拠として、プリンが女優の批判を追加したことを王室は突き止めたのである。王室を直接攻撃するというはるかに重い罪は免れたが、それよりも軽い名誉毀損と扇動罪の判決を受けた。終身刑により塔に収監されていたプリンは、耳を切り取られ、五〇〇〇ポンドの罰金を課されるといったことにもめげず、パンフレットを密かに持ち出し、演劇以上に悪の根源と考えていたロード大司教と英国教会に対するキャンペーンを続けた。一六三七年には、他のピューリタン二人と一緒に再び裁判にかけられ、またしても扇動罪の判決を受けた。このときの刑罰は、枕木に吊るされ、また耳が切り取られ（プリンは、最初のときは神が生えさせたと言っていた）、誹謗中傷者（Seditious libeller）を意味するS・Lの文字を頬に焼印されたのは有名である。裁判も刑罰も公の場で行われ、彼は他の名誉毀損者への見せしめとなるどころか、群衆の支持を得ていたようだった。その後、彼はジャージー島の刑務所に移され、一六四〇年に長期議会の命によって釈放された。ロードへの起訴を企て、ロードが処刑された後、プリンは英連邦に反旗を翻し、今度はプロテスタント主導の政府によって再び投獄されることになった。最終的には王政復古を支持し、熟知していたロンドン塔の記録管理者に任命された。しかし、このような最後の展開は、よく見ると矛盾しているようにも見える。ウィリアム・ラモントがプリン研究で論じているように、彼はバクーニンのように狂信的でなく、むしろ保守的なピューリタンの君主主義者であり、いつも理想をエリザベス朝の教会としていた。つまりプリンの懸念は、宿敵ロード大司教が主導する新たな展開によって、王政が悪影響を被ることだった。

『ヒストリオ・マスティック――信者の鞭、または俳優の悲劇』（一六三三年）に端を発し、その後、著者が投獄され拷問されたことから、反演劇の議論がいかに偏ったものになっていたかは明らかである。一五七〇～一五八〇年代の比較的開かれた公共圏と比較すると、一六三〇年代はまったく異なっている。『ヒストリオ・マスティック』の議論についてしっかり研究、要約されている、プリンが自らの裁判と拷問について語る『過去の大虐殺の新発見』(一六四一年)という、少し後に刊行されたパンフレットについてここからは述べることにしよう。この小冊子でプリンは、深い感情移入を喚起すべく、物語とドラマの恐るべき能力を発揮し、その結果、自分自身と他の受刑者たちを、後の世から見た殉教者に仕立て上げている。この裁判と公衆の面前での鞭打ちは、『ヒストリオ・マスティック』という本そのものよりも世論に大きな影響を与えたといえる。こうした刑罰や拷問は、その公共性ゆえに、見世物として公共圏に欠かせないものであり、単なる覗き見趣味ではなく、効果の有無にかかわらず命題関数としての機能を持つものだった。プリンがパンフレットで述べているように、こうした容赦ない残酷な刑罰は、「権力者と教会は、自分の信念のために立ち上がり、神を畏れる勇気あるキリスト教徒をこんなふうに扱うのだ」と明確に主張するのである。当局の方は明らかに、「国家に反対し、王を怒らせた者の末路である」というような、また別の種類の声明を意図していたのだが。

ウィリアム・プリンは、著名人を起訴するための最高裁判所である星室庁で二度裁かれた。星室庁は、証人のいない非公開の法廷で、提出された書面に基づいて行われるため、判決だけが告げられ、その過程は公にされなかった。プリンは最初の裁判以前は、特に目立つ存在ではなかったが、彼にかけられた罪状が「扇動」であり、それが君主に直接関係するものであったため、カンタベリー大司教は訴訟手続きを星室庁に移すことを許可した。このころには星室庁は、王室の権力乱用の代名詞となっていた。

プリンは、舞台や演劇を嫌っていたことが知られているが(一〇〇〇ページの本を出版し、その証拠に耳を失った）、『新発見』の冒頭には、露骨な演劇への言及がふんだんに盛り込まれている。読者への挨拶では、特に演劇的な慣習について触れている。

親切な読者の皆様に、最近の悲劇的な歴史、すなわち、神学者の暴虐の新たな発見をお見せしましょう。王国で最も高貴な三つの職業、神学、法学、医学の三人の高名な人物が不当に起訴され、血まみれで迫害され、全員が共に晒し台で苦しみ（彼らは大いに名誉を受け、彼らはそれによって）、自分たちの耳を良くし、神学者の耳を悪くするために、一度にすべての耳を失ったのでした。このような光景は、人間にも天使にも、かつてどの時代にも見られなかったものであり、後世の人々がここで見ることはないでしょう。[60]

この本には、最初の裁判で牢屋に投獄され、晒し台で初めて耳を失ったときのプリン自身のエピソードが書かれている。また、この本の脚注には、「この牧歌が上演された直後に、プリン氏の誤った文章を実際に解説した俳優は、ある女優とのあいだに子供ができたが、その俳優も女優もプリンの共犯者として塔に収監された」[61]という、共犯者H・I氏の話が書かれている。この些細な出来事は、告発者の死という良からぬ満足感を作者へ与えるだけでなく、舞台の道徳的危険性について、作者の主張を身体感覚に訴えたといえる。

『過去の大虐殺の新発見』の物語の中心は、（一九〇ページに及ぶ）晒し台での「処刑」の「光景」を延々と描写したものである。そこでは、共同被告であるピューリタンの強硬派ヘンリー・バートンや、ロードと司教たちの暗黙の敵であるジョン・バストウィック博士、そしてやや言葉少なに彼自身の「光景」と苦境が、ドラマチックに、文字通りドラマチックに描かれるのである。

プリン自身の「処刑」は、三人のなかで最も残酷なものである（これは二回目）。死刑執行人が近づいてくると、プリンは短い挨拶で彼を迎える。

友人よ、来てくれ、私を焼いてくれ、切ってくれ、私は恐れない。私はこれまで、地獄の火を恐れていましたが、人間を恐れたことはありません。主イエスの印をこの身に刻みます。残忍な処刑人は、非常に残酷な方法で処刑を行い、鉄を非常に熱くして、片方の頬を二回焼いた。その後、片方の耳を非常に近くで切り、頬の一部を切り落とし、首の頸動脈の近くまで切り込み、命の危険にさらした。そして、もう片方の耳をほとんど切り落とし、それをぶら下げたまま足場を下り、外科医に再び呼び出されて、完全に切り落とされた。この絶妙な拷問の後、彼は決して体を動かさず、また、彼の顔は大きく変わったが、それでも、彼は天を見上げるように上を見上げ、微笑をたたえていた。見物人はみな驚きをもって見守っていた。(62)

プリンは両耳を失っただけでなく、頬にＳ・Ｌという文字の焼印を押された。Ｓ・Ｌは通常誹謗中傷者（seditious libeller）の略とされているが、プリンはこれを stigmata Laudis（ロードの傷跡）と言い換えている。

プリンは詳細な絵画的描写において、血なまぐさいなかに一種の喜びを描き出す。白いダマスク織の衣服に付いた血の表現、頬に付いた耳の皮の切れ端、そして何よりも、三人の「キリスト教の殉教者」が、賞賛と驚きでいっぱいの群衆の前で見せた、勇気と苦しみに対する超人的な不屈の精神などである。裁判は非公開で通して行われたが、刑罰は行き過ぎなくらい公開されていた。回りに押し寄せた見物人は、熱烈な信者のなかから選ばれたのではないかとプリンは示唆していて、それは常に教区民の支持を受けていたヘンリー・バートンの場合には間違いなかった。

プリンが一六四一年に自分の論文を発表するころには、三人とも釈放され、凱旋してロンドンに戻ってきており、プリンとバートンは偶然にも同じ日に一緒にロンドンに入った。プリンは着実にパンフレットを発行していたが、その数は二〇〇冊にものぼり、多くの人に支持され、彼の立場が世間で熱心に議論されるようになっていった。プリンは常に自分と他の二名による王への忠誠心を強調したが、彼らの処罰が政治的に重要な意味を持っていたことは否めない。三人が、大司教ロードが主宰するいかさま裁判所で裁かれ、有罪判決を受けたことは周知の事実であり、それは間接的には王自身による判決であった。このような神を畏れる三人の残酷な公開処刑は、チャールズの支配に対抗する議会の主張をさらに強めることになる。

三人のピューリタンが道徳的に勝利したことは否定できない。彼らの勇気と殉教は、公共劇場の上演よりもはるかに優れた道徳的光景を提供したのである。高揚感のある演説、感動的な対話、苦しみ、厳しい死刑執行人、血しぶき、ヒロイズム、そして何よりも、真のキリスト教徒がどのように振る舞うべきか、また振る舞うことができるかを躊躇なく示す道徳的な正しさなど、通常の「悲劇の歴史」でも議論されるあらゆる要素がこの本には含まれている。このように、『ヒストリオ・

マスティック』におけるプリンの主張が、初版時には無視されていて、このときになってその重みと力を回復したとしても、驚くには当たらない。膨大な数の文献を引用した冗長な文章を読む人はほとんどいないだろうが、この本の主旨は明確であった。同じピューリタンの評論家であるヒゼキア・ウッドワードは、プリンの極端な立場に賛同はしないが、彼の主張は「人々の心をつかむ[63]」と認めている。したがって、その一年後の一六四二年まで、必然的にあるいは徐々に、劇場が閉鎖へと進んでいくことになったのである。

## 禁制の条例

本章の最後の節では、実際の劇場閉鎖と、それに至るまでの言説的、政治的な背景について考察する。恒久的に演劇活動が禁止されることになったのには、実際には複数の要因があった。おそらく最も重要な理由ではあるとしても、ピューリタンの反演劇論だけではなかった。劇場閉鎖の要因は、主にペストの発生だった。もちろん、政治も大きく変動していた。チャールズ一世が議会を解散させようとして失敗した後、議会の立場はかなり強化されることになる。最も重要なのは、劇場自体がロードへの攻撃に加わり、それによって間接的に王政そのものを攻撃し始めたという事実である。レッド・ブルで上演された『誘惑される売春婦』（一六三九年）は、現在テキストは残っていないものの、多くの人に引用されている作品で、裁判所が支援する独占の問題を取り上げている。道化役の人物は、この計画の背後にいた市の市会議員ウィリアム・アベルを「卑劣で、酔っぱらった、薄汚い悪党」と呼ぶ。この劇は、「一個人に対する風刺から、根本的な不満に対する一般的な攻撃へのすり替え」[64]を示したが、これは、ロードが嫌っていた教会の裁判所と役人に対する攻撃であった。

一六四一年以降の時期は、チャールズ一世とロードの権力が弱まり、議会が検閲を引き受けた（正確には放棄した）ことで、公共圏がほぼ完全に開放されたことが特徴だが、その結果、極論を述べるパンフレット、誹謗中傷、風刺が氾濫することになった。マーティン・バトラーは、閉鎖に前後して発行されたパンフレットを研究しているが、「舞台でのパフォーマンスと、印刷された大衆的な散文とのあいだの移行を示しており、芝居小屋が閉鎖された後、演劇の伝統のエネルギーがいかに他のチャンネルに流れたかを示唆している」[65]と述べている。その多くが、議論を行う一般的な方法、対話形式で書かれている。この時代、演劇の公共圏には、合理的なもの、批判的なもの、情熱的なもの、対立的なもの、滑稽なもの、風刺的なものなどのあらゆる言説が、政治の空白のなかに明らかに共存していたのである。

内戦勃発後、ピューリタンの支配する議会が、一五七〇年代から主張してきたことをついに実践したという、あまり議論の余地のない事実は、近年の学者の論説を見る限り、それほど明快ではないらしい。特にバトラーとキャスタンは、ピューリタンによる議会支配という明白な事実は、イデオロギーに基づいて計画的に行われたものではなく、戦争と騒乱の脅威がもたらす緊急事態へのその場しのぎの対応であったと主張する。[66] この立場に対して、N・W・バウカットは文脈上の証拠を再検討して、「ピューリタニズムとドラマに関する通説は、ある程度の洗練と修正が必要かもしれないが、基本的には正しかった」[67] と結論づけている。

公共圏における演劇への敵意を追跡するという点からすると、相反する立場を裁くことより、公共の言説がどの程度の役割を果たしたかを検証する方がより重要である。バウカットが最近明らかにしたのは、劇場閉鎖は突然ではなく徐々に進んでいったということである。一六四一年に長期議会に権力が移行し、星室庁が閉鎖されるやいなや、劇場閉鎖をはじめとする国民の要求が殺到した。まず小規模な地方請願が提出され、その後、「こうした災難のとき」には、国王による上演中止命令を求める議会動議が提出されたが、これは実行されなかった。一六四二年八月に戦争が勃発すると、雰囲気が変わった。舞台に関する数多くの発言のなかで、最も公的で効果的なものは、一六四二年九月二日の議会命令そのものであった。「舞台劇に関する貴族院と下院の条例」と題されたこの命令の全文を引用しておこう。

自らの血に染まったアイルランドの苦悩と、内戦による血の雲に脅かされたイングランドの混乱した状況は、これらの裁きに現れる神の怒りを鎮め、回避するためのあらゆる手段を求めている。なかでも断食と祈りは、極めて効果的であるため、これまでも、現在も奨励されている。公の場でのスポーツは公的な災難とは相容れず、公の場での演劇は屈辱の時代には似つかわしくはない。ときに悲しく敬虔な厳粛さもあるが、演劇は快楽の見世物であり、あまりにも淫らな歓喜と浮かれ騒ぎを表現するからである。したがって、国会の貴族と下院は次のように定める。悲しみの原因と屈辱の時間が続くあいだは、公の上演を中止し、差し控えることが適切である。その代わりに、この国の人々には、悔い改め、和解し、神とともに平和を保つという有益で時宜を得た配慮が推奨される。神とともにある平和が、外交上の友好と繁栄、そしてこの国に再び喜びと歓喜をもたらすだろう。[68]

この有名な文書は、曖昧だが注目に値する。この文書は、最終的に(すぐにではないが)一八年間にわたるプロによる公の場での演劇活動を完全に抑圧する起点となったことは、注目すべきである。しかし曖昧なのは、提案されている行動方針に二つの異なる正当性が示されていることだろう。バトラーとキャスタンは、「アイルランドの苦悩」と「イングランドの内戦」という非常事態の偶発性を強調し、疫病による閉鎖に似た一時的な措置に過ぎないという印象を正当化する。すなわち、「悲しみの原因と屈辱的な時間が続くあいだは、公の上演を中止し、差し控える」。偶発的ではなく、より根本的なイデオロギーに拠っている証拠は、同じ文章のなかにあり、それは明らかに摂理に基づいて閉鎖の理由を語る。つまり「これらの裁きに現れる神の怒りを鎮め、回避するために、可能な限りの手段を求める」ということだ。言い換えれば、武力紛争の勃発につながる直接的な神の介入を回避するためには、神をなだめるために可能な限りのことをしなければならない。公の場のスポーツも演劇もこのような大惨事とは相容れないというが、演劇だけが実際には弾圧の対象とされたのである。その代わりに、人々は「悔い改め、和解し、神との平和」を、現在の政治的な問題を解決する万能薬とするべきである。こうした感情は、単なる美辞麗句ではなく、イデオロギーの純粋さと政治的利便性を両立させようとする、ピューリタン特有の考え方を反映している。スーザン・ワイズマンは、閉鎖条例について「偶発性、倫理的改革、政治に関して競合する言説が共存している」と、おそらく最もバランスのとれた評価をしている。[69] しかし、その偶発性と利便性にもかかわらず、結局この措置が一時的なものにならなかったことは、直ちに生活に影響を受けた俳優たちの反応から明らかである。

数ヶ月後の一六四三年一月に発行されたパンフレットが冒頭で高らかに宣言するように、この条例が反演劇的な性質を持っていることは、他の娯楽が含まれていない事実からも推測できるだろう。この俳優たちによるパンフレットでは、自分たちの職業が黙殺され、劇場から追いやられたことへの不満、特に演劇があらゆる公の娯楽のなかで唯一禁止されていること、ベアーズカレッジで行われるスポーツや人形劇は依然として活動中であるのにも関わらず、といったことが述べられている。[70] このパンフレットは、ロンドンのすべての民間と公共の劇場を代表していると主張するが、この禁止令が以前のような一時的なものではなく、「長く、（我々が知る限り）永遠に続く拘束[71]」であることが前提となっている。著者は、自分たちの発表にはわいせつな内容や中傷的な内容が含まれていないことを急いで保証している（それまでは、そういった内容があったのかもしれない）が、最初の部分は、明らかに演劇鑑賞や演劇制作の一部であった、良からぬ行動の描写に費やされているのが事実である。「野蛮で獣のような乳母役、熊いじめ、芸術的価値のない人形劇」への転蔑はさておき、議論になったのは財政的なやりくり、いわば演劇産業の外部についてだった。劇場の賃借人は、大地主に賃料を支払う義務があるが、現在は収入がなく、貯金を切り崩して生活することを余儀なくされている。貯金の切り崩しは、劇場の共同経営者である俳優にも、「雇用されたすべての人」[72]に及んだ。収入の喪失は、演劇界のあらゆる面に影響を与え、ドアマンはもう入場料をかすめるわけにはいかないし、以前は「二〇シリングの給料で二時間だけ酒場に来ることを嫌がった」音楽家は、今ではお金を払ってくれる観客がいればどこでも演奏すると非難されるのだった[73]。

　このパンフレットは、条例の生みの親でピューリタンと思われる人々への、皮肉めいた自虐的な文で締めくくられている。

> 最終的に、我々は今後、誰も我々を不信心な者と見なしたり、我々の行動や幕間に反感を抱いたりしないように、自らの身なりを整える。我々は、敬虔な人々を嘲笑するようなコメディアンを楽しませることはないが、自らを変え、誤りは正そう。太陽神フィーバスと女神たちに繁栄あれ、我々を諌めるものにお恵みを[74]。

このパンフレットは、太陽神フィーバス=アポロと女神たちへ向けられており、彼らが俳優に代わって、名もなき「私たちを沈黙させた権力者」に仲裁を依頼していることから、作者は自分たちの主張が共感を得られるとは本気で思っていなかったと考えられる。この文書は遊び心のある王室主義的なものだが、示唆されている経済的な問題は正確である。

　また、この論争のなかで、侮蔑的とまではいかないまでも驚くべき「俳優から当局への陳情」と題した風刺詩が同じ年に発表される。


私たちの職業とあなたの資質に、どれほどの違いがあるだろう。

あなたは人に会って、策謀し、話し合い、相談する。

私たちも同じだが、私たちは意味だけを語る。

あなたにはかなわないが、私たちは王を退位させるやり方を知っている。

王を退位させることについては、あなたよりも優れているが、あなたもそうしたくなるかもしれない。

（……）あなたの悲劇は芝居よりリアルに表現されている。

あなたは本気で人を殺し、私たちは冗談で人を殺す。(75)


「あなたは本気で人を殺し、私たちは冗談で人を殺す」という高飛車な言葉からすると、演劇人は条例撤回が可能だとは真剣に考えていなかったのかもしれない。このような議会への直接的な攻撃が掲載されたことは、この時代の公共圏が比較的開かれていたことを物語っている。このタイトルは、国会に氾濫していた陳情書の流行を風刺したもので、開かれた民主主義の一形態である。検閲が廃止されたことで、安価な印刷機を利用した民衆の意見が溢れ出すようになったのである。議会もクロムウェルも、星室庁とその規制機構が崩壊した一六四一年以前に見合った検閲体制を再構築できなかったのである。(76)

演劇が公に禁止されたにもかかわらず、劇場が閉鎖されても演劇活動は続いていた。公に上演されなくても、戯曲は書かれ、出版され続けた。(77) 数多くの貴族のパトロンが経済的な支援を行い、上演の機会も提供した。様々な抜け道が利用されたが、内紛のピーク時には規制が強化され、曖昧に許されてきたものも排除され、演劇の上演が全面禁止となった。一六四七年には、元々の条例に違反した結果、いっそう厳しい命令が出され、解釈の余地のない新たな文言が付された。俳優は公然と「悪党で放浪者」と非難され、劇場は取り壊され、違反に対する罰として、役者には鞭打ちと「海の向こう」への追放が、観客には罰金が科せられたのである。

この全面禁止に反発してか、一六四九年、遊び心を忘れない演劇の公共圏は、このころには名誉市民となっていたウィリアム・プリンを攻撃する論文によって再びその姿を現した。彼の名前でパンフレットが発行され、そこには彼の大著『ヒストリオ・マスティック』の議論を撤回するよう書かれていた。明らかに、これは演劇を支持する議論を再活性化させるためのものだった。長年にわたって反対の声を上げ続けてきたプリンは、このころにはクロムウェルに近いピューリタン運動の一派を批判し始めており、宗派的な傾向に対しては明確に国家の側に立っていた。彼は軍隊を攻撃し、またチャールズ一世の裁判も非難していた。したがって、このようなパンフレット（彼は数多く書いていた）が登場することは、まったく不自然ではない。しかし、プリンは急いで「弁明書」を出版し、そのなかで、自分の名前で「スキャンダラスな論文」が発行されたことを訴え、著者は投獄された俳優か軍人（クロムウェルの支持者のこと）の代理人ではないかと疑った。彼はそれが偽書であることを公に宣言し、「演劇、そして俳優たちによる耐えがたい悪戯についての私の判断と見解は、自著『ヒストリオ・マスティック』で十分に明らかにした通りである[78]」と主張した。

最初の閉鎖令後のパンフレット戦争は、演劇活動が上演から印刷の公共圏へと移行していったことを示している。その戦略には、演劇人や劇作家の武器であるウィットとアイロニーがあった。スラヴォイ・ジジェクの言葉を借りれば、芸術的戦略のため、ことさら大げさで滑稽な「過剰な同一化」ともいえる表現も見られたのである（第六章参照）。パンフレットや嘆願書など、ピューリタンに対する反体制派が好んで武器としたジャンルの使用は、権力のあり方が大きく変化したことを示している。劇場を奪われ、迫害された俳優たちは、反対運動を行うためには、ペンと公共圏しか持ち合わせていなかったのである。

この時期の公共圏の出現は、大きく拡張したという成功物語としては語れない。むしろ、表現の自由が認められていた時期と、厳しく制限されていた時期が続き、恐怖と不安、開放と閉鎖が繰返されたのである。演劇に関する議論が許されたのは、当局が厳密には、反逆罪、扇動罪、冒涜罪といった当時の大罪のように政治的なものではないと考えていたからだろう。一五七四年から一六四九年まで続いた演劇禁止論争は、政治的な公共圏を作るための訓練の場であったともいえるかもしれない。それは、さまざまなメディアでの表現における世論の有効性を実証することで、実現可能な機能と効果をもたらしたのである。

演劇への反対論は、この時代には「政治的」とは見なされなかったかもしれないが、最終的に劇場が閉鎖されたことは、紛れもなく政治的な行為であり、議会の決定を必要とした。このように、近世イングランドの演劇の公共圏は、さまざまなパフォーマンス様式とジャンルの問題が複雑に絡み合い、それらが相互に融合し強化されることで、最終的に議会を説得して法案を可決させるだけの勢いと圧力が生まれたと見ることができる。ポールズ・クロスの初期の説教は上演され印刷されたが、ゴッソンとマンデーの婉曲的な表現のパンフレットから、プリンとその仲間のピューリタンの公的な迫害に至るまで、演劇は舞台上でも外でも自らを守らねばならない、窮地に立たされた制度であったが、敵対者はパフォーマンスと言説両方の手段を利用して攻撃の手を抜かなかった。この時代の演劇の公共圏は、擁護者と反対者の両方に枠組みと美的装置を提供してしまうという、パラドックスに陥っていた。不服従のピューリタンの告発は、それ自体が国家の仕組んだ宣伝の一形態だったが、告発された人たちとその原因に対する共感を生み出すことになった。プリンが劇場閉鎖の前夜に刊行したパンフレット『高位聖職者の専制という新発見』では、すでにそのときの彼は演劇に対してだけでなく、直接高位聖職者に宛てて書いていた。プリンが「後期悲劇史」と呼んだ自分自身への拷問と殺害の歴史は、劇場化された公共圏の複雑な力学を例証しているといえるだろう。演劇に反対しつつも、プリンは、ペンと身体表現の両方を用いて、まさに媒体や制度そのものに対して、世論に影響を与えようとしたのだった。

## 注

(1) Orwell (1948), 8.
(2) Collinson (1989), 8.
(3) Fraser (1992), 134.
(4) Barish (1981), 82.
(5) Lake and Questier (2002), 462.
(6) Thompson (1903), 34-5.
(7) *Ibid.*,187.
(8) Butler (1984), 85.
(9) Lake and Pincus (2007), 10-12.
(10) Zaret (2000), 9.
(11) Wilson and Yachnin (2010), 1.
(12) Halasz (1997), 2.
(13) Clegg (2008), 9.
(14) Zaret (2000), 8.
(15) *Ibid.*, 4.
(16) Lake and Pincus (2007), 6.
(17) Orwell (1948), 7-8.
(18) Watt (1991), 11.

（19）Orwell (1948), 8.

（20）Lake (2002), 258.

（21）Lake and Questier (2002), 261.

（22）*Ibid*., 483.

（23）旧約聖書では演劇についてほとんど触れられていないが、タルムードの伝統は、おそらく一〇のギリシャとローマの演劇慣行に反応して、舞台をより明確に非難している。戒めの第二項にある彫像の禁止を根拠に、タルムードのユダヤ教の伝統は明らかに「演劇恐怖症」であると言われている。（Levy 1998, 2 参照）

（24）哲学の伝統はもちろんプラトンの『国家』から始まっており、この本はしばしば引用されるが、教父の伝統ほどの議論の重さはなかった。コリン・ライスは、反演劇的な議論と反劇場的な議論を区別している。前者は無時間的な性質のもので、プラトンの影響下にある場合もあるが、後者は劇場の特定の破壊的な効果へ向けられたものである。（1997, 2-3）

（25）Tertullian De spectaculis, ch. 17 より引用。（www.earlychristianwritings.com/text/tertulliano3.html）

（26）テルトゥリアヌスの著作はピューリタンにとっては馴染み深く、ウィリアム・プリンは反演劇のパンフレット『ヒストリオ・マスティック』の序文で明確に『見世物について』に言及している。

（27）公共の抗議活動の場としてのポールズ・クロスは、二〇一一年にロンドンの占拠運動の会場となったことで再活性化された。歴史的な関連性は失われることなく、陣営の正当性をめぐる議論で重要な役割を果たしている。ガーディアン紙に掲載されたドン・プレッシュの記事には、「ロンドンを占拠して、セント・ポールの言論の自由の歴史を蘇らせる」という見出しが付されている。（Plesch 2011 参照）

（28）「セント・ポールと説教の文化、一五二〇－一六四〇年」と題された会議の宣伝のための論文から、「説教壇中の説教壇」というフレーズが引用されている。筆者は、「ポールズ・クロスでの説教は、チューダー朝と初期スチュアート朝のイングランドで生まれたばかりの「公共圏」の成長と発展を促進する上で重要な役割を果たした」という仮説を立てる。Kirby and Stanwood (2013) に所収。Mary Morrissey（2011）によるポールズ・クロスでの説教に関する最近の研究でも、世論を形成し、初期の近代的な公共圏に貢献するうえでの説教の重要性が考察されている。

（29）Morrissey (2011), 2.

（30）White (1578b), 46-7.

（31）Morrissey (2011), 5.

（32）White (1578a), n.p.

（33）Stockwood (1578), 137.

（34）*Ibid.*, 135.

（35）*Ibid.*

（36）*Ibid.*

（37）Northbrooke (1843), 86.

（38）Hazlitt (1869), 27.

（39）Lake and Questier (2002), 498.

（40）Thompson (1903), 63.

（41）Gosson (1579), n.p.

（42）*Ibid.*,18.

（43）Lodge (1579), 17.

（44）Hazlitt (1869), 103-19 に再録。エリザベス朝の典型的な「お雇い詐欺師」であるアンソニー・マンデーが作者であることは、今では認められている。ジョン・ドーヴァー・ウィルソンが最初にマンデーのその可能性を示唆したが、より専門的な研究によって確認された。Wilson (1910), 24; Hill (2004) and Lake and Questier (2002) 参照。

(45) Wilson (1910), 23.

(46) Hazlitt (1869), 202.

(47) *Ibid.*

(48) 強調は引用者。cited in http://anglicanlibrary.org/marprelate/tract5m.htm Wilson (1910), 39.

(49) Wilson (1910), 39.

(50) 舞台上のピューリタンは研究者によってかなり注目されているので、ここでは詳細には触れない。ピューリタンの風刺的描写は、特にジェームズ朝の舞台において研究されており、最近では包括的な研究もある。Enno Ruge, *Habilitationsschrift* (2011)。また、Heinemann (1980), Collinson (1995), Ruge (2004) も参照。Collinson は、マープレレートのパンフレットと、この論争における武器となる賢者ピューリタンの「発明」とのあいだには因果関係があると仮説を立てる。「ピューリタンを発明、再発明したのは舞台のピューリタンであって、その逆ではなかったのかもしれない」(1995, 164)。

(51) Heinemann (1980), 36.

(52) Wilson (1910), 451.

(53) Heinemann (1980), 37.

(54) Prynne(1641), 49.

(55) Wilson (1910), 455.

(56) Barish(1981), 86-7,

(57) Buder (1984), 85.

(58) Zgret (2000), 208.

(59) 皮肉なことに、この出版物はピューリタンの演劇性を誘発し、出版後、ロンドンのピューリタン数百人がロンドン市内で行われた仮面劇に参加した。

(60) Prynne (1961), 2.

(61) *Ibid.*, 8.

(62) *Ibid.*, 64-5.

(63) H. Woodward, *Inquiries into the Cause of our Miseries* (1644), II ( Lamont (2004), n.p より引用 ).

(64) Butler (1984), 235. 資料は、この芝居に対する苦情を記録した「枢密院記録簿」と「国務院記録簿」。www.lostplays.org/index.php/Whore_New_Vamped,_The. 二〇一三年二月一五日閲覧。

(65) Butler (1984), 238.

(66) Kastan (1999).

(67) Bawcutt (2009), 195-6.

(68) Hazlitt (1869), 63.

(69) Wiseman (1998), 7.

(70) Hazlitt (1869), 259.

(71) *Ibid.*, 260.

(72) *Ibid.*, 262.

(73) *Ibid.*, 263.

(74) *Ibid.*, 265. 強調は引用者。

(75) *Ibid.*, 273-4.

(76) Worden (2009), 81.

(77) Randall (1995), 12.

(78) Hazlitt (1869), 271.

# 第四章　舞台の預言者——演劇・宗教・越境する公共圏

辺境戦争という壮大なドラマは、ペシャワールからコロンボ、カラチからラングーンまで続き劇場を隅まで埋め尽くす、静かで注意深い観客の前で演じられる。

（ウインストン・チャーチル、一八九八）[1]

哲学は、信仰の本質的な意味を考察する際に、せいぜい宗教的経験の不透明な核の回りを周回するだけである。この核は、美的経験と同様に、哲学的考察によって一周することはできても貫通はできないように、推論的思考からは疎外されたままでなければならない。

（ユルゲン・ハーバーマス、二〇〇六）[2]

サルマン・ラシュディの小説『悪魔の詩』（一九八八年）と、二〇〇五年にデンマークの新聞『ユランズ・ポステン』に掲載されたムハンマドの漫画は、いずれも大陸をまたぐ論争を巻き起こした。イスラム教の「狂信」や「原理主義」に関する西洋の多くの偏見を裏づけるのみならず、このようなスキャンダルを世界が共有するということも明らかにしたのである。[3] 英国で本が出版されたり、デンマークで風刺画が描かれたりすると、インドやベイルートでは抗議活動が起こり、イランではイスラム教の宣告文が発布され、多くのイスラム諸国ではデンマーク製品がボイコットされ、何百人もの死者が出ることになる。デンマークの漫画によって、政治家や芸術家に、預言者ムハンマドを誹謗中傷することが、いかに世界中のイスラム教徒を怒らせるかを知らしめたが、これは驚くにあたらない。というのも、一九八九年にサルマン・ラシュディに下された一〇年に及ぶ宣告、そして一九九八年に一部撤回された宣告文は、こうした芸術的表現の外交的な反響をすでによく示していたからである。今日では、預言者を中傷することは、国境を越えた暴力的な抗議を間違いなく引き起こす(4)。どちらの場合も、言論と表現の自由、つまり公共圏の主張に基づくものである。こうした反応が多くの国で見られるということは、それが本質的に国境を越えて連動し、炎上の連鎖反応によって確立され、増強されていることになる。この二つのケースは、様々な視点から議論されてきた。いずれの場合も、自然に発生した一過性のものではなく、意図的な政治的采配の結果である。

しかし、どちらの論争も演劇的な公共圏とは直接は関係ない。今日、宗教的および政治的分断のいずれの側の扇動者であっても、演劇をメディアとしては選ばない。劇場は本質的に国境を越えるものではないし、その表現は頻繁に移動するものでもないが、簡単にアクセスできる動画の時代になり、状況は変化し始めているといえる。本章では、一世紀の時を隔てながらも、預言者ムハンマドの表現という共通の問題で結ばれた、国境を越えた演劇的公共圏という概念を検討したい。このテーマは、政治、宗教、演劇、そしてこれら三つの公共圏との関係など、いくつかの連動した問題の解決を促す。問題となるのは、実際の上演よりもその表現である。

演劇の公共圏が実際の上演の即時性に依存していないことを強調するために、最初のケーススタディでは、実際には行われなかったパフォーマンスを扱うことにしよう。一九世紀後半、パリとロンドンの一流劇場で予定されていたムハンマドを題材にした二つの上演は、トルコ政府、アルジェリアからインドに至るまでの遠くの植民地のイスラム教徒による抗議、そしてマスコミの際立ってはっきりした論調による圧力のために中止を余儀なくされた。この例がいくつかの点で示唆に富んでいるのは、インドの世論がパリの決定に影響を与えるなど、大英帝国とフランス帝国のあいだだけでなく、国境を越えた公共圏が存在していたことがわかるためである。また、ペシャワールとラングーンのあいだの出来事を観察する「多数の注意深い観衆」がいたことは確かだが、彼らは決して沈黙していたわけではなく、その視野はインド亜大陸を超えてロンドンやパリにまで及んでいたのである。

第二の例は、二〇〇六年にベルリンのドイツ・オペラで上演されていた、モーツァルトのオペラ『イドメネオ』が、テロの脅威を背景に中止されたことをきっかけに起きた有名な論争である。第一の例に似た問題がやはり生じて、世界中から反響があったが、結果は異なった。宗教指導者（一部のキリスト教徒を含む）からの穏やかな政治的圧力にもかかわらず、ドイツの知識人や政治家たちは、党派を超えて一致団結し、「ショー・マスト・ゴー・オン」を宣言したのである。

昔と今、どちらの例も、宗教と公共圏は適合することはなく、根本的な緊張関係があるという前提を示している。原理主義的な宗教的世界観と、理性的な議論に基づく公共圏のルールを両立させることが難しいのは間違いないが、公共圏を純粋に西洋的な制度として仮定するのは還元的であり、宗教と公共圏が相互に排他的であると仮定するのもまた、単純すぎはしないだろうか[5]。後者の点に関してユルゲン・ハーバーマスは「宗教と公共圏」（二〇〇六）という論考のなかで、問題はイスラムと西欧の二分法ではなく、原理主義の宗教とリベラルで世俗的な立場の分断だと指摘している。その意味で、キリスト教原理主義が台頭する西欧社会においても分断の亀裂は深い。ハーバーマスの指摘は、ムハンマドの演劇的表現をめぐる議論について別の視点を提供してくれる。宗教的言説と政治的言説の核心的な部分は一致しないという観点から、宗教的な議論や視点を、どのようにして政治的公共圏の言語に「翻訳」することができるかをハーバーマスは問いかけているのである。この翻訳プロセスは神学の内部で行われるのだが、神学の専門知識がない人々の声も翻訳される必要があるだろう。以下の例では、まさにそのような翻訳プロセスを見ることができる。最初のケースは効果的な成功例であり、二番目のケースは現代ではほとんど成功しないだろう。

## マホメットの帰還

植民地およびポストコロニアルの公共圏は、公共圏研究のなかでも特殊なケースであり、最近になって注目され始めた。特に植民地帝国が大都市と遠く離れた支配地域とのあいだのコミュニケーションをどのように維持していたかを通じ、公共圏を形成する構造について研究されてきた。例えば、カルカッタにおけるいわゆる「白人の反乱」では、インドの判事が「白人の臣民」に判決を下すことを阻止したが、このように(白人の)植民地の世論が、大都市の政策に影響を与えたケースはよく記録されている。[6]最近の研究では、植民地時代の公共圏が、植民地化する側とされる側、帝国中心部と植民地周辺部という通常の二項対立をかく乱する、さまざまな情報ネットワークを保持していたことが明らかになってきている。マーク・フロストが論じているように、大英帝国はフランス帝国と同じく、主に自由貿易を基礎とする国際的なネットワークであると同時代の人々に見られていたが、同時に思想の普及にも力を入れていた。航路、電信、そして政治的に様々な形態の連邦によって結ばれた地域を中心に、公共圏が生まれたのである。

大英帝国は、海洋地域に広がっていたため、海洋通信に依存した情報交換の「網」として機能していた。特に一八六九年以降、この情報網は、非ヨーロッパ人が主役の(現代風にいうと)「トランスナショナル」な植民地公共圏の出現を促した。[7]

非ヨーロッパ人のエリートの出現は、国内だけでなく、植民地と大都市のあいだで機能する公共圏の基盤となった。また、植民地化された人々がいわゆる反公共を結成し、公共圏を通じて圧力をかけ、植民地の権力中枢の政治的決定に影響を与えた例も少なくない。[8]これらの公共圏の潤滑油となったのは、地方、国内、国際的なニュースを伝える新聞などの比較的自由な報道機関であり、地理的に分散している人々がその時々の問題を追いかけ、寄与できる情報網を通じて、互いに時事を伝え合ったのである。

そうしたなかで、問題の一つは宗教だった。いわゆる世界宗教は、教義的にも制度的にも、蒸気船やシンジケート・ニュース・エージェンシーが現れるより前に、すでにグローバル化していた。英国の首相ソールズベリー卿が、英国は地球上で最大のイスラム勢力であると述べたのは有名であるが[9]、一九世紀後半には実際の居住人口はまだ少なかった。とはいえ、インド、エジプト、スーダンなど、イスラム教徒の人口が多い、あるいは支配的な領地を統治する立場にあった英国植民地当局は、現地の宗教感覚を敏感に感じ取っていたようだ。オスマン帝国とのあいだに残る緊張関係や、インドとトルコのイスラム教徒のあいだに見られる同盟関係は、宗教的な帰属意識が地域や国の境界を容易に超えてしまうことを明らかにしたのである。

二〇一一年一〇月二九日、イスラム主義者のブログ「オンライン上のカリフ制国家」(「イスラム世界のためのオルタナティブ」)は、一八九〇年にフランス政府が「オスマン帝国のカリフからの反対を受けて、反イスラム的な劇を禁止した」とごく短く伝えた。内容は、一九七〇年にアラビア哲学の研究者C・E・バターワースが書いた、フランスの劇作家でアカデミー・フランセーズのメンバーのアンリ・ド・ボルニエによる戯曲『マホメット』についての記事の最後の段落を引用したものを中心としている。この記事では主に劇の中身とイスラム教の創始者の表現について述べられていたが、引用された段落は、トルコのスルタンからの圧力により、フランス政府が上演禁止の判断に至ったことについて取り上げていた。このブログの著者は次のように結論づけている。「未来のカリフ制国家は、あらゆる政治的、経済的、軍事的資源を駆使し、預言者ムハンマド(彼に祝福と平安を）と、アダム、ノア（ヌフ）、モーゼ（ムサ）、マリアの子イエス（イーサ・イブン・マリアム）を含む、他のすべての預言者たちの名誉を守る。そうすることで預言者たちに平穏がもたらされるだろう」[10]。それは、汎イスラム主義政権の過去の栄光を復活させることを目的とした現代のウェブサイトが、なぜフランスの演劇や外交の歴史のなかで、今ではほぼ忘れられたこの無名の事件をわざわざ取り上げているのか。汎イスラム主義的な政治勢力であるオスマン帝国のカリフが、大英帝国を相手に、イスラム教徒を侮辱するような演劇を禁止させるほど力を持っていたことを表しているのである。だが、このイスラム教の政治権力の誇示について、この数ヵ月後に、英国のアクター・マネージャー、ヘンリー・アーヴィングが預言者の生涯を題材にした別の劇を上演しようとして、同じ結果になったことにこのサイトは触れていない。また、オスマン帝国の外交上の圧力に加え、フランスや国際報道機関で極めて活発な世論展開が行われ、多くの論者がトルコや汎イスラムの立場を支持していたことも書かれていない。この論争の最大の特徴は、フランスと英国で二回同じことが起き、ほぼ同様の結果をもたらしたことである。つまり、公共圏が生み出した国際的な圧力によって、上演前に公演中止を余儀なくされたのだった。

このような論争の力学と展開については、一九世紀末のメディアと、それらが依存していた高度な技術的融合について理解する必要があるだろう。通信社は、電報によるシンジケート・レポートを安定的に提供しており、記事は数日のうちに世界中を駆け巡ることが可能になったのである[11]。それだけではなく、新聞社は互いによく紙面を読んでいたため、特定の読者へ向けてインパクトのある発信ができた。また、新聞の種類が多いことから議論が活発になり、多様な購買者層を獲得することにもなった。

最初に、こうした議論が英国へ伝わったのは一八八八年のことである。『タイムズ』紙がパリ特派員から得た情報で、コメディー＝フランセーズの運営委員会が、アンリ・ド・ボルニエによるマホメットをテーマにした韻文劇について、同劇場の悲劇俳優ジャン・ムネ＝シュリを主役に立てた上演を満場一致で決定したというものだった。「この作品が朗読され委員たちは感服し、来シーズンの大きな成功を確信した[12]」からである。ド・ボルニエは、今では忘れ去られた韻文劇『ローランの恋人』の作者として高く評価されていたが、イスラム教の創始者をテーマに戯曲を書いた最初のフランス人劇作家というわけではない。ヴォルテールの『狂信的な預言者マホメット』（一七四二年）は、読者を多く獲得したが、ほとんど上演はなく、イスラム教の預言者は血に飢えた征服者であり、近親相姦の詐欺師であるというイメージを植えつけることになってしまった。この戯曲のタイトルを見ただけで、そのイデオロギー的傾向がはっきりとわかる。ヴォルテールは、歴史上の人物を正確に扱うことより、イスラム教、ひいてはあらゆる神がもたらす宗教の残酷さと根本的な詐欺性の提示に関心を寄せているのである。一五〇年後のド・ボルニエのアプローチは、全く異なっている。歴史主義の申し子であり、カトリック信者の彼は、コーランを研究し、人物と宗教に関する同時代に則した研究を行っていた。トマス・カーライルがマホメットを歴史上の偉大な英雄として再評価したことを高く評価していたド・ボルニエは、誠実な信者でありながら、自らに宿る神の霊感とキリスト教信仰とのあいだで葛藤する人物として預言者を描こうとしたのである。

信仰と良心の危機が、この劇における対立のドラマトゥルギーの中心にある。『マホメット　五幕のドラマ』は、タイトルロールのマホメットが最初に啓示を受けてから、メディナを征服した後に死ぬまでの一五年間を描いた作品である。(13) 第一幕で、ヒラ山で啓示を受け、メッカで成功し、砂漠から戻ってきた商人として、彼はまず登場する。また、マホメットの師であるキリスト教の修道士ゲオルギオスの登場により、彼がキリスト教とユダヤ教の両方に精通していることがわかる。メッカでは依然として、偶像崇拝、そして人間の生け贄という残酷な異教徒のカルト的儀式が横行している。第一幕では、これから生き埋めにされる女の子を乗せた行列と、キリスト教のゲオルギウスとユダヤ教のジョナスが出会い、彼らは二人とも、残酷な迷信でしかない、と生贄の慣習を強く咎める。その場面から劇の最後までは、マホメットがアラビア半島を征服する軍事作戦を行う、約一五年後のメディナが舞台となっている。ユダヤ人の「予言者」ソフィアは、マホメットから追放された妻ハフサの協力を得て、マホメットの寵愛を受けていた別の妻アイーシャと将軍サフワンとのあいだの姦通事件をでっち上げ、マホメットの殺害を企てるという陰謀が展開される。姦通はなくアイーシャはプラトニックな関係を保ったが、彼女は、マホメットが自分と女性一般を軽視していると非難しはじめ、イスラム教が根本的に女性に敵対しているという一般論を繰り広げる。彼女の批判と、キリスト教との関係が未解決であることに起因する自身の信仰の危機とが相まって、マホメットはソフィアが用意した毒を飲んで自殺するのである。死を迎える言葉はキリスト教による救済を示す。「マホメットは死の直前に頭を上げ、ぼんやりと天を仰いでいた。イエス・キリスト！」(14)。ド・ボルニエは、劇中の主要な出来事や細部はほぼ「非常に歴史的なもの」であると主張したが、死に際に改心するという設定は、ヨーロッパの観客に共感を得るために工夫されたものと思われる(15)。

一八八八年半ば、フランスの新聞がこの新作を報じ始め、ある新聞は簡単な筋書きを掲載した。その筋書きには、キリスト教が中心的な役割を果たし、彼の複数の妻やユダヤ人預言者ソフィアという「美しい役」もあることが記された(16)。劇の内容が一八八八年後半に公開されると、コンスタンティノープルのオスマン帝国の太宰相府、崇高な門（Sublime Porte）は、外交ルートを通じてフランス政府に直ちに遺憾を表明し、劇のリハーサルが始まる直前の一八八九年一〇月まで論争は続いた。預言者ムハンマドが舞台に登場することに失望すると投書してきた、ある「アルジェリア人」の文章を二つの新聞が掲載したのである。そのアルジェリア人は、パリの劇場が「大預言者」を舞台に乗せようとしているというニュースは、東洋と全イスラム世界に苦痛を与えるため、作者に芝居を撤回するよう圧力をかけてほしいと懇願した。『ル・タン』紙はこう伝えた。

前述のアルジェリア人の懸念を我々が共有しているわけではない。だが、この問題はすでに高水準で議論されてきたことを忘れてはならないだろう。ド・ボルニエ氏がマホメットを劇にしたというニュースが流れ、コンスタンティノープルに伝えられると、トルコの新聞は多くの論評を出した。しばらくして、パリのトルコ大使エサドパシャがスルタンの名で、この事件に対する殿下の不快感を伝えられた……コメディー＝フランセーズの運営委員会は、ド・ボルニエ氏の戯曲の詳細を提供した。そしてこの戯曲では、大予言者の役柄を肯定的に表現していることが、大使に伝えられた。この時、教育芸術大臣のM・ロクロワは、「安心してください、預言者は第四幕まで寝取られませんよ！」と言ったという話は有名だ。[17]

しかし、パリの新聞は、このニュースがイスラム世界にもたらした動揺を過小評価していた。わずか二日後、事態は一変した。保守派の『ラ・プレス』紙は、「イスラム教徒の抗議行動――他者への敬意」という見出しで、起こり得る危険を警告した。特に「アルジェリア、チュニジアの植民地やトルコ、エジプトなどの友好国」に言及し、フランスが軽率にもライバル国に、フランス植民地支配下におけるイスラム教徒の狂信を利用する論拠を提供することになれば、嘆かわしいとしている。フランスは、良心の自由とすべての宗教の尊重を保証しているものの、この時イスラム教徒が提示した見解の正当性は軽視できない。「『姉妹に売られたジョゼフィーヌ』や『マルディグラの花嫁』のあいだの広告欄にマホメットの名前があるのは、イスラム教徒にとって間違いなく苦痛だろう」。この記事は、ド・ボルニエ氏に、自分の作品の上演を撤回し、「誰にも害を与えない」よう作品を出版するように促した。[18]

その二日後、『ル・フィガロ』紙も抗議を軽く見すぎたことを認め、トルコ大使の主張を伝えた。ヴォルテールも同じテーマで戯曲を書いていた、という反論がよく聞かれるが、それを真に受けるべきではないだろう。二回同じ過ちを経たからといって、事が正されるわけではないのである。ヴォルテールの時代、アルジェリアもチュニジアもフランスの植民地ではなかった。この紙面では、尊敬され、高位にある人がどう描かれても誰も立腹しないフランスのような国と、「カラギョズが演劇芸術の最高の表現である」イスラム諸国とのあいだには、乗り越えられない文化の違いがあることを強調している。トルコの影絵芝居では、演劇表現は軽蔑と嘲笑を意味するから、「イスラム教徒の息子たちに、預言者が俳優によって表現され得るなど、到底教えられるものではない。預言者への崇拝を否定してしまうから。これは確かに、一部の外国の植民地支配者が、フランスのイスラム教徒に聞こえるように主張している内容である[19]」。

「外国の植民地支配者」とは、フランス植民地支配のライバルである英国を指しているとしか思えない。英国の報道機関は、この論争を注視しており、進捗状況を定期的に報道していた。演劇業界紙『時代』は、預言者が演劇に登場することは、アルジェリアに住むフランスのイスラム教徒にとって無礼な行為と見なされるかもしれないので、上演の可能性は低いとしている。「私は複数の（フランスの）入植者が、この作品の上演が延期され、中止されても驚かないという、同じ類の意見を述べているのを聞いた[20]」。英国の地方紙もこの記事を取り上げている。『リーズ・マーキュリー』紙は、「パリのトルコ大使とフランス政府とのあいだに、前代未聞の外交的困難が生じている」と報じた。舞台上でマホメットを描くことは、「信仰の指導者としての君主への侮辱であり、すべてのイスラム教信者を軽視するもの」であるという。トルコ大使は、舞台ではキリスト教のテーマが頻繁に扱われていると引き合いに出す反論は、イスラム教徒には通用しないと認識したため、そのような意見を無視し、「フランスはマホメット一派と密接な関係にあるから、この問題で喧嘩をする余裕はない」としている[21]。

『ペル・メル・ガゼット』紙は同日、長い記事を掲載し、このような抗議がフランスの劇場関係者へ、とてつもない驚きをもたらしたことを強調した。フランスで行われている検閲は、政治的な問題に関するものであり、何といっても「マホメット」はヴォルテールの戯曲のタイトルである。この新聞は、抗議行動の説明は、イスラム諸国における演劇の文脈のなかでしか見つけられないとし、基本的には、数日前に『ル・フィガロ』紙に掲載された議論を繰り返すのだった。「コンスタンティノープルでは、演劇は単なる道化芝居でしかないというのが本当のところである。すべてが嘲笑され、茶化されている。役柄がしっかりと維持され、俳優の口から発せられる言葉が威厳と道徳性を持つことを、イスラム教徒は理解しないのだ」[22]。この議論から、政治、宗教、そして演劇の相違が相互に関連しており、演劇の初期の発展段階が、暗黙のうちに政治へ影響を与えていることがすぐにわかる。この論者は、イスラム諸国に洗練された演劇が存在しさえすれば、論争は収束するだろうと結論づけた。

パリでは『ジョルナル・デ・デバ』紙が、イスラム教世界の関心の焦点がコメディー゠フランセーズだったことに驚いた読者へ向けて、カイロの特派員による長い記事を一面に掲載した。「コンスタンティノープルからカイロまで、そしてソノマからモロッコまで、マホメットという芝居について、パリからの情報を世界各地の報道機関でコピーしているだけなのだ。フランスの利益に反して利用されることに憤る人もいるだろう」。著者は続けて、フランス人の視点、特に経験豊富な演劇人の視点を要約しているが、この状況下でこれらの人々のことを考えるべきなのかと修辞的に問いかける。むしろ、「広大なサハラ砂漠に住むアラブ人、土を耕す我々の仲間、つまり、芸術的繊細さを知らなくとも誠実な何百万人というイスラム教徒信者」のことを考えるべきではないか、と。もしフランス人が預言者を舞台に上げれば、それは嘲笑と否定の行為、つまり信者の信仰を揶揄するものであり、「彼らの信仰に対する一種の暴挙」と解釈されるに違いないと、その特派員は述べている。[23]

翌日、ド・ボルニエは、新聞社の編集者に宛てた返信を発表した。彼はまず、フランスにおける芸術と演劇の自由を喚起し、それは自明のことなので擁護する必要はないとする。そして次に、自分の劇をヴォルテールの『マホメット』と対比させる。ヴォルテールは、アラブの預言者を「不謹慎、残酷、近親相姦、詐欺の怪物」とした。マホメットは天才であり、天才は偽りを排除するので、偽者ではない。しかし、ド・ボルニエの主張の核心は別のところにある。彼は、一八三八年にテヘランで上演されたイランのターズィエという聖史劇の翻訳を読んで注目している。「『預言者の死』と題されたその劇の一つは、テヘラン宮廷の演劇の責任者フセイン＝アリ＝カーンが作・脚色したもので、マホメット、アリ、預言者の娘ファティマが主な登場人物である。聖史劇ターズィエは、私の戯曲と関係がある」。ド・ボルニエは、イスラム諸国ではカラギョスのみが許容されてきたが、この伝統的なパフォーマンスによって、劇場はいかがわしい場所と一概にはいえないと証明できるとしている。また、ここでは名はわからないが著名な詩人がド・ボルニエに宛てて書いた手紙を引用したことで、イスラム圏からの支持も集めることになった。「唯一にして永遠の神に栄光あれ！　キリスト教徒のあいだで、預言者を称えるために運命づけられたあなたの作品は、公正な神に触発されたものである。慈悲深いあの方が賞賛されますように！　すべての力を持つあの方が、祝福の豊かな露であなたを祝福してくださいますように！」ド・ボルニエは、祝福が自分に降り注ぐ可能性についてまったく幻想を抱いておらず、たんに慈悲深い寛大さを嬉しく感じていたようだ[24]。実際、ド・ボルニエと彼の戯曲に、祝福はもたらされなかった。

ド・ボルニエの返事は他の新聞にも転載されたが、彼が期待していたような好意的な反応は得られなかった。『ル・タン』紙は、ド・ボルニエと彼の戯曲を批判する記事のなかでこの文章を掲載した。この新聞は、上演の可能性にまつわる外交上の問題に特に注意を払っていた。読者は、トルコ大使がすでにフランス政府に二つの嘆願書を提出したことを知っている。預言者を舞台で表現することは、トルコ政府にとって明らかにマイナスの印象を与えるだけでなく、アフリカには、イスラム教徒であり、その宗教的信条を害してはならない多くのフランス人臣民や「プロテスタント」（つまり植民地化された人々）がいたのである。また、この記事では、ド・ボルニエが言及したターズィエという受難劇について、厳密には「演劇」とは言えず、宗教的な機能を持ち、娯楽ではなく啓発のためのものであることを強調し、反論している。さらに、ペルシャ王国のイスラム教徒は、コンスタンティノープルのスルタンの権威を認めない「反体制派」（すなわちシーア派）に属していることも、ド・ボルニエは言及していない。この記事の反論の本意は外交にある。「ドイツ皇帝がアブドゥル＝ハミドへの公式訪問しようとしているときに、『ローランの恋人』の愛国的な著者が、フランスが被る非難をわざわざ誘発する必要があるだろうか」。ここでは、皇帝ヴィルヘルム二世がイスタンブールと近東を訪問したことが大々的に報じられたことを指している。フランスには、ドイツとオスマン帝国の接近を恐れる理由があったのだ[25]。

『マホメット』の制作は、外交上の政治的影響だけでなく、アカデミー・フランセーズのエミール・オジエの席を狙っていたド・ボルニエにも関係していた。ド・ボルニエは以前のインタビューで、『マホメット』の上演が迫っていることを理由に立候補しないことを正当化していたが、投票と並行して上演が失敗すれば、彼の面目は潰れることになる。[26] 上演をめぐる論争によってド・ボルニエはいったん立ち止まり、この件を再考することになる。

一八八九年末には、この論争はフランス国内だけでなく、国際的にも注目されるようになった。特にインドでは、この作品の上演が間近に迫っているというニュースが、大規模な抗議活動を引き起こした。リハーサルが行われていた一八九〇年一月、『ブリストル・マーキュリー』紙は、インドの大規模な騒乱についての記事を掲載した。

ボンベイ現地の劇場支配人たちは、最悪な日々を過ごしている。パリで行われたある公演で、イスラム教の原則に反して、預言者マホメットの扮装が舞台で行われたという報告が届いたため、聖職者たちは、罰金と埋葬の儀式の中止を条件に、信者たちが劇場へ行くことを禁止したのだ。その結果、ボンベイの劇場では、イスラム教徒に頼っていた客席がほとんど空になってしまった。[27]

そのあいだに外交的な圧力も否応なく高まっていたから、インドのイスラム教徒による抗議はあまりに早かったことになる。一八九〇年初頭、初演を目前に控えたコメディー＝フランセーズ運営委員会は、政治的圧力によって上演の無期限延期を余儀なくされた。三月九日の『ル・ゴロワ』紙は、イヴリング・ランボーが書いた長文記事において、ド・ボルニエの作品の悲惨な健康状態（「まあ、非常に重い病気」）を診断しているが、結局フランス政府は上演中止を決定した。

ランボーは、前衛的なニュージャーナリズム『アヴァン・ラ・レットル』誌を彷彿とさせるスタイルで、この「悲劇」のストーリーを詳細に語り、秘密の外交的やり取りを想像で再現している。この記事を要約すると、ド・ボルニエと戯曲に対する極めて曖昧な雰囲気がよく伝わってくる。ランボーは、芸術や良心の自由という理想を唱えるのではなく、不幸なフランスの外交を皮肉たっぷりに再現している。

ド・ボルニエ氏の最も新しい子供である『マホメット』の誕生という、喜ばしいニュースを劇場の記者が発表したとき、フランスには別の大臣がいた、とランボーは回想する。


ある晩、夕食のとき、外務大臣ゴブレは、駐仏トルコ大使エサド・パシャの突然の訪問を受けた。エサド氏は、コンスタンティノープルが新しい劇のニュースで混乱していて、元首は、イスラム教の創始者に対する間接的な攻撃とも取れる内容が、その作品に含まれているか知りたがっている、と大臣に伝えた。演劇に精通していないゴブレ長官は、無知を詫び、同僚の教育芸術庁に照会することを約束した。その三日後、教育芸術大臣のエドゥアール・ロクロフ氏は、コメディー゠フランセーズの事務局長ジュール・クラルティ氏と面会した。彼は、まずこのマホメットはヴォルテールのものとは似ても似つかぬものであると説明した。それは現代の、世紀末のマホメットである。彼は妻の一人に騙され、その誘惑者を殺し、キリスト教的な感情を口にして死ぬ。「それはいい」とM・ロクロワは答える。「この芝居は危険なものではないはずだ、危険なら砂漠で上演すればいい」。このコメントは歴史的に検証されている。時は流れた。二人の大臣は、その地位を後継者に引き渡した。ド・ボルニエ氏は、あらゆる方面からのインタビューに答えた。マホメット問題は、アイルランド問題と同じく、難しい政治問題となっていたのである。

コンスタンティノープルにおいて、特にヴィルヘルム二世がかの地を訪問した際に、スルタンの態度が変わり、関係が著しく悪化したことをフランス大使が指摘した点について、ランボーは詳しく述べている。ドイツ皇帝が去った後、スルタンとモンテベロ侯爵大使とのあいだで次のような会話が記録されているという。


「マホメットは？　それについてはどうするのだ？」

「陛下、新しい報告はありません」。

「大使、知っているとは思うが、私は数少ない、そしておそらく唯一のフランスの友人だ。信じてくれ、我々の宗教の創始者を舞台に上げることは危険極まりない」。

話はそこで終わった。しかし、スルタンは、気になっていたこの話題を取り下げなかった。再度、モンテベロ氏との昔からの友好関係に言及して、こういった。

「マホメットの話で巷はもちきりなのではないか？」

「陛下は私よりも演劇に詳しいようですね」。私はにこやかに答えた。

「私はフランスの新聞をすべて読んでいるが、あちらでマホメットを上演するという計画を中止していないことは大変遺憾だ」。

スルタンは翌日、コンスタンティノープルの主要紙『ヴァーキット』を読んだ。そこには、ド・ボルニエとの会話を長々と再現した『タイムズ』紙から転載された、上演も出版もされていないのに有名になった悲劇について、一幕ずつ要約された記事があった。ランボーは次のように推測している。「誉れ高い英国人は、我々の機嫌を損ねるようなことがないように常に気を配り、スルタンの態度を十分に把握して、機会を逃さないようにしていた」のだと。

アブドゥルハミト二世は直ちにフランス大使を召喚した。

「マホメットが上演されるとのことだ。これは大きな間違いではないか。私はフランスの友人であり、あなたに最大の同情を寄せていることはすでに話した。私の指摘にもかかわらず、あなたは、実質的には国家の一部であり、芸術監督が国家公務員であるフランスの一流劇場で、我々の宗教の創始者に挑戦する悲劇を、どのように上演できるというのか。あなたに話しているのはスルタンではなく、イスラム教の代表であるカリフである。もはや、ヴォルテールが預言者を題材にした戯曲を堂々と上演できた前世紀ではない。今では、アルジェリアでもチュニジアでも、イスラム教徒である大勢の臣民たちに配慮しなければならない。宗教的信仰を尊重せず、狂信的に、フランス人がマホメットを舞台のキャラクターとしてマリオネットにしてしまうことが臣民たちの知るところになったら、もう私は一切責任を負えない」。モンテベロ氏はこの助言を受け、スルタンの見解をパリに伝えた。一ヶ月後、閣僚会議議長のピエール・ティラールは、政府がマホメットの上演を無期限に延期したことを、コメディー=フランセーズの委員長に伝えることになった。(28)

英国の新聞はすぐに公演中止のニュースを取り上げ、この論争における、他人の不幸を喜ぶ「シャーデンフロイデ」を隠しきれずにコメントしている。一八九〇年三月一七日の『デイリー・ニュース』紙は、タイトルロールを演じる予定だったムネ=シュリ氏が「緑のターバンやその他の適切な服をすでに用意していて、作者が預言者の台詞として書いた暴言を家で練習していた(29)」と悲しげに書いている。『ペル・メル・ガゼット』紙は、この事件を外交的な文脈でとらえ、スルタンがフランス政府に対し、コメディー=フランセーズやその他のフランスの劇場での上演禁止の措置について、感謝を表したことを詳細に報じている。

スルタンはこの措置を、自分に対する礼儀のみならず、フランスの立場から見ても賢明であると考えている。スルタンが大使を通じて禁止を要求したとき、拒否できなかったのは明らかである。しかし、賢明な外交官であれば、そのような要求を出さないようにして、返答の必要性すら回避しただろう。にもかかわらず、トルコ大使は問題を提起することを許され、ド・ボルニエ氏はフランス政府の不手際の犠牲者となってしまった。[30]

英国外交が極めて優れていたのは、数ヶ月のうちに、全く同じ論争が公共の場で再び繰り広げられたことで明らかになった。今度は、英国当局、新聞社、イスラム教徒の人々、俳優、劇作家も参加し、全く同じ結果をもたらした。トルコの外交圧力により、結局この劇は公式に禁止されたものの、禁止以前には、インド亜大陸は公然と反乱を起こす寸前までいっていたのである。

フランスでの論争が最高潮に達した一八八九年末、小説家・劇作家のホール・ケインは、フランス戯曲の上演権を獲得していたヘンリー・アーヴィングのために、英語版の制作を始めていた。[31] アーヴィングにはその劇の上演権があったとはいうものの、ド・ボルニエの韻文劇の翻訳や翻案ではなく、基本的にはムハンマドの生涯を描いた新作劇を制作するということで、一八九〇年四月までこのプロジェクトに参加した。ケインは、フランスのオリジナル版には失望し、特に最初の三幕には「全く価値がない」と感じていた。[32] フランス語版、英語版それぞれの良さがどうであれ、また、フランス政府の決定が英国で広く報道されていたにもかかわらず、ケインは、この題材と、タイトルロールを演じるアーヴィングと、アーヴィングの相方であるエレン・テリー演じるユダヤ人の誘惑者（現在はレイチェルと呼ばれている）の可能性に触発され、情熱を注いで創作を続けていたのである。ケインの作品では、テリーの役は恋人のオマールにマホメットを殺すように説得する。彼女はマホメットと結婚するが、密かに復讐を計画し、マホメットがメッカに侵入することをメッカの指導者に密告する。最後には、マホメットは平和的にメッカ入りを果たし、指導者たちを許し、砂漠に戻って祈りを捧げる。つまり、劇は歴史的なイスラム教のはじまりで幕を閉じるのである。

アーヴィングとエレン・テリーの出演を主な目的としたこの作品は、ラクダやハーレムダンス、何百人ものエキストラを使った舞台におけるオリエンタリズムの実践としても計画されていた。[33]一八九〇年六月二七日の『ペル・メル・ガゼット』紙には、ライシアム劇場での「計画」と「噂」に関して、アーヴィングの計画を読者に伝える短い告知が掲載されたが、この上演は「ド・ボルニエ氏の戯曲を翻案したものではなく、完全なオリジナル作品である」と強調されている。[34]

ケインとアーヴィングにとっての不幸は、評判の悪かったフランスのオリジナル版との関係を断ち切っても、まったく効果がなかったことだ。当時も今も、新聞は世界を経験的に観察するよりも、他の新聞から情報を得ている。今では時代錯誤だが、新聞同士で情報を提供し合って、この話は広まっていった。ペシャワールからラングーンまで広がるチャーチルの「劇場を隅々まで埋めつくす、静かで注意深い観客」は熱心な読者であり、インドのあらゆる新聞（この時には様々な言語で五〇〇〇種類の新聞が発行されていた）は、フランスの一件に対する反応をいまだにインドでも感じていたため、すぐにこの記事を取り上げたのだった。[35]イスラム教徒を尊重するための抗議の姿勢は、パブリック・ミーティング、請願書、投書によるキャンペーン、実質的な外交圧力となって現れた。

この論争に対する官民の対応は、禁止令を施行する責任者として、問題をすぐに把握していたチェンバレン卿のファイルにしっかり記録されている。フランスの論争と英国によるその再演は、発端、議論、結果の点で似ているが、大きな違いも見られた。フランスでは、主役はオスマン・スルタンとフランス政府であり、フランスの報道機関からの情報もあった。報道機関は、フランスの植民地であるイスラム教徒の主体性に影響を与える可能性があるため、ド・ボルニエの芝居に懐疑的であることも多かった。その一方、英国では、イスラム教徒であるインド人の存在が、公共圏や外交手段へ効果的に影響をもたらしているのである。

一八九〇年九月二六日、リバプール・イスラム教徒協会の副会長であるラフュディン・アフマドが『タイムズ』紙に宛てた手紙のなかで、「(演劇のニュースが)インドに住む五億人のイスラム教徒に深い動揺をもたらしている」と述べたのが、英国の報道機関に上がってきた問題の最初の兆候である。彼は、この劇のニュースが国中に広まっていると警告した。

インドのイスラム教徒たちは、その宗教的熱心さで広く知られているが、宗教的感情を尊重することを誓った国の舞台で、彼らの預言者をあざ笑うようなことが提案されていると知り、深い憤りを感じている。この国の女王は、地球上のイスラム教やキリスト教のどの支配者よりも、ずっと多くのイスラム教徒を統治するよう運命づけられているのではなかったか……。英国は、インド、エジプト、ペルシャ、トルコ、ザンジバルなどのイスラム教世界と日々緊密に接触しており、重要なイスラム教国家との関係は、ますます強化されているという事実を考慮に入れるべきである。このような状況下、世界の一億八千万の人々の宗教的感情を著しく害する演劇の上演を、帝国の中心部で許可することは賢明だろうか。(36)

アフマドの問題提起の目的は、この論争を世界へ拡散することである。彼は、この作品が上演された場合に起こり得る影響を明確に示している。五千万人のインドのイスラム教徒に対して、このような作品を作ることが明らかに恥ずべきだという主張の他に、英国がその帝国を通じて達成した、世界的な混成のありようを明らかにしている。「帝国の中心」であるロンドンでの上演は、不快感を増幅させる事態になるのである。ロンドンで上演された芝居は、もはやロンドン市民だけの問題ではなく、世界中の何百万人もの人々に影響を与えている。もちろん、この手紙には、「その宗教的熱意で世界的に知られている」インドのイスラム教徒がもたらす不安を暗示した警告、もしくは脅しさえ含まれている。

当然ながら、この書簡は『タイムズ』紙に寄せられた他の手紙というかたちで反響を呼び、この問題は公共の場で正々堂々と語られることになった。なかでも特に注目すべきは、インドの専門家で、聖史劇であるターズィエの『ハッサンとフセインの奇跡劇』(37)を初めて英語に翻訳したジョージ・バードウッドによる長い論文である。バードウッドは、この抗議活動をいくつかの点で問題視していた。彼は、フランスの演劇に対するトルコの抗議は、実際にはボンベイ大統領府にいるイスラム教徒のインド人たちが始めたものだと主張した。「パリでの演劇を禁止するようフランス政府に働きかけるようトルコのスルタンに訴えたのは彼らであり、この国での演劇の弾圧を求める新聞が声高な主張をするのも、結局彼らに起因する」。しかし、この特派員の主張の力点は別のところにある。バードウッドは、実際にはこの言葉を使っていないが、ターズィエの専門家を自称しており、ペルシャとインドの両方で、シーア派の「奇跡劇」という文脈で預言者の演劇表現が行われていることを詳細に説明している。またバードウッドは、こう確信する。「歴史の知識を普及させるのに、演劇ほど魅力的かつ効果的な手段はない……英国の舞台で預言者マホメットをドラマ化すれば、イスラム教の創始者に対する大衆の無知を克服できるからだ。英国の大衆にとって、演劇はまさに、文化の唯一の源であり、国民統合の最も強力な中心であるから[38]」。

バードウッドとラフィディン・アフマドのあいだでは、主にインドの舞台で預言者が実際に表現されているかどうかという問題を中心に議論が交わされたが、アフマドはこれを激しく否定した。また、バードウッドは、フランスの上演に対する抗議がボンベイで行われたと主張するが、これに対してアフマドは、抗議はトルコ経由でインドに伝わったと主張している[39]。さらに、イエス・キリストを舞台で表現することの妥当性（英国の検閲法では、聖書の主要な人物を表現することは禁止されている）や、神格化された人物（キリスト）と歴史上の人物（マホメッド）の区別についても問題となった。この論争には、『ハッサンとフセインの奇跡劇』を編集した、ペルシャ語とイスラム教の著名な学者であるアーサー・N・ウォラストンも加わった。彼は、この論争において、少なくともイスラム教のシーア派とスンニ派の区別が重要であること、そしてそれが引き起こす極端な偏向を、初めて議論に導入した。

ペルシャの奇蹟劇がシーア派の教義を具現化したものであることを見落としてはならないし、それはカルバラの殉教者の死を永続させ、インドから見て真の信仰であるイスラム教の嫌悪すべき分派の記憶の神聖化にあたるから、スンニ派のヒンドゥスタンが嫌悪したとしても不思議はない。そして、スンニ派のシーア派に対する嫌悪感は、受難劇の憎悪の真の原因になっているというのが、おそらく公平な見方だろう。もし宗教的な恨みが取り除かれたら、すべてのイスラム教徒が崇拝する神と預言者を理想化するのも不可能ではない[40]。

ウォラストンもまた、宗教的感情の軽視や嘲笑へ反対したために、『マホメット』の上演禁止を支持したのであり、アフマド（スンニ派）の主張を支持したわけではない。しかし、後者には意外なところから支持者が現れた。ペルシャ公使館の秘書であるルトゥフ・アリ・カーン氏は、『ハッサンとフセイン』が「認められたペルシャ劇」であることを否定し、「真のイスラム教徒は、いかなる状況下でも、神や預言者マホメットを舞台上で擬人化することを容認しない」と主張し、この論争に加わった[41]。

『タイムズ』紙では、イスラム教の宗派や、受難劇と演劇の存在論的な違いについての神学的な議論になっていたが、インド国内では、このニュースが地元の新聞に掲載されると、政治的な圧力が高まっていった。代表的な人物は、ベンガル人の教育者、改革者であり、カルカッタのイスラム教徒の権利保護を目的に設立され、英国の植民地支配を支持したことで知られるアンジュマン・イ・イスラミの共同設立者の一人、アブドゥル・ルティーフ（またはラティーフ）（一八二三－九三）であった。ルティーフは、反議会・親英派であり、イスラム教徒エリートの利益のために近代化を進めた。彼はインドで、このフランスの劇の上演に対して反対していた。そしてこの時、英国社会の上層部とのコネクションを利用するに至った[42]。一八九〇年九月二日、彼は元インド総督のノースブルック伯爵トーマス・ベアリング卿に手紙を出し、上演計画に対する怒りを表明したのである。

昨年、この作品がフランスで上演されようとしたときのトルコ大使による反対の表明は、インド国内の騒動によって裏づけられましたが、それは、昨年五月に私が英国の新聞社に宛てた同封の手紙をご覧になれば理解していただけると思います…… インドのイスラム教徒は、英国政府が預言者の信奉者の宗教的感受性に対して、フランス人と同じように法的に配慮するよう、強く望んでいます。イスラム教徒の感情に対するこのような侵害を防ぐために、法的権限を加え、道徳的に説得するしかないでしょう[43]。

ノースブルック伯は実際に行動を起こし、不屈のクリケット選手であり、庭師であり、現在は侍従長事務所の会計検査官であるスペンサー・ポンソンビー・フェーン卿に手紙を出した。ノースブルックは、ルティーフの憤りを全面的に支持し、許可すべきかを考え疑問を記した。「私は、（英国が）インドに何百万人のイスラム教徒を抱えているか忘れましたが、彼らは当然、大きなショックを受けるでしょうし、世界の主要な宗教の最高峰の人物を舞台に上げることが、不適切であることはいうまでもありません[44]」。同様の懸念をポンソンビー・フェーン卿に伝えたのは、インド担当国務大臣であり、インド省の政治的責任者であるリチャード・アシェトン・クロスであった。彼もまた、ルティーフからの要請を受けて、同じく不安を感じていた。「このような演劇が上演されれば、すべてのイスラム教徒は極めて不快になることは間違いありません」[45]。

インドでは、イスラム教指導者たちが、特にベンガル地方、パンジャブ地方、さらに西のパキスタンにおいて、植民地政府に働きかけを始めたため不安が高まっていた。パンジャブ州政府の首席秘書官であるH・G・ファンショー、デリーの副長官ロバート・クラーク、インド省の内務大臣チャールズ・ライアルのあいだで、手紙やメモが交わされ、それがチェンバレン卿に伝えられたのである。ロンドンのイスラム教徒は、インドの報道機関に圧力をかけるよう嘆願していた。クラークは、デリーの「モールビス」（聖職者）の代表者との会話を報告している。「彼らは、デリーのすべてのイスラム教徒が署名するような怪しげな請願書を作成することによって、この書状を不必要に宣伝することは望まないと私に表明し、そのうちの一人である有名な説教師は、説教の際にこの新聞を読むだけでどのような効果があるかを指摘した」[46]。アンジュマン・イ・イスラミのアムリトサル支部からも同様の報告があった。すべての植民地側の公式見解は、政府がこの劇を上演禁止にするとイスラム教徒たちに保証することだった。外交ルートも利用された。ここでもトルコのスルタン、アブデュルハミト二世が、トルコ大使を通じてホワイトホールへ不快感を伝えたのである。

このような植民地行政の最前線からの発信の積み重ねによって、英国統治に対するイスラム教徒の反乱が現実味を帯びてくる。トレイシー・デイヴィスは、この論争を、インドにおける英国支配に対する、イスラム教徒の対応の文脈で分析している。それは、支配者が反イスラム的な行為を具体的に推進しない限り、基本的に黙認する態度を指す。帝国の中心地でのこうした上演は、確かにデイヴィスのような観点から解釈されるのが妥当であろう。さらに、問題となったのは、インド国民会議派の影響力の増大である。勢力争いのなかで、アブドゥル・レティーフや、より重要なサー・サイード・アフマド・ハーンなどのイスラム教指導者は親英政策をとっていた。インドのイスラム教徒にとっては、ヒンドゥー教の支配よりもイギリスによる支配の方が断然好ましかったのである。(47) 一八五七年のインド反乱を彷彿とさせるような大混乱の可能性を前にして、チェンバレン卿管轄下のレイサム卿がヘンリー・アーヴィングに個人的に手紙を出し、演劇の準備を中止するように勧めたのである。彼は、インドだけでも五千万人以上のイスラム教徒を支配する、英国の責任について言及した。アーヴィングはすぐに彼の意向を受け入れ、上演は中止となった。(48)

マホメットの生涯を題材にした芝居が二度にわたって上演されなかったことは、演劇の公共圏の特徴をいくつか示している。歴史的に見れば、演劇はその潜在的な影響力という点で、政治的、さらには世界的な役割を明らかに担ってきた。一九世紀後半、主要な植民地の首都で行われたパフォーマンスは、今日のテレビやユーチューブの生放送と同じような宣伝効果を発揮していた。(49) この論争を記録することで、演劇の公共圏において、これほど物議を醸す要因が明らかになる。メディアの状況があまり複雑でなかったとしたら、論争の影響はこれほどまでに集中することはなかっただろう。インドだけでも数百の新聞があり、メディア同士がそれぞれの中身をしっかり観察しているなか、情報の拡散をコントロールすることは不可能だった。パリで行われる演劇の計画がロンドンで報道され、それがトルコで取り上げられ、数時間のうちにインド亜大陸に電信で伝えられる。しかし、すべての中心にあったのは劇場であり、特にフランスの国立舞台であるコメディー＝フランセーズや、イギリスの最も有名な俳優が経営するロンドンのライシアム劇場は、注目を集める場だった。演劇というメディアの力は、一八九〇年にド・ボルニエの戯曲が活字で出版された際には、何の反発も受けなかったことからも見て取れる。それどころか、彼は積極的にこのように行動するよう促されていたといえるだろう。公共の場、宣伝や存在感の度合いという点で、上演と出版に対する認識は、明らかに異なっていたのである。

またこれらの論争は、世界の政治、特に植民地間の競争を、演劇のレンズを通してふり返ることを可能にする。フランスと英国は、イスラム教を信仰する何百万人もの人々を統治していたという意味で、文字通りイスラム教国であった。両国における政治的な反応を見ると、芸術家自身よりも一般の人々のほうが、宗教的な感情に対する感受性がはるかに高いことがわかる。ド・ボルニエもアーヴィングも、自分たちが描いたイスラム教の創始者は名誉ある人物であり、歴史的にも正確である（演劇の慣例において）と確信していたが、劇場で預言者を表現する行為の意味を根本的に見誤っていたのである。最終的には、政治が直接介入し、計画を中止せざるを得なかった。芸術的な無責任さや甘さは、政治的な配慮によって必然的に抑制されたといえるかもしれない。つまり、問題の中心となるのは便宜上の処置である。両国ともに、表現の自由に関する意識は非常に発達していたが（演劇に関しては、フランスのほうが英国よりも発達していたかもしれない）、この自由は明らかに交渉の余地を残し、最終的には現実的な政治の祭壇へ進んで上がり犠牲になった。それはまた、『イドメネオ』のスキャンダルを扱う次の節が示すように、政府当局には、その責任からとはいえ、非常に高い宗教的感性があることもわかるだろう。

## ショー・マスト・ゴー・オン――ベルリンのポスト・オリエンタリズム

二〇〇六年九月二六日、ベルリンのドイツ歌劇場の芸術監督であるキルステン・ハームスは、テロの脅威の可能性があるとして、ハンス・ノイエンフェルス演出によるモーツァルト作『イドメネオ』の追加公演の中止を発表した。この作品には、演出家が考案したエピローグが含まれており、モハメッドを含む四人の宗教家の首が舞台上に飾られていた。ベルリン警察は、このシーンがテロ攻撃を誘発する可能性があるという匿名の密告を受けていた。ノイエンフェルスがこのシーンの取り下げを拒否したため、ハームスは予定されていた公演を中止せざるを得ないと決定したのである。

国際的な報道機関がこの話を取り上げると、問題のシーンについてではなく、この決定への非難の声が、一気に世界中に広まることになる。「表現の自由を制限する軽率な試み」、「敗北の告白」、「イスラム教徒からの反発を恐れ、表現の自由を自己検閲する西洋に求められる新しい人生哲学」といったコメントは、他の多くのコメントと同様に次に来る兆候を示している。(50) この短い劇は、東洋の他者に焦点を当てた美学的、政治的、倫理的な合流点についての研究を促しているだろう。議論は、本書の中心となるいくつかの問題を浮き彫りにしている。すなわち、演劇的、あるいはこの場合はオペラ的な公共圏の側面、宗教や政治など他の公共圏との融合、そして最後に、ヨーロッパ最大のイスラム都市の一つにおいてオリエンタリズムを舞台化する政治的意味である。

二〇〇六年の『イドメネオ』スキャンダルは、実はその三年前、二〇〇三年にハンス・ノイエンフェルスがベルリン・ドイツ・オペラでこのオペラを演出したことに始まる。初演後の批判的な反応はノイエンフェルス作品のお決まりだった。というのも彼は、古典的なオペラを大胆に改変して、堅苦しいオペラファンの反感を買うことでキャリアを積んできた演出家だったからである。一九八〇年にフランクフルトで上演された『アイーダ』では、タイトルロールを掃除婦に変更し、ノイエンフェルスはオペラ界で悪名を馳せた。『イドメネオ』では、表題の人物が、ポセイドン、キリスト、ブッダ、ムハンマドといった、世界宗教の主要な預言者たちの切断された血まみれの首を椅子の上に置くというエピローグを加えている。このオペラでは、ポセイドン／ネプチューンだけが舞台の登場人物である。嵐で浜辺に取り残されたイドメネオは、最初に目にした生き物をポセイドンに捧げることを誓う。宗教的な誓いと家族の絆への忠誠心が交錯するジレンマのなかで、オペラの物語は展開していく。最終的にモーツァルト版では（原典の神話とは異なり）、宗教と政治が和解するハッピーエンドとなる。神の命に従い、イドメネオはトロイアの王女イリアと息子イダマンテに王冠を譲る。こうして、ポセイドンは生け贄の要求をやめることになる。(51)

ノイエンフェルスは、神々の首を切るという別ヴァージョンの最終場で、視覚的なメタファーを作りだした。このスタイルはドイツの演出家が用いる典型的な例で、作品自体にははっきりした本質的動機がないのに、「大胆な」イメージと形象の相互作用を前提としている。しかし、このようなメタファーを「ユーロトラッシュ」と否定すべきではなく、古典作品の今日性を強調するための、演出もしくはドラマトゥルギーへのメタコメントとして読まれるべきだろう。二〇〇三年の批評家の反応において、新しい場面の意味が一つにまとまらなかったことから、このようなメタファーの有効性がわかる。批評家たちは全くバラバラなとらえ方をしており、神を冒瀆する可能性のあるイメージに無関心であるという点のみ、一致していた。初日の後に発表された批評には、トロフィーとしての首、民衆の宗教としてのアヘン、偶像としての神々、ハンティントンの『文明の衝突』の解説など、さまざまな読み方が見られる。調査した二三の批評のうち、美学的な理由でその場面を批判したものがほとんどだったが、神への冒瀆という言葉は出てこない。例外的なものは措くとして、批評界全体を代表していると思われる二つの批評の詳細を見ておきたい。

『フランクフルト新聞』のエレオノーレ・ビューニングは、この場面のメッセージを、死んだ神々に対するブルジョア主観の勝利という観点から読み、オペラ自体のドラマトゥルギーに根拠を求めていない点を批判した。「神は死んでおり、ブルジョア主体はそれ自体で十分に神である、というメッセージは、オペラ・セリア『イドメネオ』のドラマトゥルギーからは、弁証法的とはいえないただ粗雑な言葉でしか解釈できない[52]」。『ディー・ツァイト』紙のオペラ評論家クラウス・シュパーンは、この場面を伝記的に解釈して、作曲家がこの作品によって、バロックのオペラ・セリアという制約から作曲スタイルを解放したことを明らかにしている。たしかに『イドメネオ』の初演直後、モーツァルトはザルツブルクの大司教への依存から解放され、ウィーンに移ることになる。「自己解放のエネルギーがほとばしり、それはノイエンフェルスが主人公イドメネオのために考案した、血に飢えた最後の解放のクーデターと確実に呼応している。モーツァルトも従属の束縛を解いている[53]」。シュパーンの寓話的な読み方は、外界のイデオロギー的な対立から隔離されているように見え、政治的な意味合いは一切感じられない。それは、ノイエンフェルスの政治的なメタファーを自律的な芸術の領域に戻そうとするものである。オペラの公共圏という観点から見ると、九・一一から二年後の二〇〇三年に、ドイツの首都であり、国内最大のイスラム人口を抱える都市であるベルリンの大舞台で、(他の預言者もいるなかでもあえて)ムハンマドの斬首をさらす舞台に対して、あくまで作品スタイルのみ批評でしかないと結論づける以外にない。

イデオロギーの無視は、ノイエンフェルスのように、過剰なくらい政治性に意識的な演出家の作品を解釈する際には、とりわけ不適切である。三年後にスキャンダルが発覚し、政治的なコメントや議論が現実に行われるようになって初めて、オペラ批評家たちは、三年前に批評した演目の政治的な重要性にようやく気づいたのである。しかし、エレオノーレ・ビューニングは、首切りの場面を、ブルジョワという主体が神々を殺して自分が取って代わるという、いわば啓蒙主義的な思い上がりの表れだと繰り返すばかりである。記事の残りの部分は、芸術監督キルステン・ハームスと公演中止という監督の決定に対する猛攻撃であり、それによって議論の可能性が失われたため、「市民のための演劇の制度がその根底から崩れた」[54]としている。ドイツの法律では犯罪とされる、今回の舞台の最終場のような、公の場における神への冒瀆という重要な問題は、劇場やオペラが実際には公共の場とは見なされていない(法的にはそうであるが)から、ビューニングが言及しないのも無理もない。こうした批評家の見解からすると、劇場は憲法によって保護された市民のための施設であり、好き勝手なことができる。したがって、プロの批評家は、劇場以外の公共圏で扱われる問題はさておき、内向きになりがちなため、批評空間は「芸術のための芸術」という自律的・私的なものになってしまうのである。

二〇〇六年九月のスキャンダルの最中、ノイエンフェルス自身が自分を政治的な比喩でこう表現した。王は神々の独裁に反対し、偶像から解放されようとしている、と。[55] ギリシャの蛮行をキリスト教の赦しによって和らげるオペラの実際の演出とは全く異なり、ノイエンフェルスは、宗教とその預言者の名の下に行われる非人道的行為を明らかに告発するのである。斬首シーンは、世論に訴える急進的な要請、そして宗教的迷信を批判する啓蒙主義者の声明として描かれている。

キルステン・ハームスによる公演中止の発表後、モーツァルトとオペラ・セリアとの相容れない関係はあまり話題にはならなかった。それとは対照的に、翌日のニューヨーク・タイムズ紙は、この決定を一面で報じた。


ドイツを代表するオペラハウスが、預言者ムハンマドの頭部が切断された場面を描いたことによる安全上の懸念から、モーツァルトのオペラの上演を中止した。これに対して、芸術の自由を放棄したとの抗議の嵐が巻き起こっている。ベルリン・ドイツ歌劇場は火曜日、警察が出演者と観客に「計り知れない危険」があると警告したため、秋のシーズンから『イドメネオ』を取り下げたと発表した。ベルリン・ドイツ歌劇場の芸術監督キルステン・ハームス氏は、この決定を遺憾としているが、他に選択肢はなかったとも述べている。八月に警察から匿名の脅迫があったことが報告され、熟慮の末の決定だったとしている。[56]

この演目の最終場は、芸術的本質やモーツァルトの作曲家としての自律性の探求に関するものではない。文字通り、イスラムのテロリズムの舞台として、西洋啓蒙主義の理想の試金石として、そしてラシュディやデンマークの漫画論争の再現の可能性として、公共圏に登場したのである。この決定が世界的に注目された背景には、その一週間前にレーゲンスブルク大学で行われた教皇ベネディクト一六世の講演に対する反発など、より身近な外部要因があったことは間違いない。この講演は、モハメッドについて一四世紀の文献を使用しつつ進められたが、これが預言者を否定するものと受け止められたのである。しかし、同様に注目すべきは、この決定に反対するドイツの政治家たちの声だった。『ニューヨーク・タイムズ』紙の記事には、ヴォルフガング・ショイブレ内務大臣、ミヒャエル・ナウマン元文化大臣、そしてメルケル首相の「文化担当のスポークスマン」であるヴォルフガング・ベルンゼン氏の発言が引用されている。このような著名な関係者を見れば、この決定が世界的なニュースになったのも不思議はないが、特定の個人やグループからの脅迫は確認できなかった。噂レベルのものが、相当の影響力を発揮してしまったのである。ドイツのメディアでは激しい議論が繰り広げられ、問題の場面はドイツのテレビで繰り返し放映された[57]。

このスキャンダルから二週間後、ドイツでは、一部のメディアと政治家たちのあいだで、ある種の合意に達していた。それは、芸術の自由はあらゆる安全上の問題よりも優先されるべきであり、イスラムの狂信者に屈してはならない、つまりショー・マスト・ゴー・オンであった[58]。しかし、もし匿名の電話をかけてきた人が、単なるオペラファンではなく、テロ組織の情報を持っていて、残虐行為を防ごうとしている人だったらどうだろうか。そして、もしその警告が無視され、致命的な攻撃が行われたとしたら、どのような反応があるだろうか。芸術分野で仕事をする人にとって、芸術の自由のために政治家が自分の命を危険にさらしても構わないと思ってくれていることは心強くはあるとしても、である。

テオドール・アドルノは『美の理論』のなかで、芸術には自律性と同時に社会的事実という二重の性質があると述べているが、芸術の自由を主張するおおかたの政治的な発言について、今回の議論では、弁証法が無視されていた。芸術の自由はドイツ憲法によって保証される一方で、ドイツの刑法には神への冒涜を禁止する規定がある。公共の平穏を脅かすやり方で、宗教的感性を意図的に傷つけることは違法である（ドイツ刑法第一六六条）。芸術の自由を支持するという抽象表現は、まず、メディアの極めて不安定な性質を見誤っている。また、ドイツには約三〇〇万人のイスラム教徒がおり、多数派のキリスト教徒が多かれ少なかれ当然と考えているのと同様に、攻撃的な冒涜から保護される権利があるのではないだろうか。

私が『ドイツ演劇』誌に書いた解説のなかで、演出のハンス・ノイエンフェルスが作った追加の場面は、その数ヶ月前に勃発したムハンマドの漫画スキャンダルの観点から再考すべきだと提案した。

そのスキャンダルによって多くの死者が出たとき、ハンス・ノイエンフェルスは、自分が創ったイメージが、啓蒙主義と宗教の関係についての省察ではなく、ドイツに住む多くの人々にとって非常に不快なものであることに気づくべきだった。芸術の世界（オペラ）と生活の世界

（例えばイスラム教徒）のあいだに明確な線が引けるという彼の想定は、匿名の電話や警察のリスク分析が普及したことで通用しなくなった。世界という舞台と、劇場の舞台が衝突し、芸術の神殿は水漏れを起こし、もはや密閉されたものではなく、免疫力を失ってしまったのである。[59]

もちろん表現の自由は、民主主義社会の基本原則であり、多くの市民が真摯に支持していることは間違いない。しかし、それは時空を超えて適用可能な倫理的絶対性を持つものではない。むしろ、具体的かつ文化的な言説の文脈において定義され、存在するのである。今回のケースでは、言説の文脈は一般的に「オペラ」と呼ばれるもので、ハンス・ノイエンフェルスがモーツァルトのオペラに、作曲家と作詞家が意図していなかった場面を追加する権利はあるだろう。このような芸術的権利行使の正当性は、オペラの公共圏という言説空間に特有の内輪の問題であり、批評家の反応が示したように、この領域では該当の問題について多様な意見がある。オペラの閉ざされた公共圏においては、芸術の自由は実質的に際限がない。このほぼ無限の自由は、一部の演出家にとっては問題でもあり、演出家の独自性が過激になり、衝撃を与える美学について予断を許さないものになっている理由の一つである。ノイエンフェルスのような演出家は、もちろんオペラの公共圏という閉鎖的な言説空間に満足しないため、さらに広い公共圏に踏み出そうとするのである。『イドメネオ』で彼は確かに成果を出したが、それは自分が意図した次元のものではなかった。ノイエンフェルスの挑発は、本来オペラの公共圏に向けられたものであり、この問題を公共圏の外で議論しようとする意思は、彼のコメントからは感じられない。

ベルリンのアメリカン・アカデミーのディレクターであるゲイリー・スミスは、少々奇妙な論理展開で、この論争を「手厚い支援を受けているベルリンの文化制度の弱点」とまで言い切った。スミスは、ドイツの劇場が助成を受けているレベルそのものが、問題の原因だとしているのである。「ドイツ政府から助成金を受けているために、芸術が独立し得るわけだが、説明責任と知的研鑽には欠けている」(60)。この意見はせいぜい「議論の余地がある」程度のものではあるが、こうした文脈まで表面化したということは、今回の論争が、まったく別の文脈の議論を浮上させ、より広い公共圏へ押し出す力を持っていることを示している。

また、このスキャンダルと時期を同じくして、当時の連立政権であったヴォルフガング・ショイブレ内務大臣が、ちょうどドイツ史上初の、イスラム教指導者による協議会「ドイツ・イスラム会議」を開催しようとしていた。遅ればせながら、ドイツにおけるイスラム教徒の存在を認めたこの会議は、突然最初のリトマス試験に直面することになったわけである。メンバーの一人であるトルコ・イスラム連合の会長は、二〇〇六年一二月に予定されていた『イドメネオ』の初演を皆で観劇しようと提案したが、イスラム協議会の会長はこれに断固反対した。このように、会議が始まる前から意見の相違は明らかだった。とはいえ、メンバーの何人かと大臣自身は出席を承諾してくれた。当然ながら、演出が変更された後の最初の公演は、それ自体がメディアイベントとなり、警察、テレビの取材班、オペラの観客は、文字通りあるいは比喩的に互いの視界を遮った。厳重な警備体制が敷かれ、観客はオペラハウスの周辺でボディチェックを受け、マシンガンを持った警官に囲まれるという珍しい体験をしなければならなかった。だが、公演は無事に終了した。期待外れというのは、メディアにとっては不当かもしれない。しかし、この論争のストーリーは、新演出の是非をめぐる通常の議論以上のものを浮き彫りにしたのである。

この論争の熱気は、いくつかの拡大要因によってもたらされたものであり、トランスナショナルな公共圏としかいいようのない文脈のなかにある。二〇〇六年の世界は、『イドメネオ』が初めて日の目を見た、二〇〇三年の世界とは異なっていた。初演以来、キリスト教とイスラム教の関係をめぐるさまざまな論争が勃発していた。デンマークのムハンマド風刺画によって一四〇人が死亡した騒動以来、預言者に対する攻撃的な表現が、このような暴力的な反応を引き起こすことはよく知られるようになっていたのである[61]。

ムハンマドの風刺画のみならず、キリスト教とイスラム教の関係をテーマにした、ローマ法王の演説が話題になったことも一因だろう。二〇〇六年九月一二日、ローマ法王はレーゲンスブルク大学で「信仰、理性、そして大学――記憶と回想」と題した講演を行った。この講演が話題にのぼったのは、一四世紀のビザンチン皇帝マヌエル二世パライオロゴスが行った、ペルシャの学者との議論における次の主張の引用がきっかけである。「ムハンマドがもたらした新しいものは何か。教えを剣で広めるように命じたこと、つまり邪悪で非人間的なものしか見当たらない[62]」。ドイツ語で行われた講演の英訳は、イスラム教徒の学者や政治家から強い反発を受けた。多くのイスラム諸国で大規模な街頭抗議運動が起こり、キリスト教会が襲撃された国もあった。イスラム諸国のなかには、バチカンへの大使派遣を取りやめ、脅迫的な駆け引きをした国もある。そして「有志連合」

とも言うべき、アメリカ、オーストラリア、イタリアなどの政治家たちが、ローマ法王を強く支持したことは、驚くにはあたらない(63)。議論の神学的正当性がどうであれ、世界中の反応は動かしようもなく、反イスラム的な批評は、議論ばかりか暴力的な行動までも引き起こすことを示したのである。

神を冒涜するようなイメージが、世界規模で影響力を持つことが明確になった前例があるにもかかわらず、現地の俳優はこのスキャンダルから教訓を得ることができない、得ようとしないことが明らかになった。この問題によって、異例の提携を果たした芸術家と政治家のグループでは、芸術的な選択は倫理的配慮を無視してはならない事実を受け入れられなかったのである。言葉の表現と、映像表現は大きく違うと見なす宗教団体もある。預言者の象徴的な表現を明確に禁止するイスラム教スンニ派にとって、ノイエンフェルスの創ったイメージは、血まみれの預言者のイメージに慣れているキリスト教徒よりもはるかに、極めて不快と感じるに違いない。ノイエンフェルスは、いわゆる「反抗的な」アーティストであるにもかかわらず、アンゲラ・メルケルのような長年移民法の成立に反対してきた保守派の政治家に支持されていても平然としていた。アーティストたちは、ドイツのイスラム教徒を不快にさせることは措いておき、急に芸術の自由を擁護しはじめたが、彼らは、自分たちの立場がかつて持っていた自律的な性格を失ったことを先に気に留めるべきだった。芸術の自律性は政治的に、芸術の自由の原則は反多文化的な提言のために、利用されるようになったからである。二〇〇六年九月二六日、キルステン・ハームスは、従業員と観客の安全を考慮して決断を下した。この決断は、この劇場がドイツの多文化都市の中心にあるという事実を浮き彫りにし、芸術監督は芸術的責任だけでなく政治的責任も負っているという認識を持たざるを得なかった。

ドイツの政治家や芸術家、知識人のあいだで、イスラム教徒の感性を軽視する傾向が見られたことは、エドワード・サイードが定義したオリエンタリズムのバリエーションが『イドメネオ』論争に作用したことを示唆している。サイード自身、オリエンタリズムには三つの定義があると述べている。一点目は学問分野（東洋学）であり、二点目は存在論的、認識論的なオリエントとオクシデントの区別に基づく「思考様式」である。この思考様式には想像力に富んだ文章、社会的記述、政治理論も含まれている。また、最も重要なのは、「オリエントに対して権威を持つ[64]」という三つ目の意味である。権威の行使は、この場合、バルカン半島から日本のあいだのどこにでもあり得る（以前は実際そうだった）、想像上のオリエントの構築を前提とするのである。今回、問題となっているオリエントは、ドイツ社会の外ではなく、ドイツ社会のなかにある。しかし、ドイツへ、そしてその社会のなかへの移植は、オリエントがまさに想像上の構成物であり、その絶え間ない変化が現実になっているといえるだろう。

サイードがこの本での議論において、主に関心を寄せる点は、西洋の東洋に関する認識の誤りを正すことではなく、オリエンタリズムとそのオリエントに関する考え方の内的な一貫性の提示であり、「現実の」オリエントとのどのようなやりとりがあるにしろ、このシステムがどう機能し、時間を経て永続するのかを説明することである。[65]『イドメネオ』論争は、サイードが「潜在的なオリエンタリズム」と呼ぶ枠組み――多かれ少なかれ時間の経過とともに変化する思考の構造と、単純な二分法の両方がある——によって理解できる。

サイードが分析したオリエンタリズムとの最も重要な違いは、地理的な置き換えである。前述のように、この場合、オリエントはドイツに移されているが、この議論は、イスラム教徒の人口が多い西洋諸国にもほぼ当てはまる。元の議論では地理が重要な役割を果たしているが、潜在的なオリエンタリズムの典型的な思考のあり方は、西洋の思考に深く根差しているため、必ずしも元の地域に結びついているわけではない。『イドメネオ』論争では、潜在的なオリエンタリズムが、イスラム会議をめぐる論争と同時期に、顕著に浮かび上がってきた。メンバーにそのオペラを観に行くか行かないか、選択を迫ることで、メディアは東洋に通じた好まれるステレオタイプを復活させることができた。つまり、秩序や政府を維持するためには、内部の衝突や対立のイメージを提示する、外側からの力が必要なのである。

潜在的なオリエンタリズムの二つめは、芸術表現の自由、ひいては言論の自由そのものを守るために際限なく賛美することである。東洋人、つまりイスラム教徒は、芸術表現の自由などという西洋由来の成果に対して、基本的に疑念や反感を抱いている。この論争に対するイスラム教徒の実際の反応はごく小さかったが、実際にはいない相手と戦うシャドーボクサーのように、想像上の反応との戦いがあった。実際の相手ではなく、想像上の専制的なイスラムと、西洋の理想や原理とのあいだで議論が公に行われたのである。サイードの言葉を借りれば、東洋は決して自らを語らないということになるが、この場合もドイツの政治家や舞台芸術家が、仮想のテロリストもしくは民主主義への脅威と戦い、そのパターンが繰り返された。要するに、モーツァルトのスキャンダルは、オリエンタリズムが西洋に何をもたらしたかを例示しているのである。

この例にどのような教訓があるにしても、それは美学的な言説の範疇に収まりきらないことは明らかである。ある種のリスク（テロリズムもその一つである）は、グローバルな、あるいはトランスナショナルな認識の枠組みを作り変える力を持ち得る。つまり、リスクはもはや、国民国家が管理できる空間で抑制することはできないのである。『イドメネオ』の場合、中東からの電話がベルリンでの行動につながり、『ニューヨーク・タイムズ』紙の一面を占めることになった。それが世界中の新聞で報道されたことで、新作の批評や芸術監督の交代、ベルリンにおけるいつもの財政危機などに限定される、通常の空間座標をはるかに超えた公共圏が、劇場周辺に突然形成されたのである。公開討論会では、サイードが『オリエンタリズム』で分析したような深層心理からくる言説構造が再び現れ、現在のイスラム・テロリストの議論に沿って再構成されたことが明らかになった。ムハンマドの漫画やローマ法王の「誤解された」演説などの「世界的な」論争は、オペラでさえも無縁ではいられない、真のトランスナショナルな議論の領域を作り出すことになったのである。

要するに、オペラという非現実的な特権的閉鎖病棟の鍵が開かれ、収容者たちが公の舞台に現れたということである。彼らは、声楽家、指揮者、迷惑なドイツ人演出家についての議論という、オペラのおなじみの公共圏である、内的な美的感覚だけの領域から、テレビメディア、政治家、国内外の報道機関、宗教指導者、そしてテロリズムやオペラの専門家の集まりという、より広い公共圏へと移動したのである。オペラと演劇は、突然公共の議論の中心となった。数週間後には論争はおさまり、収容者は戻ってきて扉は閉じ、オペラ生活は元どおりになったが、真剣な議論が始まった。ベルリンの三つのオペラハウスはどのように維持されるのか、バイロイトのヴォルフガング・ワーグナーの後継者は誰か、そして何よりも重要なのは、映画監督にオペラの演出を任せるべきなのか、などの議論である。

パリとロンドンで中止された『マホメット』の上演と、ベルリンで政治的に強要された『イドメネオ』の上演という、二つの論争の対極にある結果を見ると、演劇と公共圏の関係の変化が明らかになる。植民地時代の首都であった世紀末のパリとロンドンでは、植民地時代の政治、宗教的感性、そして演劇というメディアの力が相互に依存していたため、不安を煽る可能性のある演劇はリスクが大きすぎた。こうした認識は、明確なメッセージを伝える公共圏の力が存在したことに基づいている。インドの声は、コンスタンティノープル、カイロ、パリ、ロンドンでも聞かれ、その逆もまた然りであった。実際、あらゆる市民社会が政治的圧力をかけるために動員されたのである。演劇もその一部を支え、国境を越えたコミュニケーションの交流網は、最高レベルの政治的意思決定に影響を与えることができた。この意味で、ハーバーマスがいう、宗教的な声が公共圏に参加するために必要な翻訳プロセスが、実際に機能したのを確認できるだろう。彼らの声に耳を傾け、翻訳が行われたことで、潜在していた怒りの爆発が抑えられたのである。

一〇〇年後、公共圏は以前よりさらにグローバル化した。ラシュディ事件やムハンマドの漫画のような論争は、近年のイスラム教徒の怒りを煽る冒瀆的な言葉や画像の力を十分に証明している。『イドメネオ』事件に対する政治の反応は、宗教的な議論をほとんど無視したもので、政治、宗教、芸術の公共圏を介在する翻訳プロセスが、見事に失敗したことを示している。また、メディアが大々的に報じたにもかかわらず、公演には何の反応もなかった事実は、オペラが他の公共圏からまったく切り離されてしまったことを示すものだった。演劇と政治の公共圏との接点を再構築するためには、上演すべきでなかったというのは、あまりに気の毒な皮肉ではないだろうか。その再構築が実現できなかったのがこの上演である。

## 注

(1) Churchill (1898), 129.
(2) Habermas (2006), 17.
(3) ロバート・ヤングが論じたように、ラシュディ論争は様々な意味で重要なのは、それが通常の教義上の区分を超えたグローバルなイスラムの同盟関係を示したからである。「この論争は、シーア派のファトワが、根本的にイデオロギーが異なる人々やグループによって、イスラム世界全体で国際的に支持されたという事実によって、新しいハイブリッド・イスラムの出現を示唆している」。(Young (2012, 29)
(4) 『悪魔の詩』では、悪魔が送ったとされる詩にまつわる、ムハンマドの生涯における論争の的となった事件についての、黙示録的な言及が主な問題となった。この小説には、他にも神を冒涜するような記述が多数含まれる。ムハンマドの風刺画は、肖像権禁止法に反するが、この場合は故意に預言者を冒涜し、誹謗中傷しているとみなされた。
(5) 非西洋、特にイスラム社会における公共圏の問題については、Nilüfer Göle (2002) の論考を参照。「非西洋的な公共圏は、西洋のそれと同一ではないが、完全に異なるわけでもなく、文化的な意味や社会的実践により絶えず変化するため、非対称的な差異を示す」(76)。また、Hoexter *et al.* (2002) には一八八三年から一八八四年のあいだのこの論争についての記述がある。

（6）一八八三年から一八八四年のこの論争を生き生きと描いているのは Ferguson (2004), 199-203.

（7）Frost (2004), 66.

（8）マハトマ・ガンジーとインド国民会議をめぐる論争は、植民地化されたエリートがメディアを利用して英国の世論に影響を与えた記録に残る例である。

（9）http://fairuk.org/docs/British_Muslims_Media_Guide.pdf 参照。

（10）www.caliphate.eu/zon1/to/france-banned-anti-islamic-play-in-189o.html. このサイトは数日後には別のサイトに変更された。Khalifah.com ('Building a global movement for Khalifah') 以下のサイトで再掲。(www.khilafah.com/index-php/the-khilafah/khilafah/12985-france-banned-anti-islamic-play-in-1890- after-opposition-from-the-uthmani-khilafah)

（11）Winder (2010) 参照。

（12）*The Times* (29 June 1888), 5.

（13）以下、戯曲の登場人物を指す場合は「Mahomet（マホメット）」、歴史上の人物や宗教上の人物を指す場合は「Muhammad（ムハンマド）」という綴りを使用。

（14）Bornier (1890), 129. フランス語の文献については筆者訳。

（15）彼は例えば、第四幕はコーランの第24章「光」の「演出」であると主張し、それをアイーシャへの冤罪に結びつけている。(Bornier (1890), 129)

（16）*La Presse* (25 Aug. 1888), 3.

（17）*Le Temps* (12 Oct. 1889), 3. 同じ記事が *Le Gaulois* (1 Oct. 1889), 3 に再録。

（18）*La Presse* (4 Oct. 1889). 2.

（19）*Le Figaro* (16 Oct.1889), 6.

（20）*The Era* (19 Oct.1889), 9.

（21）*Leeds Mercury* (21 Oct. 1889), 4.

（22）*Pall Mall Gazette* (21 Oct. 1889), 2.

（23）*Journal des debas* (28 Oct. 1889), 1.

（24）*Journal des debats* (29 Oct. 89), 2. この手紙の一部は 'Le cas de M. Borier', *Le Gaulois* (29 Oct. 1889), 1-2 に再録。

（25）Bosworth (1970), 117 参照。

（26）'Le cas de M. de Borier', *Le Gaulois* (29 Oct. 1889), 1-2 参照。

（27）*Briaol Mercury and Daily Post* (11 Feb. 1890), 3.

（28）Yveling Rambaud, 'Mahomet', in *Le Gaulois* (9 March 1890), 1-2.

（29）*Daily News* (17 March1890), 5.

（30）*Pall Mall Gazette* (1 April 1890), 4.

（31）ケインとアーヴィング版の発端についての詳細な説明は Tetens (2008) を参照。この作品とそれに対する反応についての筆者の説明は、Tetens の研究と、Tracy Davis (2000), 148-52 による。

（32）Tetens (2008), 52.

（33）*Ibid.*, 56-7.

（34）*Pall Mall Gazette* (27 June 1890), 4.

（35）ある推定によれば、一九世紀末には「インドの様々な地域で、インドの言語と英語で約五〇〇の新聞や雑誌が発行されていた」という。(Ghose (2012), n.p.)

（36）*The Times* (26 Sep. 1890), 4.

（37）ボンベイに生まれたジョージ・クリストファー・モレスワース・バードウッドは、英国インド領の医務官、職員であり、インドに関する専門家。インドには住んでいなかったが、ボンベイの政治には詳しかった。彼はシーア派の宗教に関する情報をターズィエの劇に提供。ハッサンとフセインの奇跡の劇で、サー・ルイス・ペリー大佐が口伝から収集したものである。アーサー・N・ウォラソンによる解説付き改訂版（サー・ジョージ・C・M・バードウッドによるシーア派分裂の起源と東洋での劇の上演方法のスケッチ付き）。London: W. H. Allen & Co. (1879).

（38）*The Times* (9 Oct. 1890), 14.

（39）*The Times* (13 Oct. 1890), 3. バードウッドの二回目の返事は Birdwood's second reply *The Times* (17 Oct. 1890), 8 に掲載。

（40）*The Times* (21 Oct. 1890), 13.

（41）*The Times* (27 Oct. 1890), 12.

（42）Sharma (2009), 55-6.

（43）チェンバレン卿をはじめとする王室関係者の記録は National Archives, London, LC 1/547. Hereafter LC. による。

（44）Letter of 23 Sep. 1890 in LC 1/547.

（45）Letter of 29 Sep. 1890 in LC1/47.

（46）LC 1/547.

（47）Davis (2000), 149.

（48）Tetens (2008), 59. 一八九三年に新しいプロダクションの噂が出ただけで、チェンバレン卿は許可を拒否した。Davis (2000), 150 参照。

（49）現代では、この映画の一四分間の予告編がそれにあたる。*Innocence of Muslims*,（二〇一二年九月にユーチューブ配信）はその後の暴力的な抗議活動に発展した。

（50）*Helsingin Sanomat* (Finland); *Berlingske* (Denmark); *Corriere della Sera* (Italy), all published on 28 September 2006. Eurotopics (www.eurotopics.net/en/archiv/archiv_newsletter/NEWSLETTER-2006-09-28-Indignation-over-the-cancellation-of-Idomenco-in-Berlin) 参照。

（51）オペラの説明と新しいシーンの機能あるいは機能しない点については Ziolkowski (2009), 1-4 参照。

（52）Büning (2003).

（53）Spahn (2003).

（54）Büning (2006).

（55）Matussek (2006) 参照。

（56）Dempsey and Landler (2006).

（57）筆者もこの論争に少し関わった。ニュース報道直後、月刊演劇雑誌『ドイツ演劇』の編集者から、「ドイツとイスラムの演劇問題を世界的な文脈のなかに位置づける」という目的で、短い声明を書くように打診された（二〇〇六年九月二八日、筆者との私信）。こうして筆者は、異文化主義に関心を持つ演劇研究者として「権威」のある立場から発言することで、公共圏の対話者の一人となった。それにもかかわらず、すでに指摘したように、この事件はそれまでの「行動」とは全く比例しない「反応」が起きた（Balme (2006), 18）。

（58）そのなかで、ジャーナリストで演劇評論家のマティアス・マトゥシックは、Spiegel Online（2006）の記事において、数少ない反対意見を述べている。マトゥシックは、あまりに声高な「芸術の自由」を守ろうという声を問題視し、民主的な言論の自由の権利と混同してはならないと主張した。

（59）Balme (2006), 19.

（60）Dempsey and Landler (2006) より引用。

(61) Luke Harding (2009) 参照。「現代の最大級の戦争が、デンマークの輸出の繁栄を支えた。一年後、一三九人以上の死者が出たにもかかわらず、主人公たちはほとんど後悔していない」。

(62) この講義の記録は以下のサイト参照。www.vatican.va/holy_father/benedict_xvi/speeches/2006/september/documents/hf_ben-xvi_spe_20060912_university-regensburg_en.html

(63) 論争と反応については以下の記事参照。'Regensburg Lecture', http://en.wikipedia.org/wiki/Pope_Benedict_XVI_Islam_controversy

(64) Said (1979), 2.

(65) *Ibid.*, 5.

# 第五章　スキャンダルの公表と寛容の境界

スキャンダルは定義上、公共の問題であり、演劇は卓越した公共の場である。

（テオドール・ジオルコウスキー[1]）

テムズ川沿いのホープ座の観衆と……『浮かれ縁日』の作者とのあいだで結ばれた協定の条項である……。さらに、ここにいるすべての人が、自分の責任で好みを示し、自由に批判する権利を持つことに同意する。

（ベン・ジョンソン「『浮かれ縁日』への序文」一六一四[2]）

二〇〇六年に起きた『イドメネオ』のスキャンダルは、いわゆる「開かれた」社会が、公の場で話したり、上演したり、展示されるものについて、憲法ではかなり高いレベルの寛容さを保証していることを示した。これらの許容範囲が定期的に試され、議論されることは、社会のダイナミクスの一部であり、それは言論の自由という啓蒙主義の理想を表している。「ヘイトスピーチ」、わいせつ行為、神への冒涜、名誉毀損などが議論の中心となっているが、こうした議題はまさに言論の自由を強化するものである。とりわけ物議を醸すテーマについての論争は、今も昔も公共圏に不可欠な要素であり、実際、議論においてこそ、公共圏はその生命力を発揮する。それは、階級、宗教、分より、キリスト教の西欧諸国とイスラム教の少数派のあいだの、移民によってもたらされた新たな宗教的な対立のほうが重視されている。とりわけ自分たちの宗教的信念やシンボルが侵害された場合に関して、許容範囲のレベルや限界が異なるということがよく言及される。そして、この「不寛容」は、受入先の文化の確立された規範に直接的な脅威を与えるともいわれている。

本章では、このような寛容さの基準を試すうえでの、演劇の役割、特に演劇的なスキャンダルや騒動に表れる寛容さの基準を探っていく。演劇のスキャンダルや論争は、おそらく上演と公共圏のあいだの誰が見ても明解な接点を表している。スキャンダルは、規範違反を表し、それに対して大衆はひどく感情的に、あるいは暴力的に反応し、何らかの法的制裁を受けることもしばしばである。違反行為は、通常の演劇の契約、つまり入場料と引き換えに上演が行われるという、演者と観客のあいだの合意の破棄につながる。この契約は、拍手や喝采、あるいはブーイングやヒスイングによって、承認や不承認を表す観客の権利を一応暗示してはいる。スキャンダルは、観客が音響的にも物理的にもあからさまな方法で、これまで合意されてきた境界を無視し、法的にいえば平和が乱されたときに起こる。すべてのスキャンダルは、定義上は演劇の公共圏に関わるものである。演劇の契約対象となる観客はその破棄を決め、警察、報道機関、上演や演劇に異議を唱えるさまざまな利益団体などの社会的エージェントを引き寄せていく。言い換えれば、もはや、演劇を美学的にのみ受容するブラック・ボックスのなかに封じ込めることはできないのである。

この節では、ヨーロッパの演劇史において、前例のないほど多くの演劇の騒動が起きたワイマール共和国における、スキャンダルと検閲の力学を探っていく。ワイマール共和国では、憲法によって検閲は廃止されたものの、表向きは「公共の平和を守る」ためのさまざまな手段を用い検閲が行われていた。バイエルン州公文書館にあるミュンヘン警察の主要な資料をもとにして、演劇スキャンダルの力学と、演劇や作品をめぐる世論について、私は再構成することにしたい。ワイマール時代には、偏った情勢のなか、少数の圧力団体が演劇の公共圏を占め、当局や劇場に圧力をかけ、特定の上演や作家の上演を阻止していた。二点目の例では、イタリアの演出家ロメオ・カステルッチと、彼の劇団であるソシエタス・ラファエロ・サンツィオが制作した、『神の子に免じて、顔の概念について』（二〇一一年）における神への冒涜について議論したい。この作品は、フランスとイタリアで、カトリック団体を中心とした暴力的な抗議活動を引き起こし、ときには右翼やイスラム教徒の抗議活動も加わったこともあった。ここでは、特に公共圏に関連した情動の概念について議論したい。情動は通常、表現（ディドロの有名な定式では、俳優の情熱の逆説）、あるいは受容（個人的にも集団的にも、観客の情熱を刺激する俳優の能力）として扱われるため、複雑な問題である。合理的な議論が合意へとつながる場として、ハーバーマス的な公共圏の理解に照らしてみると、情動の喚起はしばしば効果的ではあるが、問題含みであることは明らかだ。人種もまた、情動の喚起と政治的行動にいつでも結びつく可能性がある。英語圏の演劇界ではほとんど消滅したブラック・フェイスの習慣が、ドイツでは今でも行われている。ベルリンで最近上演された二つの作品は、芸術的な意図や感性の点では正反対だが、ドイツ演劇やメディアに表れる人種差別へ異を唱える圧力団体は、二つを一緒に扱った。

「寛容」とはいったい何を意味しているのか、とりわけ演劇の文脈ではどのように促えられるのか。寛容は、異なる信念や慣習への無関心ではなく、他者や他者性への肯定的な評価ですらないのは、寛容が無意味なものになるからである。不一致が長らく続くなか、自分の所属する集団が、相手の信念や慣習を拒絶している場合に、はじめて寛容について語り得るだろう。寛容とは、確かに偏見や明らかな差別の克服を必要とするが、自分の信念を犠牲にして他の集団を支持したり、あるいは無関心でいることとは違う。民主主義社会における寛容さを定義し、実践するには、境界を引き、不寛容を見逃さないことが不可欠であろう。後述するが、同時代のドイツやフランスのような社会でも、このような考えの発展について、さらなる改善が必要である。寛容さの限界が試されるとき、自由民主主義社会では習慣的にいつも否定されてはいるが、検閲の可能性はすぐに現れてくる。後で扱う事例では、演劇自体が寛容の限界を超え、まったく異なる方法で、寛容さを扱うあらゆる契約が基づく合意の放棄について論じたい。この意味で、演劇を時代の「先」を行くもの（前衛的な物語）と見るか、それとも時代にそぐわないものと見るかは、演劇の公共圏の文脈で扱うべき問題である。

## ワイマールのスキャンダル——性、人種、そして法律

演劇の検閲は、つねに演劇の社会的、政治的意義を示す指標である。一九世紀のヨーロッパでは、演劇においては、印刷物よりもはるかに厳格に、予防として事前検閲が行われており、官僚主義の極みのようだった。検閲官は、読書の私的な性質とは対照的な、演劇のコミュニケーションの集団的な性質のために、演劇の力が情念を喚起することへの恐怖（非常に古くからある不安）を、しばしば表明していた。演劇の観客は、その集団性が政治不安を引き起こす最大の要因になり得ると考えられていたのである。

ヨーロッパの演劇検閲に共通するもう一つのパターンは、その階級的感受性である。一九世紀初頭、演劇は文字よりも大きな脅威だった。というのも、識字率が極めて低かったため、「下層階級」は基本的に文字による破壊的、扇動的な思想に触れることはできなかったのである。その一方、演劇は口承であり、安価なメディアであるため、階級の壁はなかった。このような階級意識に関連して、「勅許」劇場と大衆劇場では、検閲の方法も異なっていた。二〇世紀以前のヨーロッパでは、宮廷、ブルジョワ、大衆のいずれにとっても、劇場が公共生活の場の中心だったことに対してもろ手を挙げて喜べないのは、そのために規制や管理の対象となりやすかったためである。この求心力は、一九世紀が進むにつれて高まっていった。独占的なライセンス制度が廃止され、演劇が市場の力に対抗して自らを試すことができるようになると、演劇は徐々に規制緩和されていった

からである（一部の国では、さらに緩和が進んだ）。演劇の検閲は、報道機関の検閲が廃止された後もずっと残っていたが、多くの国で一九世紀半ばまでに撤廃された。

では、演劇の何が問題だったのか。そもそも一九世紀の劇場検閲官は、文字通り前衛的な演劇学者であった。マックス・ヘルマンの有名な、出版された戯曲と上演テクストの区別の議論を一世紀近く先取りして、フランス法務大臣ジャン゠シャルル・ペルシは、一八三〇年のフランス憲法による廃止にもかかわらず、一八三五年に社会の全体性について議論し、劇場検閲の再実施を主張したのである。出版物は、心を伝える言葉による意見伝達を保護するために必要だとペルシは指摘する。「しかし、芝居の上演や絵の展示によって意見が行動に移されると、人は集まった人々に語りかけ、彼らの目を見て話すのである」[3]。見世物のような集団の集まりには、すぐに政治的行動を起こせる可能性がある。ペルシは、演劇を視覚的なメディアとして明確に理解しており、検閲の復活を呼びかけたのは、安価な印刷物が普及した一九世紀前半のメディアの変化と密接な関係があった[4]。

西洋の自由民主主義国における映画やメディアに対する検閲の偏在は、すべての複雑な社会がメディアの検閲を必要としていることを示しており、特に、影響を測るのが難しい新しいメディア技術にこそ、検閲が必要と思われるのは、こうした欲望が様々なレベルの許容域に影響を与えるからである。古いものであれ新しいものであれ、すべてのメディアにおいて、性的、暴力的、あるいは堕落した攻撃的なシーンを描いたり見たりしたいと思う人間の生来の傾向は、規制によって取り除く必要がある。ある集団にとっての攻撃的な作品は、別のグループにとっては楽しい夜の娯楽となり得る。私は、社会的、文化的、宗教的な多元主義の状況下、寛容の限界値がいかにバランスを欠いて取り締まられるかを探りたいと考えている。検閲の適用、もしくは逆に検閲の保留は、さまざまな開かれた社会における価値観の違い、とりわけ文化的多元主義が実際にどの程度認められているかの差異に関して、多くの示唆を与えている。

劇場の検閲を撤回した結果は、ワイマール共和国における激動の劇場文化で、直ちに、そして見事に実証された。一九一八年以前のドイツの演劇は、他の多くのヨーロッパ諸国と同様に、検閲によって厳しく規制されていた。[5] ゲイリー・スタークが「地方の劇場検閲の不均一なパッチワークシステム」というように、ドイツの検閲制度は決して統一されたものではなかったが、ある種の作品を舞台から遠ざけるという点ではかなり効果があった。[6] 一八九〇年以降、このシステムには、検閲の判断を争う裁判によって圧力がかかり、検閲全般、特に劇場検閲の議論が高まった。言い換えれば、特定の作品を禁止することは可能であっても、検閲の行為自体を世間の目で検閲することができなかったのである。一九一八年にヴィルヘルム体制が崩壊すると、真っ先に廃止されたのが検閲だった。条例の廃止に続いて一九一九年には、ワイマール憲法で、特に映画や「わいせつな」文学について、条件付きで具体的な基準が定められた。

ワイマール時代の劇場は、エルヴィン・ピスカートア、ベルトルト・ブレヒト、クルト・ヴァイルなどが活躍し、ベルリンのキャバレーシーンの「退廃」を生み出した文化的母体として知られているが、論争やスキャンダル、さらには暴力の温床でもあった。ニール・ブラッカダーは次のように述べている。「ワイマール共和国ほど、演劇をはじめとする芸術分野で革新が盛んに行われた時代はないだろうし、演劇のスキャンダルがこれほど集中的に発生した時代も他にはない」[7]。劇場のスキャンダルは、ブラッカダーの見解のように、「侮辱された観客による上演への抗議[8]」という特殊な上演ジャンルとなったのである。ブラッカダーは上演の延長として劇場のスキャンダルを研究しているが、本章では公共圏におけるスキャンダルから生じる共鳴に焦点を当てる。これまでの研究対象は、特定の演劇やイベントであり、その言説の持続性における包括的な現象ではなかった[9]。一九一八年以降、ドイツ語圏の劇場で勃発した膨大な数のスキャンダルや論争は一般化し、個別の出来事ではなく、繰り返し起こる予測可能な観劇行為とされてきた。そして新聞や雑誌では、政治的、美学的、法律的な観点から分析、解析された演劇的スキャンダルの「問題点」が絶え間なく議論された。演劇のスキャンダルは、定義上、常に客席の枠を離れ、ストリートやメディアの議論へとはみ出す可能性があるが、ワイマール時代におけるその規模の大きさと複雑さは、おそらく演劇史のなかでも独特の時代といえる。一九一八年に検閲が廃止されたことにより、芸術的革新、道徳的「堕落」、政治的偏向が、相互に関連する網の目のように「水門」を開いたのである。スキャンダルが次々に生じたために、ワイマール共和国の演劇の公共圏は、政治的な議論が可能な広い公共圏と密接な関係になっていく。

ワイマール共和国のスキャンダル文化は、一九一八年八月に正式に批准されたワイマール新憲法の下、検閲が廃止されたことに端を発する。第一一八条には次のような文章がある。

すべてのドイツ人は、一般法の範囲内で、自分の意見を言葉、文章、印刷物、画像、その他の方法で自由に表現する権利を有する。検閲は行わない。映画館の場合は、法律で他の規制を設けることができる。また、猥褻な文学の取り締まりと、公共の展示会や公演における青少年保護の観点から、法的措置が認められる。[10]

検閲が廃止されたのは明らかだが、終わりの二つの文からわかるように、検閲の廃止は条件つきのものでもあった。映画という新しいメディアはすでに危険視されており、若者を保護する必要から「特別措置」の道が開かれ、それが重要な役割を果たすことになった。だが演劇の場合、一九世紀から第一次世界大戦の終わりまで行われていた事前検閲の制度は、今や完全になくなっていた。したがって演出家たちは、理屈のうえでは、どんな種類の作品でも上演することができたのである。そして彼らは実際そうした。フランク・ヴェデキントやアルトゥール・シュニッツラーなどの著名な劇作家による、かつて禁止・検閲された作品が、日の目を見るのを待っていた。

スキャンダルは、芸術的な卓越性と複雑性を備えた「より高い」次元への規範の移行、そして革新、進歩という、モダニズムの言説のなかでは重要な役割を果たしている。この言説は、テーゼ（既存の規範）、アンチテーゼ（既存の規範に挑戦する新しいもの）という弁証法的なプロセスにほぼ合致しており、その結果、現状とさまざまに争うことになるが、プロセスそのものがすべて入れ替わる前に、新しいかたちを確立して最終的には規範となるのである。[11] 演劇の公共圏の文脈におけるスキャンダルの分析が予想通りにいかないのは、美学的な規範の変遷が、ワイマール共和国時代に何度も起きた論争において、周辺的な役割しか果たしていなかったからである。美学的な理由による演劇や作品への抗議はあったが、事件になることは少なかった（だが、既存の文献はこの点を特に扱う傾向がある）。劇場の検閲が突然廃止され、劇場は、階級、民族、宗教、政治の対立を反映した分断社会の亀裂と緊張がそのまま表れる、不安定な公共圏となったのである。ワイマールの劇場は、公共圏としての機能が再定義されていたため、（ニール・ブラッカダーが述べたように）「過渡期の劇場」だった。一九世紀ヨーロッパのあらゆる検閲体制は、集団行動の場としての劇場の力に対する当局の不安が前提となっていた。一八三〇年にブリュッセルのムント劇場で行われたダニエル・オーベルのオペラ『ポルティチの霧』の上演に端を発した伝説の抗議行動は、本格的な政治デモへ発展し、最終的に国王の退位につながった。この一連の出来事は、当局や検閲側の集合的記憶に組み込まれていく。しかし、次に述べるように、ワイマールの劇場で仕組まれたスキャンダル（そのほとんどが仕組まれたものだった）は、上演、制作、劇場の内輪でなく、そこから生まれた公共圏へと向けられたものだった。

これから論じる内容はほぼ、ミュンヘン警察が保管している劇場のスキャンダルに関する資料を参照したものである。この資料には、都市での実際の騒動だけでなく、国中の広範な世論が記録されている。ミュンヘンの資料には、『真夏の夜の夢』からフランク・ヴェデキンドの『ルル』まで、六〇以上の異なる不道徳な演目を取り上げ、一九一九年から一九三三年のあいだの約七〇件のスキャンダルが記載されている。しかし、このリストは決して網羅的なものではなく、実際の数は一〇〇件に近いと思われる。大まかに言えば、スキャンダルの表向きの理由は道徳的な怒りだったが、多くは政治的な動機に裏打ちされていただろう。当時の政治的偏向を反映し、政治的スキャンダルは、反ユダヤ主義や人種差別主義を背景にした右翼的なものと、反軍国主義を背景にした左翼的なものとに大別される。

また、教会組織が攻撃されたと促えられる場合には、宗教的な要素を含んだ抗議活動も多い。宗教スキャンダルの中心はカトリック教会であったが、一七世紀デンマークの劇作家ルートヴィヒ・ホルベリによる喜劇『イサカのユリシーズ』がユルゲン・フェーリング演出のもと、ベルリンのプロイセン州立劇場団で上演された際、ユダヤ人が茶化されていた表現に対して、ユダヤ人市民がスキャンダルを起こした例もある。社会秩序は、一般的な道徳や許容される行動規範からの逸脱、つまり不道徳への抗議があってこそ保たれている。少なくとも一九一八年以前の検閲基準と比較すると、新しいカテゴリーは芸術的なものだった。抗議やスキャンダルは、芸術的革新や趣向があまりに規範を逸脱していることへの怒り、あるいはたんに芸術が低級であることに対する嫌悪感など多岐にわたっていた[12]。芸術的なパフォーマンスの質についての不満が、通常の不承認の範囲を超えて、あからさまな騒動に発展したことも多々あった。

スキャンダルはしばしば二つ以上の要因が組み合わさって発生するため、この類型とカテゴリーによって新たな発見がある。スキャンダルやデモは、右翼的な観点で組織されることも多く、一九二〇年代半ば以降はナチス党好みの武器となったが、とはいえ右翼だけのものではなかった。ミュンヘンの警察資料には、ハレで行われたおとぎ話の公演（一九二一年二月）で、芝居に不満に感じて抗議した子どもたちが、お金を返せと要求したことが記録されている。有名なテノール歌手であるリヒャルト・タウバーが歌わず、代わりにあまり有名でない声が大きいだけの人が歌うと発表されたため、騒然とした雰囲気が広がり、公演は中止された。動機が何であろうと、スキャンダルには必ず、社会学的な意味での「演者」が関わっている。その「演者」とは、演劇人、マスコミ（批評家やコメンテーター）、騒動の背後の政治、宗教の利益団体、警察や裁判所、そしてときには政治家などである。

ワイマール演劇のスキャンダルの歴史は、通常、ジャンダルメンマルクト劇場で初演された、一九一九年一二月一二日のレオポルド・イェスナー演出によるシラーの『ヴィルヘルム・テル』の上演に始まるとされている。これが最初のスキャンダルではなかったが、元宮廷劇場であった機関が関与したことから、そのように理解されている。翌日の各紙では、すべての批評家が、観客席で起きた騒動について報告している。保守派の評論家ポール・フェヒターは、このスキャンダルの顛末を詳細に語った。

最初のいくつかのシーンの後、拍手に加えて、客席の上の方から非難のシューという声が混ざって聞こえてきた。演劇初心者の観客でも、この戯曲の存在は何となく知っているだろうから、新演出へ非難が向けられているとしか思えなかった。その夜の公演のあいだに印象は確信に変わった。[13]

主演のバッサーマンがそれを遮って上演を中止すると脅すまで、観客のさまざまなグループがそれぞれ大声で議論を交わしていたと、フェヒターは伝えている。彼の発言を受けて、さらに騒ぎが大きくなり、どこかから「これが自由なのか」[14]という声が聞こえてきた。評論家たちは、この出来事と激しい批判があったことには同意していたが、その理由については決して一致していなかった。この暴力的な反応は、作品が表現する芸術的コンセプトに対する不信感の表れと一般的には理解されているようだ[15]。

演出家のレオポルド・イェスナーは、新たに設立されたプロイセン州立劇場（旧プロイセン宮廷劇場）の監督に任命されていた。この劇場は、宮廷の直轄機関であるため、歴史劇や古典の上演が多く堅苦しさがつきまとっていた。作品自体は典型的なレパートリーの一つだが、観客は大胆なデザインと演出コンセプトに驚かされた。観客は、幻想的なスイスのアルプスの風景を背景にした民族主義的なドラマを期待していたからである。イェスナーは、ベルリンでの最初の作品では、極めて象徴的で抽象的な演出方法を選択した。現実に似せた背景画の代わりに、舞台は箱で構成され、そのなかの階段がプラットフォームまでつながっている。階段は政治権力を表わし、明暗のコントラストを繰り返す表現主義的な照明で照らされた。民俗学的、歴史的な正確さより、色の象徴が際立つ模様を強調するコスチューム。また、劇中の内容は、ドラマトゥルギーによって翻案、短縮され、民族感情を刺激する重要な台詞が削除されている。このような演出コンセプトは、ドイツの劇場ではとりわけ新しいものではなかったが、プロイセンの劇場ではそれまで見られなかったものである。この作品によって、表現主義的な演出方法が劇場の主流となり、古典を「改変」する演出家の権利について、長く激しい議論が始まった（現在も続いている）。このように、スキャンダルは主に美学的な配慮が動機ではあったが、イェスナーがユダヤ系だったことから、抗議活動には反ユダヤ主義的な意味合いも含まれていた。反ユダヤの基調は、その後の一〇年で実質をともなって大幅に強まることになる。

抗議行動の理由が何であれ、この公演が本格的な「演劇スキャンダル」の特徴と強度を持っていたことについては、評者はみな同意し、この語はその後数年のうちに定義、議論され、重要な言葉になった。このように、一九三三年までワイマール共和国の演劇についてまわる慣習と議論が始まったのである。このスキャンダルは、戯曲ではなく上演に対するもので、また、劇場や地域も限定されていたため、すぐに騒動となるありがちな演劇スキャンダルの特徴があるとはいえない。検閲廃止により、禁止されていた演劇のレパートリーがすべて制作可能になった。一九一八年以前、出版は必ずしも検閲されてはおらず、上演のみが検閲対象だったので、上演禁止作品の多くは実際には知られており、印刷物としては入手可能であった。

## 法律の視点

劇場スキャンダルの主役は警察である。憲法上、法と秩序を守り、公共の平和を確保するという使命を負っているが、相次いで起きたスキャンダルは、警察の自己理解と職務の定義を揺るがすものだった。一九一八年以前の「昔」の警察の役割は、検閲の判断を確実に実行することだった。

一般的には、パフォーマンスの際（上演警察）には、（現在のサッカーの試合のように）騒動を防ぐために、警察は常に存在感を示していた[16]。劇場の内外を問わず、警察の管轄は法律で明確に定義されており、警察には公共の安全と秩序を維持する責任があった。しかし、デモやスキャンダルが繰り返されるようになると、警察はいったい誰のために公共の秩序を守るのかを、より正確にとらえる必要が生じてきたのである。専門誌『警察の専門知識』に掲載された「召使としての警察」という記事は、劇場で公演中の治安は必ずしも「経営者が望む状況」とは一致しないため、警察の任務は決して「経営者の勝利の援助」ではないとしている[17]。

今、警察には、検閲廃止がもたらした深刻な治安の乱れを防ぐことが求められている。新聞には、この新しい役割を論じ批判する記事が数多く掲載された。また、「舞台上の言論の自由を守る[18]」ために劇場警察がデモ隊へ介入することを要求する声が聞かれ、世間の議論もやや逆転し、表現の自由は再定義されたのである。劇場公演は、表現の自由という憲法上の権利が保護しているものの、法と秩序の維持という警察の責任によって制約されてもいる。この法的に保護された二つの利害のバランスを取るために、警察内部およびそれ以外のところで、多くの意見が交わされた。この利害のバランスへの警察の解決策は、「予防的」措置を講じること、つまりスキャンダルが発生する可能性のある公演を禁止することだった。警察の言い分は次のようなものである。デモ参加者に対する措置が、大きな妨害を引き起こすと予測される場合には、デモ参加者以外の人々に対する予防的な制約よりも、公演を禁止する方が望ましい。スキャンダルの鎮圧のためには相当の力が必要となり、観客はパニック状態に陥り、女性や子どもが被害を受けるかもしれないという。

上演への抗議活動に裁判所を巻き込もうとする姿勢は、ワイマール共和国の演劇スキャンダル特有の特色である。演劇史のなかで、劇場で起きた問題に対して、裁判所や法的手続きがこれほどまでに深く関与した時代はおそらく他にないだろう。もともと演劇以外の事例を規制するために作られた法律が、悪臭爆弾を投げることの是非にまで適用されたのである。判決における関連分野は、主に二種類である。一つは暴徒の（不）起訴、もう一つは法的な上演禁止である。どちらの手続きも、法的解釈の幅と「想像力豊かな」法理論が不可欠だったため、マスコミから集中砲火を浴びた。またスキャンダルにともない、劇場自体の性質と機能、とりわけ準宗教的な聖域的機能について、激しい議論が交わされた。こうしたスキャンダルは、これまで演劇研究者だけに関わりがあり、法制度とは無縁だった演劇の法的問題を明るみに出した。例えば、デモを行う観客の権利とその制限は何なのか。ヒューーヒューと口笛を吹くことは許されるが、ヒューーヒューと音を立てるために金属製のものを使うことは許されないのはなぜか、といったものである。

裁判官は真実を見る役割にもかかわらず、ワイマール共和国の裁判所や裁判官の多くは、見識を失っていたことがドイツの歴史では定説であった。これは警察にもいえることで、警察はしばしば問題を起こす人やその動機に同情していたのだった。特に、真実を見ようとしない裁判官が試みたのは、明らかに平和を乱したデモ参加者の起訴を防ぐ法的手段を見つけることだった。学識ある法律家の意見によれば、観客が「『稚拙でわいせつな芝居』に直面したとき、自らの手で法を行使する権利がある」という[19]。このような議論は、実際の契約によって劇場における観客の行動を法的に規制する提案につながっていく。ベン・ジョンソンの有名な（そして風刺的な）契約は、『浮かれ縁日』の導入部で公証人役が宣言したもので、お金を払っているすべての観客に「非難の自由意志」を認めたものであったが（ただし、座席の価格に見合ったものに限る）、今回、ハーバート・スターラーが博士論文のなかで、既存の劇場入場契約について修正を提案するためにそれを再構成している。[20]この新しい契約では、観客は「上演内容に反対するデモを行わないこと、それによって公演を妨害しないこと」を誓う宣言書への署名が求められている。[21]法と公衆をめぐる議論は、劇場でのデモ参加者が入場料を支払う法的義務があるかどうかの議論となり、不条理は最高潮、いや最低潮に達したのだった。結局、この事件は、悪臭爆弾とゴム製警棒で武装した観客が、非常口から劇場に不法侵入したことのみを確定する判決で終わった。その観客の弁明は、自分は劇を見るためではなく、デモをするためだけに来たので、入場料を払う必要はないというものだった。[22]

暴徒による最も想像力に富む解釈の一つは、ドイツの刑法第五三項、つまり自衛権行使である。この方法については、一九二四年に左翼劇作家エルンスト・トラーが、ドレスデンで上演した劇『独逸男ヒンケマン』の騒動後の判決や公衆の議論から、よく理解できる。トラーは一九二四年までに、左翼の立場を表明した劇作家として名声を確立していた。一九一九年のバイエルン・ソビエト共和国へ加担し投獄された彼は、『群衆＝人間』や『機械破壊者』などの戯曲で、政治的表現主義演劇の代表的な存在となっていた。『独逸男ヒンケマン』は、第一次世界大戦後、身体が不自由で男性性を失った元兵士が、職を求めて奮闘する姿を描いた作品である。性器を失った元兵士の唯一の仕事が、ネズミの頭を噛みちぎる縁日のアトラクションであることは、多くの観客にとって強烈すぎる寓意であった。興行主が新しいパフォーマーを、新しいドイツ人のホムンクルスとして賞賛する重要なシーンで、トラーはこの炎にさらに油を注いだ。「これがドイツの文化だ！　これがドイツ人の拳だ！　これがドイツの力だ！」別のシーンでは、ヒンケマンは、樽型の臓器を押しつける片腕片足の戦争体験者たちに囲まれる夢を見る。彼らは互いにぶつかり合い、喧嘩になってしまう。警察が軍隊の命令で廃人たちを招集し、彼らは「対仏勝利のために」と歌いながら行進していくのだ。(23)

ドイツは戦争に負けただけでなく、動物虐待までする骨抜きの国として寓意的に描かれたことにより、予想通りの過激な反応が生じた。一九二四年一月の公演では、廃人のシーンで若い男性のグループが立ち上がり、ドイツ国歌を歌った。お祭り騒ぎのシーンでは、のちに被告人となる人物が非難の口笛を吹いた。半年後の裁判で、「笛吹き」は治安を乱した罪で有罪となり、その他の行為は無罪となった。ここでは、ドイツ刑法第五三項の自衛権が持ち出されている。裁判官は、被告人が国歌を歌ったり、「その他の愛国的な歌」を歌ったりすることは、自分の身を守るために必要かつ適切な手段であると主張し、無罪を正当化したのである。しかし、家の鍵を使って笛の音を出すときに、これは適用することはできない。騒々しい楽器の使用は、明らかに劇場の尊厳に反する。被告は、許容される自己防衛の限界を超えていたというわけだ。被告となった店員はこの判決を不服とした。そして地方控訴裁判所はこの控訴を支持した。裁判所は、名誉や愛国心などの概念に関する正当防衛についての地方裁判所の解釈に沿って、感情が害されるのを防ぐために、積極的に自己防衛を行わなければならなかったという、被告人の主張を支持したのである。

被告人が、劇場の平和と尊厳、そして第三者が邪魔されず公演を楽しむ権利を妨害したことは、この状況から見てやむを得ない。さらに、被告人が劇場を出るなどして攻撃から身を守ることは期待できなかった。第五三項は、受動的な反対意思の表明や逃亡だけでなく、積極的に防御をする権利も与えている。(24)

この判決は、直ちに法曹界とマスコミの両方で議論され、物議を醸した。事実上、この判決は、抗議者が自分の感情が害されるのを「積極的に」防ぐ必要があると主張することで、公演を妨害する権利を与えたのである。一九二五年六月一四日、ヘルシャー博士という弁護士が、自由主義的な『フランクフルト新聞』において判決に対する詳細な批判を発表した。ヘルシャー博士は、「演劇スキャンダルにおける権利」というタイトルで、「攻撃」の概念と、許容され得る防御の必要な範囲という二つの点に焦点を当てて、判決を分析した。

攻撃とは、攻撃された人が攻撃されることを望んでいない場合にのみ行われる。「同意した人は傷ついていない」のである。売春宿を自ら訪れた人は、自分が売春婦に囲まれているのを見て、自分の恥や名誉の感情が不法に侵害されたと主張することはできない。共産主義者の集会を訪れた人は、ヒンデンブルグへの賛歌をそこでは聞くことができないとわかっている。そして、カトリックの礼拝への参加者は、ルターに捧げる祈りをそこでは期待することはできないのだ。(25)

さらにヘルシャーは、観客は上演への不支持を表明する、他の法的手段も自由に利用できるため、彼が選んだ防御方法は非合法であると主張する。「演劇、集会、教会の礼拝などは公共のイベントであり、個人は自分の法的権利が侵害されたと感じても、他の人がそのイベントに参加するのを妨げる権利を持っていない」からだ[26]。

ヘルシャーは、劇場と教会の公共性と空間を結びつけ、観客席の慣習をめぐって頻繁に議論される問題を取り上げている。一九二〇年には、すでにミュンヘンの劇場で激しい抗議活動が起きていたが、美術史研究者のヘルマン・エスヴァイン（トゥールーズ＝ロートレックについての最初の本格的な研究者として有名）は、社会民主主義に基づいた民衆演劇運動の雑誌『ミュンヘン・フォルクスビューネ』に、劇場のスキャンダルについて示唆に富む記事を寄稿している。エスヴァインは、教育を受けたドイツ中流階級の観客の主流見解を示しており、彼らにとっての演劇は準宗教的な意味を持っていたという。

私たちにとって、劇場は最高の知的・社会的文化の殿堂である。それは重要で崇高な、そして時に神聖な行為の場でもある。舞台は、人間と神とのあいだの最も奥深い相互関係を私たちに見せてくれる……劇場はもちろん寺院や教会ではないものの、類似している。そう、現代の無宗教者でありながら理想的に敬虔な多くの人々にとって、啓発の場であり、神聖な聖地なのである。だからこそ、精神的高揚を求め真剣に劇場へ行くなら、教会へ行く人より悪い行動をしてはならないのである。[27]

演劇体験を神聖化するエスヴァインの姿勢は、演劇が再定義されてきた、有力な美的感覚の枠組みを再確認させる。第一次世界大戦末期に、宮廷の上品な表現から、手に負えない乱暴な社交場へと劇場は変化したが、エスヴァインのコメントで明らかなように、教養のある、そして無宗教の（「理想的に敬虔な」）中産階級は、観劇体験を集中できる瞑想の場へと作り変えた。ヴィルヘルム体制の検閲による厳格な指導の下、またそれに応えようと、演劇はその政治的・社会的機能をほぼ失い、美的体験のみを探求する排他的な構造になっていったのである。演劇と宗教の結びつきは、もちろんモダニズムの到来以前の事象であり、学問的には、ドイツの観念論とロマン主義の産物である。現代の美的体験は、実際には無宗教者による宗教的なものとなっている。

劇場という神聖な空間で崇高な行為を静かに観賞することは、政治的な演出（ブレヒト、ピスカートア）や、観客席への直接的な政治介入という新しい実践とは全く対照的であった。ワイマール時代の演劇のスキャンダルは、一方では美学的な閉鎖性、他方では社会的・政治的な断絶のあいだに存在する対立と不均衡によって、明らかに悪化していた。後者はもちろん、ワイマール共和国の特徴を表している。史上最も自由な憲法の一つに基づいて作られた民主主義国家の出現は、検閲からのほぼ完全な自由を保証するものであり、ドイツの芸術家がそれまで享受していなかった、芸術的実験と自由の分野を生み出した。この自由は、それまで検閲当局や検閲委員会によって維持されてきた、既存の抑制と均衡を大きく崩す結果となった。演劇の場合、あらゆる統制が失われたことで、一部の観客は極端に振る舞い、制度そのものが槍玉に挙がったように思われた。制度が、社会における共存のための必要なルールや制約であるなら、制度にとって重要な要素である合意されたルールが失われたことになる。劇作家、演出家、劇場支配人は、このルールの空白を芸術上の目的のために利用したが、自分たちが働き、管理する機関の社会的・集団的な側面を無視していたことになる。初期のスキャンダルは、芸術的・道徳的な課題の混合への反応だが、検閲廃止がもたらした制度の脆弱化を明るみに出す論理的な応答であったといえるかもしれない。

もし検閲がなかったら、演劇はどのように制御できるのか。検閲官に代わり得る、たとえば一つはナチス党などの組織に組み込まれた取締官の場合も考えられる。ナチの取締官は実際、裁判所や警察から多くの支援を受けていた。その中間部には、報道機関による大々的な議論によって明らかなように、公共圏自体が制度を規制する役割を担うこともある。演劇には、社会における集団的共同作業の性質が備わっているため、芸術的革新を行ううえで、美術や文学よりもはるかに問題が生じやすい。当局と一般市民にとっては、演劇は政治不安を引き起こす可能性のある公共の集まりと考えられていたのである。しかし、一九二〇年代には、大規模な集会が政治的コミュニケーションの新たな次元と場を生み出したため、この状況は大きく変容した。ナショナリズム、社会主義、反ユダヤ主義、カトリシズム、セクシュアリティ、中絶の権利など、これらの問題やその抗議団体はすべて、スキャンダルの話のたねとなり、公共圏の議論にそのまま代わり得る。そのため、右派集団がすぐに検閲の再導入を求めたのも不思議はない。一九三三年には、新首相アドルフ・ヒトラーがこの求めに応じている。

ワイマール共和国の演劇スキャンダルは、その頻度や激しさが常軌を逸していたとしても、演劇と公共圏のダイナミズムを明確に示している。このような事件が常に現れることから、公共圏を構成するさまざまな主体が浮き彫りになる。演劇は、俳優と観客との関係によってのみ成り立っているわけではないことがわかる。また、スキャンダルによって、演劇の制度の要素は可視化される。ワイマール憲法における検閲廃止により、一九一八年以前に存在した争いのないバランスのとれた状態が不安定になった。合意されていた「劇場契約」の終了は、その結果として、俳優と観客だけでなく、警察、裁判所、報道機関、政治家をも演劇に巻き込む結果となった。実際には、旧来の検閲制度よりも、外部からの干渉が多かったことになる。突然、裁判所や弁護士は、劇場契約の実際の構成について定義を求められ、演劇の観客がイデオロギーや道徳的な侮辱を被ったときに自衛権を持つかどうかも問われた。演出家やドラマトゥルグが、新たに獲得した自由という美学的な側面もあったが、政治的、道徳的な問題が二極化の主な要因となったのである。スキャンダルはいつも劇場で始まったが、長期にわたって影響を及ぼすのは、劇場の外の報道機関、法廷、もしくは議会であった。劇場のスキャンダルが、演劇と公共圏との関係を考察するうえで、極めて有益なものであるのは、このように登場する人やその役割の数の多さでによる。許容範囲の境界線が大幅に、また常に拡大するとすれば、演劇の公共圏は開かれ、古い暗黙の契約における合意は崩れ去り、演劇そのものが公共の中心に置かれるのである。

## 情動の公共圏と神への冒涜という政治

国家が公共領域を規制する責任を放棄するなら、公共それ自体が責任を負うことになるだろう。もちろん、包括的な実体としての「公共」とは、人を元気づけるレトリックとして以外は、事実上存在しない。実際には、マイケル・ワーナーをはじめとする多くの公共圏の研究者が主張するように、私たちは部分的な公共圏を扱っており、あるものは支配的であり、あるものは従属的であるが、すべてが注目を集め、メディアへのアクセスを互いに競っている。次の例では、現在の西ヨーロッパの状況下で、公共圏が特定の集団、もしくは漠然とした「憂慮する市民」によってどう利用され、劇場に、上演禁止や演出方法の変更を求める圧力がかかるのかを検証したい。劇場は、一般的な広い公共圏においての演者としてはほとんど無関係であるという、私の仮説を裏づけるように、ヨーロッパではこういったことはあまり起こらないが、ときとして発生することもある。したがって、どういう問題や状況が、抗議行動を引き起こすのかを調べることは有益だろう。抗議活動によって、社会における緊急の課題、昔ながらにいうなら道徳の脈動の探求が可能になるのである。近年のスキャンダルや検閲に関する議論を見ていると、依然として極めて繊細な二つの問題が、騒動の可能性を秘めているとひとまずはいえるかもしれない[28]。一つは、キリスト教の象徴に関する冒涜、もう一つは人種である[29]。

社会における道徳の脈動を測るものとして感情的な喚起を用いるならば、わいせつ物のようなかって用いられてきたカテゴリーは、もはや論争やスキャンダルの元にはならないのではないか。二〇一一年、日本の映画祭で上映された『夢の城』は、舞台上での長時間の性交（その他の性行為も含む）場面があり、ミュンヘンのシュピールアルト・フェスティバルでも上映された。私が参加した公演で聞こえた唯一の抗議は、俳優たちがうっとりとした性交を繰り返そうとした最後の方での「ああ、またか」という声だった。[30] 性行為のシーンの撮影は、出演者のその日の体調によっては、シミュレーションではなく実際に行われることもあるという話題も提供されたが、この公演では観客の抗議は一切なかった。

フェスティバルの観客は、もちろん、閉鎖された演劇の公共圏のさらに特殊な形態であり、この公共圏が魅了するのは、ある種の審美的好奇心の強い、おそらく道徳には無関心な観客である。狭い意味での演劇的公共圏が持つ、抗議を吸収する能力を要約している批評がある。

この形式の一貫性のせいで、観客は驚くべき魅力を体験することになる。それは、嫌悪感や強迫観念を抱くような中産階級的な魅力ではなく、舞台の演技に宿る予想もつかないユートピアの可能性という魅力である。[31]

独自の道徳的な世界における形式の一貫性が、舞台上の性行為の再現への感情を中和するのである。

同じフェスティバルのなかで、もう一つ上演が行われ、これは穏やかなものではあったが抗議をないかと懸念されていた。

二〇一一年一〇月二〇日の夜、カステルッチの『神の子に免じて、顔の概念について』の初日に、九人のデモ隊がパリ市立劇場の舞台上へ乱入したのである。彼らは、「キリスト教恐怖症、もうたくさんだ！」と書かれた横断幕を広げていた。舞台を片づけようとする舞台係とのあいだで乱闘が起こり、二〇分後には警察が呼ばれてデモ隊は劇場から排除された。公演前には、別のグループが観客の入場を妨げようと、ドアに鎖をかけ、催涙ガスや悪臭爆弾を投げ、「キリスト教恐怖症」公演を非難するパンフレットを配っていた。デモ参加者の目には、この作品が著しく神を冒涜し、キリスト教信仰の象徴的イメージであるキリストを、明らかに攻撃しているものと映ったのである。たまたま、観客席には抗議行動を記録するデジタルカメラが設置されていて、その映像はある抗議団体のウェブサイトにすぐに掲載された(32)。

この演目は三部構成である。第一部では、高価なスーツに身を包んだ息子が、失禁した老父の世話をしている。父は何度もおむつを汚すが、息子は仕事に出かけようと必死に泣きながら、観客の目の前でおむつを交換する。観客は、老人の裸のお尻を見るだけでなく、耐え難い下痢の嗅覚体験をすることになる。舞台は、一五世紀に描かれたアントネッロ・ダ・メッシーナの絵画『サルバトール・ムンディ』の巨大なキリスト像を背景に、病院のように真っ白な富裕層のマンションの一室に設定されている。度重なる下痢の後、息子は自暴自棄になり、苦しむ父から離れてキリスト像へ近づき、腰を下ろしてそっと唇にキスをし、そのあいだ老人は汚れたシーツでベッドに座って泣いている。第二部では、リュックサックを背負った子どもたちが入ってきて、手榴弾や石を像へぶつけ始める。彼らが舞台を去ると、老人は茶色い液体の入った容器を手に取り、それを自分にかけた後、斜め上に向かって歩き、白い床に中身を空ける。最後に観客は、こちらを見つめるキリストの顔を見つめ返すことになる。像は背後からの激しい圧力を受けて揺れ、バラバラになり、暗い粘液が床に染み出していく。言葉が映写され、詩篇の有名な一節「主は私の羊飼い」が浮かび、そのなかに「(ではない)」という言葉がかすかに挿入されている。

二〇一一年一〇月二〇日の舞台の混乱は、一〇日間にわたる暴力的なデモ活動の始まりに過ぎなかった。結果、二二〇人が逮捕され、教会の有力者が参加する大規模な公開討論会が催され、劇場や作品そのものだけでなく、最も重要である芸術的自由を擁護する立場の人々も参加した。その場で逮捕された一五人は、フランス刑法第四三一条の「表現の自由への侵害」に基づいて起訴された。フランスの法律では、最高で一年の懲役または一万五〇〇〇ユーロの罰金が科せられる犯罪である。さらに暴力をともなう場合、三年の懲役もしくは四万五〇〇〇ユーロの罰金に引き上げられる。

フランスの伝統ともいえる声高な抗議活動である舞台への乱入が、感情的興奮をともなっていたことは疑いの余地がない。これは、シャンタル・ムフが提唱する政治的な観点のほうではなく、アゴーン的な行動の一例であると思われる。この例は、「対立をアゴーンとして表現するための制度上の回路がない場合、その対立は暴力になり果てる可能性が高い(33)」という彼女の分析を裏づけるものである。ここでは、様々な種類の感情表現が行われていたことを、より詳しく見ていきたい。重要なのは、表現されている感情が本物かどうかよりも、明らかに政治的なキャンペーンを強調するために、これほど暴力的な表現が行われたという事実である。私がここで関心を持っているのは、上演というフィクションのなかで表現され、探求された情動/感情と、公共の場で表現され、表示された情動/感情とのあいだの相互関係の検証である。

まず、上演における情動や感情の表れを見てみたい。古典的な修辞学の伝統に基づいた、一八世紀の演技理論に関する伝統的な情熱の理論では、感情(情熱または情動)の生成と経験を、ホラチウスの格言(「私に泣いてほしいなら、あなたが感動しなければならない」もしくは、より一般的には、「観客を動かすには、まずあなた自身が動かされなければならない(34)」)に要約される、演者と観客の相互関係の観点から見ている。アリストテレスやキケロは、感情は精霊によって運ばれ、演者の身体から観客の身体へと移動し、それによって受け手を「感染」させるという理論を用いるが、その同一線上の考え方である(35)。

ここでは、カントが『人倫の形而上学』のなかで示す、感情、情動、情熱の区別から始めたい。第一六章「『善い意志』を促進する特性」において、カントは「感情」(心の動き)という広義の言葉で、主に身体的なもの(彼の道徳的世界では幼稚で弱いもの)であるためにコントロールしにくい「情動」と、ある程度は意識的にコントロールできる「情熱」とを区別する。通常、怒りや激高の

「情動」をコントロールすることはできないが、ある程度の道徳的美徳があれば、それが憎しみの「情熱」への変容を防ぐことができる。したがって、「情熱」は意識的な反応によるものであり、原則として元の平常な状態に戻すことができる。

現代の理論は、情動と感情を区別している（すべてではない）が、情熱といういくぶん時代遅れで、道徳的な意味合いのカテゴリーは省く傾向にある。アメリカの心理学者であるシルヴァン・トムキンスは、情動と感情の分類で注目を浴びたが、基本的な情動を「恥」「興味」「驚き」「喜び」「怒り」「恐れ」「苦痛」「嫌悪」と定義している。さらに、恥と嫌悪を「境界線や障壁」[36]を構築するものとして、他の情動から分離させている。トムキンスは、とりわけ悪臭に対する嫌悪感に注目しており、これは後の段階の進化の兆候と考えている。しかし、情動は遺伝的にプログラムされたものであり、文化的な学習によるものではないという。

排便の視覚、嗅覚的な次元をハイパーリアル化した上演において、観客の反応は、特に臭いに対する嫌悪感、そしておそらく羞恥心であったといえる。老人が、自分の体の機能をコントロールできないことに対する恥をはっきりと表現しているように、物語レベルでは恥が支配的な感情である。このテクストの最後の言葉は父のものである。「ごめん、ごめんなさい……許して……許して」[37]。つまりカステルッチは、視覚に加えて「匂いの効果」を用いることで、観客に情動的な反応を強いたことになる。

情動における表現と経験、その二つの側面を区別することは重要であろう。手榴弾を持った子どもたちによる絵画への攻撃は、明らかに怒りを示しているが、何らかの文脈や正当化がなければ、情動的な動機を欠いた無差別の破壊行為に過ぎない。ここで観客は、「情動の行動」に意味を与えなければならない。物語全体にも場面にも情動は表現されているが、観客を「もしあなたは私が泣くことを望むなら」という、演者とのあいだの相互循環に巻き込もうとはしない。それどころか、表現された情動と、経験された情動のあいだには明らかな乖離が生じているのである。舞台上では恥や怒りが、観客席では抑えきれないほどの嫌悪感が生じているのである。自身のブログでもさまざまな記事を書いている、『ガーディアン』紙の批評家マット・トゥルーマンは、上演によって生じた様々な感情を列挙し、「自分たちの未来を描いたもの、つまり本当のホラー（嫌悪感とは対照的に、ホラーは未来に関わるもの）[38]」と表現している。絶対的な存在感を示す嫌悪という即時的な身体的情動に、より複雑な認知活動を必要とする、恐怖という不穏な感情が取って代わるのである。

この作品に対する批評家の評価には、「心を深くえぐる」というような、感情的な興奮の内在化を示唆する表現が散見される。精神分析のモデルをもとにいえば、私たちは観客として、自分の感情の乱れを内向きにするように訓練されており、その結果、個人化された情動と集団化された情動が、微妙なバランスを保っていることになる。『顔の概念』は、外部へ向けた演劇的感情をともないつつ、便通という親密さが親愛の情と結びついて、内在化とプライベート化の極端な表現を示しているといえるだろう。カステルッチは、あるインタビューで次のように述べている。「糞とは愛の表現である[39]」。

上演が進むにつれ、観客の注意力は、排泄して失禁する老人と、彼を丁寧に世話するアルマーニを着た息子のハイパーリアルなモードから、キリストの顔への瞑想に移っていく。観客はキリストの顔を見て、キリストの顔が観客を見返すのである。子どもたちが舞台に登場し、石や手榴弾で像を攻撃し始めると、私たちの認識は再び寓話的なモードへ変化し、行動を理解しようとする。この時点で、仮に観客に信仰があれば、それが作用して、観客のあいだに高度に差別化された反応領域を作り出すことになるかもしれない。こうした視線の二分化は、像が様々に不当な扱いを受けながら、最終場では、黒くて暗い液体がにじみ始め、詩篇のテクストが映し出されるまで続くのである。

石打ちによる攻撃と絵画の汚れに対する観客の反応は、もちろん極端に異なり、記号論的な好奇心（それは何を意味するのか）から、キリスト教の中心的なアイコンに対する、偶像破壊もしくは冒涜に対する直感的な怒りまで、さまざまである。だが、こうした反応の幅は、信仰という基準のみで測れるものではない。カーマシュピーレでのポスト・トークにおいて、ある神父が述べたように、神学的な教養のあるキリスト教徒は、神への冒涜を、信仰の確認、つまり「祈りの別の側面」と見るのかもしれない[40]。情動ではなく認知による解釈でいうと、カステルッチは、故意に神を冒涜するイメージによって怒りの情動を煽ることよりも、（神ではなく）人間の苦しみを見るという現代的な意味での「この人を見よ」という神学の中心的イメージや、神とその息子と人間のあいだの、複雑な擬態関係の極限状態での探究に関心を持っていると解釈できるだろう。神は自身に似せて最初の人間を創造したが（創世記一 - 二六）、出エジプト記二〇 - 四の第四の戒律では、天上、地上、水のなかのすべてのものについて、像や似姿を作ることを明確に禁じている。図像の歴史を見ると、宗教的な動機に基づいたイメージ作りは、過激な反応を引き起こし続けることがわかる。宗教改革におけるプロテスタントの図像をめぐって、教会の美術品は組織的に破壊されたし、最近のモハメッドの風刺画をめぐる騒動では、神への冒涜だと思われて一二〇人以上の死者が出たことを踏まえると、神への冒涜という認識が常に火種となってきたことがわかるだろう。

以上で見てきたように、経験豊富な観客にショックを与えることは難しい。極端な暴力表現や露骨な性行為であっても、動物に対する暴力行為でない限り、スキャンダルになることはほとんどない。あらゆる批評のまなざしが、舞台上での極端な排泄物の描写、特に宗教的なイメージとの並置に向けられるのは当然である。今日の西洋社会における情動の断層は、道徳的な怒りよりむしろ、宗教的な感性に沿ったものといえる。カステルッチは公式声明で、「老父の排泄物は、究極かつ現実的な条件としての人間の殉教のメタファーに過ぎない[41]」と主張している。身体の衰えと介護依存の状態を「殉教」と表現することは、男の背後で彼と私たちを見つめるキリストの姿という観点からのみ正当化される。医学的な症例が、ここでは神学的な意味合いを含んでいるのである。しかし、このこと自体が不快なのではなく、嫌悪観は、排泄物を見たり匂いを嗅いだりしたときの身体的な反応からくる。これらはすべて、内向きの演劇圏という特殊な倫理的な世界のなかで対処できる。問題が生じるのは、暗い液体が絵の下に垂れ始めた最後のイメージである。この瞬間、演劇という閉じられた世界が開かれ、政治的・宗教的な議論という公共圏へと押し出されることになるのである。

パリでの抗議活動に先立ち、二〇一一年七月のアヴィニョンでの公演後に、この作品に対する申立てが始まった。それ以前にも、この作品はヨーロッパの多くの都市で上演されていたが、苦情はほとんどなかったという。二〇一一年九月五日には、カトリックの過激派団体「市民研究所」が、『顔の概念』と『ゴルゴダ・ピクニック（*Golgotha Picnic*）』というスペインの作品に抗議する嘆願書を、インターネット上に掲載した。「キリストを守れ」と題されたこの嘆願書は、この二つの作品の上演を予定している劇場に対して、キリスト教徒は直接抗議するよう求めており、劇場とその連絡先が記載されている。フランスにしては珍しく、英語でも書かれていた。

> 貴劇場がある上演（『ゴルゴダ・ピクニック』もしくは『顔の概念』）を行う予定であると知ったが、その内容は明らさまに反キリスト教的なものであり、私は非常に深い憤りを感じている。芸術における表現の自由という概念は、すべてを許しているわけではない。いずれにしても、この上演が反ユダヤ、反イスラムであれば、上演は行われないことは明らかである。フランスのキリスト教徒は二流市民になったのか。他の多くのキリスト教徒と同様に、私も無関心ではいられず、キリストがあなたの舞台で侮辱され、誇りが損なわれるのを見過ごすことはできない。この上演の即時中止を強く求める。(42)

このウェブサイトから、「市民研究所」の「支部」を名乗る「若きフランス市民」のサイトへリンクが貼られ、彼らはカトリックの政治的青年運動であると説明している。この団体は、「市民研究所」の青年部門であり、その親組織と同様に、「私たちの主イエス・キリストによる社会的・政治的支配」の回復を目的とした、戦闘的な行動を明示しているのである。(43)

嘆願書が掲載されたウェブサイトには、この二つの作品について、神を冒涜する内容が詳細に記載されている。『顔の概念』の場合、この文章には一連のシーンが記述されており、特に「リアルにするために本物の手榴弾」で、子どもたちがキリスト像を攻撃するシーンや、像が物理的に攻撃され、「血よりも、前の場面の糞尿を連想させる茶色がかった赤」に変色したことなどが書かれている。(44) 嘆願書は、実際は、色の記号論に特別な注意を払った、上演分析の初歩的なかたちを提供しているともとらえられる。

こうした神を冒涜するようなイメージの記述と分析が出たことで、カステルッチは、舞台上での暴動から二日後の二〇一一年一〇月二二日に、パリ市立劇場のウェブサイト上で、「彼らは自分たちが何をしているのかさっぱりわかっていないから」と、抗議した人たちを「許しましょう」という物議を醸す声明を発表した。彼は、観客一人一人に深く問いかけるキリストのまなざしの力を強調する。

キリストのまなざしは、人の心を乱し、裸にするものであり、人工的な褐色が糞便を明示しているわけではありません。それから、私がはっきりさせたいのは、上演のなかで、キリストの顔が排泄物で汚されているというのは全くの誤りです。この作品を見た人は、最後に黒いインクのベールが流れ、黒い覆いのように絵の下に降りてくるのを見るでしょう。(45)

カステルッチは、カトリック過激派の作品分析に対抗して、排泄物の茶色と最後のシーンの「黒い

イン ク」を区別することで、自らの作品をわざわざ別の記号で読み解いている。演劇の基本的な記号論によれば、観客は色のあいだに類推と対応関係を築くため、老人のおむつのなかの茶色い物質を、キリストの絵の変色と同一視しないことは認知的に難しいからである。

意味論的にいえば、「市民研究所」による、汚物の一つとしてのイメージの読みは正当化される。カステルッチにとって、最終場でキリストの顔を包み込む黒い覆いは、別の意味を持つが、それは彼自身の私的な芸術世界の一部なのである。『顔の概念』は、ナサニエル・ホーソーンの短編小説『牧師の黒いベール』に基づく二部作の一部であるが、もう一つの作品については、二〇一一年四月にベルギーで初演された後、カステルッチが取り下げ、未完成のままになっている。シンゲルでの上演写真には、同じようにメッシーナの『サルバトール・ムンディ』が何か黒いものに包まれているイメージが写っている。カステルッチ自身がイメージを理解しているという点では、視覚的にも概念的にも説得力があるのだが、作品の真の意味は見る人の心のなかにあるという、モダニズム美学の古い真理が、『顔の概念』の場合には持ち出され、作品につきまとうのである。

しかし、この戦闘的な演劇記号論者とはいったい何者なのだろうか。二〇一二年のパリでの抗議活動と、それに続くイタリアでの抗議活動は、過激なカトリックと極右のグループが相互に結びついた連携が前面に押し出されていた。彼らは、カステルッチの上演を利用して、自分たちの政治的提言を追求しているのである。『ル・フィガロ』紙によると、パリでの抗議活動にはいくつかのグループが参加したという。クリストフ・コレビンは、「デモ参加者のなかには、様々な宗教の過激派がいる」と題した記事で、キリスト教の価値観に傾倒しているとはいえない他の過激派が、カトリック系集団の「後追い」で登場したと述べている。もともと、カトリックの「市民研究所」と「若き行動するフランス」が抗議活動を主導していたが、これらのグループには、王制主義者の「行動するフランス」や「フランス革新派」の民族主義者、さらには暴力的な右翼学生団体「自衛組合（GUD）」の黒いシャツを着たファシストの代表団が加わっていた。[46]「自衛組合」のリーダーであるエドゥアール・クラインは、「ヨーロッパのキリスト教や文明の価値観が攻撃されるときには、自衛組合が存在しなければならない」と説明し、自らの存在を正当化した。[47]敬虔なカトリック教徒とネオ・ファシスト、民族主義者の「不浄な」提携が結ばれたのは、最近の国民戦線（FN）内の「再調整」により、「直接交戦」へ転じた内部の過激派追放が理由の一つであると、記事では説明されている。[48]ある時には、預言者イーサー（イエス）の中傷へ反発するイスラム教徒が抗議活動に加わったことさえあった。

反対の立場との緊密な結びつきについては、フランスの右派政治の特殊性と説明できるのかもしれないが、それでは十分とはいえない。最近のイタリアでの抗議活動を見ると、カトリック系反対派には、信仰とファシズムの両方に対して忠誠心を持つグループが存在していることがわかる。二〇一二年一月下旬に、ミラノのフランコ・パレンティ劇場で行われる本作を前に、保守的なカトリック団体「キリスト民兵」は、インターネットのブログやツイッター、フェイスブックを通じて、公演の中止を求めるキャンペーンを開始した。同劇場の芸術監督であるルチ・シャンマ氏には、反ユダヤ的な罵倒や脅迫のメールが届いた。状況を悪化させないため、初日に先立つ記者会見や公開討論会は中止となった。フランスでは、教会や少なくとも一部の関係者は、この作品を擁護していたのに比べ、バチカンでは、この作品を「キリスト教徒を侮辱している」とする有力な関係者の声明が発表された。この声明には、バチカンの有力者である国務省長官のモンシニョール、ペーター・ブライアン・ウェルズが署名している。声明の最後には、ローマ法王の言葉が紹介されている。「法王は、神、聖人、宗教的シンボルに対する敬意の欠如に対して、神父に導かれたキリスト教共同体が強く、冷静に対応することを望んでおられる」[49]。これは公演に対して法王が直接異を唱えたということではなく、あるカトリック司祭が教皇に宛てた手紙に対する回答として作成された。この回答は、国務省長官による正式なものではないが、宛先のカバルコリ神父は、抗議活動を取りまとめていたウェブサイト「キリスト教の回復」にすぐにこれを掲載し、さらにジャーナリストに配布された。このローマ法王の声明とされるものが出回ると、バチカンは急いで公に説明を行ったが、それは最初の文章よりもはるかに慎重で、偏りのない内容だった。アンドレア・トルニエッリは、大手日刊紙『ラ・スタンパ』が発行する「バチカン・インサイダー」に寄稿し、今回の事態を「印象操作の不幸なケース」とまとめている。

一連の出来事が与える印象は、バチカンが、自ら裁定するつもりのない問題に「巻き込まれた」というものであり、カステルッチの作品に対する壊滅的な批判が、結局は教皇に直接帰されたというものである……カバルコリ神父も、聖チャールズ・ボロメオ委員会の主催者も、抗議活動の計画に、強烈なイデオロギーを持つ集団や派閥が入ってくる危険性が高いことを認めざるを得なかった[50]。

「強烈なイデオロギーを持つ」集団による思想「浸透」の危険性は十分証明されている。ミラノでは、過激なカトリック教徒がネオファシストの集団と合流し、暴力的な雰囲気になったため、大勢の警察が出て保護し、劇場前でのデモは禁止された。したがって、過激な抗議活動の観点からすると、問題は舞台の記号ではなく、イデオロギー上の敵に対抗するための政治と宗教の戦略的提携のほうにあるが、この場合劇場（ユダヤ人芸術監督）は、警察という一種の舞台装置に助けられたことになる。

茶色い糞であれ黒いインクであれ、カステルッチの作品ではキリストのイメージが汚されている。このようにして、公共の場での汚損が生じたのである（法的には劇場は公共の場である）。ここでは、一貫した芸術的コンセプトが、劇場という安全な囲いを抜けて、より広い公共の領域に入ったケースをここに確認できるだろう。演者（この場合、国境を越えてつながりのある過激なカトリックや右翼集団）は、自分たちの政治的提言に沿って、作品の受容について再構築を可能にした。時に暴力的な抗議活動が行われたが、最終的には演劇の公共圏としての機能と効力を更新することになった。たとえ議論の場ではないとしても、より広範な価値観が問われる場へと更新される基点として、である。パリやミラノの機動隊が過激なカトリック教徒（イスラム教徒ではない）と戦い、芸術表現の自由を守るために催涙ガスを使用する場合に、劇場、特に国や自治体の支援を受けている劇場の制度としての重要性とは何なのかが見えてくる。演劇は公共圏で行われるライブイベントであるため、他の芸術形態よりもさらに高い興奮をもたらす。最も効果的な影響は、架空世界の舞台ではなく、公共の場である舞台上で行われるものである。カメラの前で行われる舞台への攻撃は、上演への計画的な反対行動ともいえる。撮影は抗議活動の不可欠な要素であり、これらの画像がインターネット上で拡散することで、新聞やテレビでの古い報道よりも、メディア流通が確保されることになった。演劇は、少なくとも、公共の議論、討論、抗議の結節点となる場合があるのである。

この作品をめぐる抗議活動の連続は、演劇と公共圏の関係を歴史的な観点から再考することを促している。憲法で保護されている権利を追求し、公的な助成を受けている施設ですらプライバシーが守られ、そこで神を冒涜する上演を鑑賞するような観客は自己満足に陥りやすいが、芸術を追求しているという考え方には、演劇の公共性についての疑問を新たに投げかけるべきではないだろうか。なぜ、神を冒涜する合意に基づく芸術は不可能なのか。それは十分可能で、法的な保護を受けていることは、フランスとイタリアの両当局が、観客と上演のために大掛かりに警察による警備を行った事実からもわかる。さらに興味深いのは、明らかに違法な行為であるにもかかわらず、なぜ抗議者たちは逮捕、罰金、懲役刑の危険を冒してまで行動を続けたのかという点である。誰も彼らに上演を観ることを強制してはいない。一九二五年にフランクフルトの弁護士が主張したように、「同意した人が傷つくことはない」のである。とはいえ、実際にその場にいるかどうかにかかわらず、神を冒涜するような行為や映像が公共の場で行われているという考えは、抗議を正当化するのに十分な理由となる。これらの団体の政治的な意図はさておき、彼らは観客や政治家よりもはるかに明確に、演劇を公共圏として定義していると思われる。公共の場で行われる宗教感情への侵害を禁止する法律は、多くの国に存在している。表現の自由と第三者の基本的権利という、相反する二つの法的カテゴリーの意味合いについて、ここで追求しようとは思わない。それよりも興味深いのは、二つの異なる認識の衝突である。劇場の観客や芸術的自由の擁護派は、自由を確保するために劇場空間を私有化しているのに対し、反対派はそれを公共の空間であると宣言し、それによって神への冒涜を抗議することができるのである。芸術的自由の擁護者は国家の保護下にあるため、反対派は怒り、深い感情が生まれ、興奮し、肉体的・精神的に疲労しつつもその感情を転換し行動へ移す。間接的にではあるが、こうした新しい怒りは、演劇の公共的な機能を大幅に向上させる。演劇は、テレビや映画に比べて、検閲を受けずに活動できるため、特別な役割を担っているのである。最も古いメディアである演劇が、最も新しいメディアであるインターネットと共通するのが、検閲からの自由であることは興味深い。過激な原理主義者たちは、どうやらアーティストたちよりも、この検閲の空白を利用することに長けているようだ。

## 炎上とブラック・フェイス

ベルリンのシュロスパーク劇場は、メディアでの知名度が高い俳優が演じる、無難なコメディーを専門とする私設劇場である。二〇一二年一月七日には、ハーブ・ガードナーによる、長年親しまれてきた『私はラッパポートじゃない（*I'm not Rappaport*）』が上演された。アフリカ系アメリカ人の管理人ミッジ役は、一九八七年のドイツ語圏初演で同じ役を演じた、白人俳優ヨアヒム・ブリーゼが配役された。上演三週間前の二〇一一年一二月一六日、劇場はフェイスブックにポスターのデザインを掲載し、こうコメントを付けた。「『私はラッパポートじゃない』のポスターデザインが届きました！ 気に入っていただけましたか？ ハラーフォルデン氏のXXLサイズの煙草をご覧あれ」[51]。このサイトを訪れた人は、タバコの大きさではなく、ヨアセム・ブリーゼのメイクに注目した。このメイクは、二〇一一年の「ジャーマン・アングリカン・オブ・ザ・イヤー」にも選ばれるほど話題になり、「炎上」を招いた[52]。ネットコミュニティは、悪気なくほどこされた黒いメイクだけでなく、ブリーゼ氏の屈辱的なポーズにも明らかにミンストレルショーの伝統を感じ、怒りの声を上げたのである。劇場側は、適切な年齢層で完璧なドイツ語を話す黒人俳優がいなかったことを理由に、この方針を擁護した。さらに、この作品の出版社であるユッセンホーフェン&フィッシャー社は、「作者が提示した条件に反している」という理由で、黒人メイクなしで演じることをはっきりと拒否した[53]。公的な助成を受けていない劇場は、炎上するなかで上演続行を決めたのである。

このポスターと演出については、反対派と賛成派のあいだですぐに議論が始まった。演出家のトーマス・シェンデルは、必要な年齢層の黒人俳優を見つけられなかったと主張し、ドイツで活動する「有色人種」（英語での表現）の俳優たちから抗議の声が上がった。多くのWeb 2.0の議論と同様に、論争のスタイルは、合理的な批判から面白がるものや風刺的なものまで、多岐にわたっていた。「クリスマスの物語を学校で上演することは禁止すべきだ。ほとんどの小学校には本物のムーア人がいないからだ」とか「黒パンを食べると人種差別主義者ということになるのか？」[54]などである。また、別の投稿では、ドイツでは「黒と白のミンストレルショー」のようなテレビの長寿番組がなかったため、黒塗りの伝統を説明しなければならないというものもあった。しかし、ドイツ人俳優の黒塗りは、いまだにさまざまなジャンルで見られるものの、ドイツ政府に助成されている芸術的に果敢な劇場では、黒塗りのオセローは避けられるか、象徴的にほのめかされるか、あるいはグロテスクに誇張されるかのいずれかである。ウルリッヒ・ヴィルトグルーバーが演じた一九七六年のペーター・ツァデック版や、ゲルド・フォスを主役に立てた、ウィーンのブルク劇場でのジョージ・タボリ演出などを見れば、このことは明らかだ。[55]

シュロスパーク劇場側もフェイスブックで積極的に議論に参加し、自らの決定を説明し、配役の方針を擁護し、反対派の議論にも参加した。このような要求がもたらす論理的、非論理的な結果に注目を促すことで、反対派の意見の不合理を明らかにしようとしたのである。

今後、アンサンブルに「黒人俳優」がいないからといって、シュレーゲル／ティーク版のオセローをレパートリーから外さなければならないのでしょうか。シラーの『フィエスコの反乱』やブレヒトの『セチュアンの善人』はやめたほうがいいでしょうか。アンナ・ネトプレコがプッチーニの『トゥーランドット』を歌うとき、彼女はアジア人ではないから人種差別だと非難されるのでしょうか。[56]

最終的に劇場は、ポスターや他の「攻撃的な」宣伝を取り下げることに同意したが、作品そのものは取りやめなかった。初日は予定通り行われ、この作品は二〇一二年を通してレパートリーとなり、満員御礼となったのである。

影響という点では、この論争は長期的な反響をもたらした。シュロスパーク劇場のフェイスブックで対話していた人のなかから、抗議活動で生じるエネルギーを利用しようとする、上演反対グループが現れたのである。二〇一二年初頭、人種差別的な演出や配役を監視するために、「有色人種と白人の活動家」からなる抗議グループ「舞台の見張り」が結成された。彼らが注目したのは、ベルリンで最も権威があり、最高額の助成を受けていると言っても過言ではないドイツ劇場での上演だった。デーア・ローアの『イノセンス』という作品は、すでに数ヶ月間上演されていたが、ここで同じような批判的介入が要求されたのである。数多くの登場人物のうち、エリシオとファドゥールの二人はアフリカ人であり、作者は次のように定めている。

エリシオとファドゥールに黒人俳優を起用するのであれば、それは彼らが良い俳優だからであって、強制的に必要のない本物を作るためではない。本物を作る必要がないのだから、黒塗りやマスクなどの人工的な舞台装置は好ましくない[57]。

演出家ミヒャエル・タールハイマーは、この作者の意向を無視することにした。ドイツ人の白人俳優が誇張された黒塗りの顔と赤い唇で、意図的にブラックサンボの効果を使って登場人物を演じたのである。

二〇一二年二月一二日、二人のブラック・フェイスの俳優が初めて舞台に登場したとき、四二人の観客が一斉に客席を後にした。そして彼らはホワイエで、この上演に反対するビラを配ったのである。

私たちは、俳優、演出家、ドラマトゥルグ、その他の演劇やクリエイティブなアーティスト（白人と黒人）であり、ブラック・フェイスの使用への反対を訴える。なぜなら、それは単なる演劇的な異化効果ではなく、人種差別的なイメージや決まり文句が繰り返されることで、再びそれらを作動させるからだ(58)。

シュロスパーク劇場とは違い、ドイツ劇場の経営陣は、公演後すぐに反対派と接触し、また、別に準備した会合で再び話をした。当初、芸術監督のウルリッヒ・クオンは抗議行動に苛立ちを感じていた。テレビのインタビューで彼が主張したように、この装置はヨーロッパに蔓延する人種差別を指摘することで、その解体を明確に目的としていたからである。メイクアップをなくすということは、作品の中心的な視覚的シンボルと主張を消すことを意味する。これは、芸術表現の自由に対する侵害に相当する。しかし、このビラは、こうした主張をすでに予測しており、単なる異化として否定していたのである。最終的に、劇場はデモ参加者の要求に応じて、黒を真っ白のメイクアップに変更した。演出家のミヒャエル・タールハイマーは、このメイクの変更は自分のコンセプトにとって少しも問題ないと主張した。なぜならば、同じ「異化効果」が達成されつつ、一部の観客の感情を害することもないからである。

本作品中の黒塗りは、一般的な人種差別や、演劇における人種差別的描写の伝統についての自己検証のため、一種の批判的な異化効果を意図したものである。その一方で、白塗りは、外国人や有色人種が多いドイツ社会において、その分身の舞台表現が直面する壁に注目したものといえる。第二次観察（ルーマン）としては、それは舞台の特定の装置の失敗に言及するしかなく、圧力団体「舞台の見張り」の有効性を、メタ的に参照するコメントになるしかない。その意味で白塗りは、公共の抗議行動が成功した証として、また公共圏がドイツ劇場のような強力で政治的に敏感な機関に、実際に影響を与えることができる証として、記号的に機能してはいるのである。

しかしながら、ピエロからバスター・キートン、さらには最近ベルリン・アンサンブルで上演された『ダントンの死』の貴族が白塗りで表現されたが、白塗りは、まったく異なる演劇の伝統からきている。このような歴史的な関連性の問題からか、新しい白塗りの企図は「舞台の見張り」を分裂させてしまった。二〇一二年三月二一日の白塗りの初演後、ドイツ劇場は再び議論を重ねた。この措置を介入の成功例と考えた人は、すぐにシュロスパーク劇場のフェイスブックに成功したことを知らせるメッセージを掲載した。ただし、一方ではあまり納得していない人もいた。ある活動家は、演劇は「顔に色を塗る」ことを一切やめるべきで、「街で、私の肌の色は剥げ落ちているか尋ねなければならないなら」、「芸術的自由」という議論は成り立たないと述べている[59]。どのようなメッセージを発するかではなく、色塗りそのものが問題だというのだ。

この公共の場における討論は様々な結果をもたらした。黒塗り、白塗り、どちらの場合も作品は記号論的構造を維持していたが、公共圏が介入する力を実証し、複雑で自己言及的なドイツの劇場システムのややもすると密閉されがちな世界に人種問題が蔓延していて、メイクアップを変えるだけでは解決できないことを知らしめたといえるだろう。この論争は、英国や米国の読者には、うんざりするような既視感をもたらすかもしれない。つまり、この問題はおそらく「解決」されているという感覚であるだろうから。二〇〇六年に、ウースター・グループが一九九三年のオリジナル作品を再演した際に、ケイト・ウォークが、ブラック・フェイスの『皇帝ジョーンズ』を演じて文句なしの成功を収めたことは、このような装置のアイロニカルで脱構築的な戦略が、米国の実験的な劇場で受け入れられていることを示唆している。これは、一九八〇年代初頭にウースター・グループが、ソーントン・ワイルダーの『わが町』を自由に翻案した『ルート1&9』での「装置」の使用に対して、「進歩的なマスコミ」や資金提供団体が、極めて否定的な反応を示したことと比較すべきだろう。このような「進歩」が実際あるにもかかわらず、ドイツの例は、演劇の公共圏がしばしば非常にローカルで、偏狭ですらあることを浮き彫りにしている(60)。

ドイツのブラック・フェイス論争の場合、公共圏は警報のシステムとして、あるいは矯正装置として機能していた。またこの抗議活動は、論争を引き起こし、公共圏での議論を持続させる、ソーシャルネットワークの新たな力も示している。シュロスパーク劇場の場合は、劇場のフェイスブックでほぼ独占的に一連の出来事が公表され、劇場が広報とマーケティング戦略を重視していることがわかる。この双方向のフォーラムは、文字通り議論の舞台となった。一方、多額の補助金を受けているドイツ劇場では、このような双方向の掲示板を許可していない。インターネット・サイトは注意深く管理され、制御されている。よって、ドイツの文化産業における人種差別を明らかにすることを目的とした、新しい反公共は、劇場そのものを抗議の場として選び、今日まで続いているインターネット上の持続的な抗議がそれを後押ししたのである。マイケル・ワーナー（二〇〇二）の言葉を借りれば、「舞台の見張り」はまさに文字通り旗を掲げ、人種問題を世間の目に留めるために、実質的かつ献身的な人たちを集めることができたのである。

## 注

（1）Ziolkowski (2009), 12.
（2）Jonson (1966), 333.
（3）Goldstein (2009) 74 より引用。
（4）Meike Wagner（2012）は、一八四八年、革命前のドイツにおける、検閲、公共圏、メディア技術の変化は相互関係によると論じている。
（5）一九世紀の演劇の検閲に関する、非常に有益な比較研究については Goldstein (2009) を参照。
（6）Stark (2009), 25.
（7）Blackadder (2003), 132.

（８）*Ibid.*, ix.

（９）一九四五年以降のドイツでは、少なくともスキャンダルは主に報道機関を介して伝えられ、公共圏が現れたようだが、それは客席でなかったことをブラッカダーは嘆く。Ziolkowski (2009), esp. ch. 4 も参照。

（10）www.zum.de/psm/weimar/weimar_vve.php. 二〇一三年四月一〇日最終閲覧。

（11）デニス・ケネディは、「宣伝のために無秩序を作り出す」ことを目的としていた「未来派の夕べ」に、このパターンの最も極端な表れを見ることができるという（2009, 56）。

（12）一九世紀には、悪名高きパリの劇場で観客に扮した人々がこのような慣習を取り締まり、規範や慣習が守られていない場合には、常にスキャンダルを起こす準備をしていた。

（13）*Deutsche Allgemeine Zeitung*(13 Dec. 1919). Rühle (1967), 195. 筆者訳。

（14）*Ibid.*

（15）詳細な分析については、Marx (2008), 97-106 参照。マルクスは、この作品を二〇世紀初頭の『ヴィルヘルム・テル』上演の系譜のなかで幅広く論じている。

（16）一九世紀の劇場警察の機能について法的観点については Opet (1897) 参照。

（17）Polizcimajor Dr. jur. Mayer, 'Die Polizei als Hausknecht: Eine Antwort auf den Anikel "Publikum unter Polizeiaufsicht" aus der *Deutschen Allgemeinen Zeitung* vom 4.11.1920 Nr. 519'. Press clipping in Bavarian State Archives, Munich, Polizei-Direktion München 4350. Hereafter PDM 4350.

（18）'Die Theaterskandale', *Berliner Tagesblant*, no. 66, 5 Feb.1920, n.p., PDM 4350.

（19）例えば 'Das Recht des Theaterpublikums auf Selbsthilfe', *Bayerische Staatszzitung*, no. 81, 9 April t921, n.p. 参照。ハインリッヒ・ローテンザックスの神への冒涜的な作品『牧師館の喜劇』に対する抗議が行われた。PDM 4350.

（20）Opet (1897), 219 参照。「劇場契約とは、劇場経営者と他の当事者との間で、前者が料金と引き換えに公演を提供する契約のこと」。

(21) Starer (1931), 9.

(22) 'Die Stinkbombe als Freikarte', *Neue Freie Bühne*,1 January 1924, PDM 4350.

(23) Toller (1923), 16, 21.

(24) PDM 4350.

(25) Dr. Hölscher, 'Das Recht auf Theaterskandal', *Frankfurter Zeitung*, 17 June 1925, no. 435, PDM 4350.

(26) *Ibid.*

(27) Hermann Esswein, 'Theaterskandale', *Münchener Volksbühne*, no. 5, Jan. 1920, 34-6, PDM 4350.

(28) もう一つの問題は、憲法を緩く拡張した場合の動物の「不可侵の尊厳」である。二〇一一年にバイエルン国立歌劇場でマルティン・クシェイが上演したドヴォルザークの『ルサルカ』のスキャンダルはこの例にあたる。演出家の当初の計画では、本物の（死んだ）鹿が舞台上で内臓を取り出されることになっていたが、世論の反発を受けてすぐに中止された。

(29) ヨーロッパにおける、イスラム教徒の感性と関連した神への冒涜の分析については、第四章の『イドメネオ』スキャンダル（二〇〇六）の分析を参照。

(30) 日本では二〇〇六年に三浦大輔の企画・演出「夢の城」が初演され、数々の賞を受賞。

(31) Kai Krösche, 'Und Träumen mit ihnen'. オンライン版は on www.nachtkritik.de,1 June 2011. 筆者訳、強調は筆者。

(32) www.yourube.com/watch?veEuPCFa38ejl. 参照。この映画は民族主義者のグループ「フランス復興」によってアップロードされた。二〇一三年二月四日閲覧。

(33) Mouffe (2013), 122.

(34) Horace, *Ars Poetica*,v.102.

(35) Roach (1993), 27.

(36) Gorton (2007), 335.

(37) 「神の子に免じて、顔の概念について」(未出版 MS, n.p)

(38) http://carouseloffantasies.blogspot.de/2on/o4/review-on-concept-of-face-spill.html

(39) John O'Mahony, 'Romeo Castellucci: Christ... what is that smell?' (www.guardian.co.uk/stage/ 2011/apr/19/romeo-castellucci-concept-face-son 二〇一一年四月三日閲覧)

(40) Discussion between Castellucci, Jörg von Brincken and Father Rainer Hepler, 25 October 2011.

(41) Marion Cocquet, 'A qui déplaît le "visage du fils de Dieu"?' (www.lepoint.fr/culture/a-qui-deplait-le-visage-du-fils-de-dicu-24-10-2011-1388636_3.php 二〇一三年一一月三日最終閲覧)フランス語訳はすべて筆者訳。

(42) www.defendorulecrucifix.org. 二〇一一年四月三日最終閲覧。本サイトは現在存在しない。

(43) www.francejcune.sscciviw.com. 二〇一一年四月三日最終閲覧。このキャンペーンでは、同性愛者同士の結婚や養子縁組を認めるフランスの最近の法律への反対に焦点を当てている。

(44) www.defendonslecrucifix.org. 二〇一一年四月三日最終閲覧。

(45) 'Romeo Castellucci: adresse aux agresseurs' より引用。(http://blog.leligaro.fr/theamhon/io/romeo-castcllucci-adrcssc-aux.html、二〇一一年四月三日最終閲覧)

(46) www.lefigaro.fr/theatre/zo11/1o/30/03003-20111030ARTFIG00226-romeo-Castellucci-la-piece-qui¬fait-scandale.php (二〇一三年四月一〇日最終閲覧)

(47) www.lesinrocks.com/actualite/actu-article/t/72387/date/2o11-10-30/article/1500-fondamentalistes-chretiens-defilent-a-paris-contre-la-christianophobie.

(48) Croquet, 'A qui déplaît le "visage du fils de Dieu"?' (n. 41) 参照。

(49) オンライン版で再掲。www.riscossacristiana.it. 二〇一三年四月一〇日最終閲覧。

(50) Andrea Tornielli, 'The Vatican dragged" into the controversy against Castellucci', *Vatican Insider*, 13 Feb. 2012.

(51) http://stoptalk.wordpress.com/2o12/01/04/you-know-its-a-bad-idea-when-its-blackface より引用。

(52) この言葉は、SNSやブログで発信される、予期せぬ持続的な憤りの波を意味し、公的な人物や機関に向けられ、主要メディアに取り上げられることもある。毎年、「今年の英語」という取り組みで、ドイツ語への貢献が認められた英語の用語を紹介している。

(53) 'Netagemeinde wertert gegen Hallervordens Schlossparktheater' (www.nachtkritik.de).

(54) ミンストラルショーの伝統的な黒塗りは、ドイツでも以前は知られていたが、このころにはほとんど忘れ去られていた。wipplinger 参照。

(55) 他の上演については Carlson (2009) 参照。

(56) www.facebook.com/SchlussMitBlackface

(57) Loher (2004), 3.

(58) http://buchnenwatch.com/wp-content/uploads/zo1z/oz/flyer_unschuld.jpg

(59) Simone Kaempf, 'Whitefacing ist kein Gegenmittel' (23 March 2012) (cited in: www.nachtkritik.de/index.php) 二〇一一年四月二四日閲覧。

(60) 米国における人種的キャスティングの理論的、政治的意味については、Pao (2010) を参照。パオは、「非伝統的な配役」という考え方で、役柄が必ずしも出演者の民族的構成に結びつかないようなさまざまな戦略を説明している。

# 第六章　演劇美学の分散とグローバルな公共圏

本書のなかで私が主張してきたのは、演劇の上演は、とりわけモダニズム的な表現において、もしくは学問的な理論化においては、公共圏をほぼ除いて定義していることである。演者と観客が「今ここ」のコミュニタスのなかで、リビドーのエネルギーを交換するという観点から上演を定義するなら、公共圏は観客席の閉ざされたドアの外にとどまるしかない。これまで述べてきた演劇の公共圏は、文化的に同質で、空間的に親密な公共を前提としている。ハーバーマスの政治的公共圏の概念が、民主的な国民国家の出現と密接に関連しているように、演劇の公共圏も、いわゆる国立劇場であってもその町や都市のものと考えられている。最終章では、演劇の公共圏がどのように上演と再統合されているのかを探り、この和解のプロセスにおいて、新しいメディアが果たす役割を問いかけてみたい。ここで提案している「分散型美学」のコンセプトは、インターネットの時代に上演と公共の関係を再考する手段として、ネットワーク理論から借用したものである。

公共圏という用語に対する重要な挑戦とその拡張は、トランスナショナル研究とグローバリゼーション研究から来ている。一方で、ナンシー・フレイザーが示唆したように、「トランスナショナルな公共圏」という概念は、矛盾しているというしかない。

世論についての正当な概念を、政治参加する平等な権利を持つ、同じ政治共同体以外の人とのコミュニケーションに結びつけるのは難しい。また、効果的なコミュニケーション能力という概念を、権力と無縁に議論する空間とするのもまた難しい。したがって、今日、「トランスナショナルな公共圏」について語るとは、いったい何を意味するのか、決して明確ではないのである。(1)

しかし、フレイザーが続けて論じているように、生活や仕事のパターンの変化、文化的情報の流動性、元の文化とのつながりを維持するディアスポラの形成、こうした概念が、ヴェストファーレン体制以後の国民国家中心の世界では必要であろう。この概念を真剣に議論すると、安易で政治的にも素朴なコスモポリタニズムの祭壇で、国民国家の文脈を「犠牲にする」ような問題については指摘せざるを得ない。国民国家という「想像の共同体」は、ヨーロッパと米国では(いくつかの例外を除いて)ほぼ達成されたのかもしれないが、ポストコロニアルの多くの国では見事に失敗しているのである。

トランスナショナルな公共圏を提唱する人々は、当然のことながら、この言葉自体の起源となったグローバリゼーション研究を参照している。人類学者のアキール・グプタとジェームズ・ファーガソンは、一九九〇年代初頭に、「トランスナショナルな公共圏のようなものが、コミュニティや地域性という厳密に縛られた感覚を確実に陳腐化させている」と論じたが、彼らの用語はやや曖昧である。(2)アルジュン・アパデュライが提唱した、グローバルな文化フローに関する五つの次元のうちの一つである「イデオスケープ」の概念は、グローバルな流通における啓蒙主義の遺産の一部として、公共圏の概念を明確に取り込んでいるのである。[3] このように少し前の表現にもかかわらず、この言葉は二一世紀に入ってから、情報革命と結びついて大きな意味を持つようになった。マニュエル・カステルの「グローバル市民社会」という考え方は、「グローバル公共圏」の機能を前提としており、そのためにはインターネット、特に「Web 2.0 の社会空間」[4] を介して利用可能な効果的なメディア・コミュニケーション・システムが必要となる。同じく、政治理論家のアレクサンダー・アニェヴァスは、「初期のトランスナショナルである公共の『サイバー圏』が現れ、反覇権的な社会勢力の推進において重要な役割を果たしている」[5] と指摘する。反グローバリゼーション運動のような地域的、世界的な抗議運動において、ソーシャルメディアを多用し、公共圏の伝統のなかで自分たちの考えを明確にするだけでなく、ごく内々のやり取りを内部組織の調整を促進させるように変え、もっと円滑にしている。このような二重の機能は新しい展開であり、一方ではメディアの融合、他方では私的なものと公的なものとのあいだの境界を解消する、一般的な傾向であるように思われる。ウルリッヒ・ベックは、リスク理論とコスモポリタニズムの概念を組み合わせて、気候変動などのグローバルなリスクに、演者や制度がどのように反応するのか、あるいは「ステージ」となるのかを問う「グローバル公共圏」(Weltöffentlichkeit) の社会学的理論を提案しているが、情報技術に主眼を置いてはいない。このようなグローバルな危機に直面して、出現しつつある仮想の「グローバル公共圏」を背景に、共通性を鍛える必要があるという。[6] ベックが「下からのグローバル・サブポリティクス」と呼ぶレベルでは、国境を越えた演者、利益団体、抗議運動、その他の

NGOが、グローバル公共圏の構造に貢献している。例えば、グリーンピースが得意とする、入念に演出されたスペクタクルなメディアイベントは、介入の必要部分を構成しており、それは同時に言説的かつパフォーマティブでもある。

こうした新しい状況に対して、演劇やパフォーマンスはどのように応答できるのだろうか。デニス・ケネディの挑発のように、二一世紀に演劇が「高度情報網の袋小路」[7]になる危険性があるとしたら、息絶える間近に何か手立てはあるのだろうか。演劇人が日本の捕鯨船に身を挺して抗議することは非現実的であるし、演劇は実質的、空間的に、極めてローカルなものであるため、こうした問題や活動領域を政治活動家に任せるしかないのだろうか。だがしかし、この袋小路から抜け出す方法はあるかもしれない。「分散型美学」という考え方に従えば、劇場内外でのパフォーマンスによって公共圏を作ろうとする動きがすでに見られる。以下の例では、この問題と美学がどのように組み合わさって、新しいタイプの演劇の公共圏を作り出しているかを検証したい。私は、革新的な形式の研究というよりも、倫理と美学がどのように融合し、特定の問題に対して最も効果的な介入方法を見つけられるか探求したいのである。

プログラミングについての記事「分散型美学のテーゼ、あるいは、ネットワークとは何か」の執筆者アンナ・ムンスターとゲルト・ロビンクによれば、「新しいメディアは極めて分散されたメディアであるから、社会と美学を分析する形態と媒体という双子の概念のうえに、美学を再考する必要がある」[8]という。「形態と媒体の双子の概念」への言及は、媒体の特異性に関するすべての概念からの脱却を意味している。すなわち、媒体のかたちと物質的特性が、その美的価値を決定すべきであるという考えである。このような考え方の第二の帰結は、情報ネットワークを我々の美学の在り方や価値分類に、よく統合する必要があるということである。エドウィナ・バートレムの言葉を借りれば、「分散型美学とは、流動する情報ネットワークの時空で作動し、経験する創造的なモードを意味する」のである。[9] ウェブジャーナル『ファイバーカルチャー』の同じ号に掲載されたこの二つの介入から明らかなように、著者たちは美学の概念と、インターネットでの情報交換とを両立させようとしている。しかし、「分散型美学」の概念とウェブを単純に混同してしまうと、この言葉が持つ発見の余地は失われてしまうだろう。ムンスターとロビンクも、同じ記事でこう述べている。「分散した美学は、分散したものとそこにあるものを同時に扱わなければならない」[10]。この「そこにあるもの」にこだわることで、この言葉をウェブ上とウェブ外、両方のユーザーによる暫定的な共同体と考えることができるし、そうすべきだということを意味している。こうした共同体はどのような構成であっても、新旧を問わずさまざまな種類のメディアのネットワークがある。したがって、上演にメディアの要素を取り入れることが極めて重要なのは、メディアが、観客、ユーザー、大衆などのあいだの回路をつなぎ、何を明瞭にするかそのポイントを提供するからである。このような構成を前提とすると、伝統的な「上演の場」は、相互作用の公共圏が出現するための拠点ではあるが、具体的な場所という拠点は、分散型演劇の美学が機能するためには、不可欠なものとはいえない。

ここで検討する例は、おおまかにいえば、ハンス゠ティース・レーマンが「ポストドラマ演劇」と呼んだものに類する。ポストドラマ的な舞台は、通常、物語や登場人物を明確に固定化することを避け、そのため、観客が意味を解読したり、観たものを理解するのにかなりの努力を必要とすることが多い。言い換えれば、ポストドラマ演劇は、首尾一貫した意味の生成を、上演そのものから観客のほうへ受け渡そうとしていることになる。ポストドラマ演劇の主人公たちはよく知られているが、彼らの作品は、別の呼び名の方がさらに知られているかもしれない。ロバート・ウィルソン、タデウシュ・カントル、ハイナー・ミュラーは、第一波の代表である。一九八〇年代後半から一九九〇年代にかけては、ウースター・グループ、ヤン・ファーブル、ヤン・ラウワーズ、フォースド・エンターテイメントなどのグループやアーティストが、圧倒的な存在感を示すようになった。彼らの作品は、演劇とパフォーマンス・アートの境界を押し広げ、曖昧にし、今日ではこの二つのジャンルを明確に区別することができなくなっている。[11] 彼らの作品はそれぞれはっきりと異っているが、共通の戦略も見られる。書かれた言葉よりも視覚的イメージを優先し、直線的な構造ではなくコラージュやモンタージュを用い、比喩よりも換喩を使用し、パフォーマーの機能を外見や模倣ではなく、存在や物質性の観点から再定義するのである。主だったアーティストのなかには、明確な政治への言及や、介入主義的な実践を行っている者もいるが一部である。しかし、ほとんどのアーティストは、演劇というメディアそのものに疑問を持ち、時には演劇の範疇で、時にはそれ以外で活動しているのである。ポストドラマ的な演劇の多くは「場所」に深く根ざしているが、新しいメディアが積極的に利用されることもあり、完全にバーチャルなパフォーマンスになる場合さえある。そして両極のあいだには、場所に根差す美学と分散型美学を混交した作品が増えてきている。

クリストフ・シュリンゲンジーフのミレニアム・コンテナ・パフォーマンス、『お願い、オーストリアを愛して！』はあらゆる面において、分散型美学によって定義されている。このパフォーマンスでは、亡命希望者がウィーン国立歌劇場の傍らのコンテナに収容されており、観客はその人たちに投票して退去を促すことができる。二つめの事例は、リミニ・プロトコルのオーディオ・パフォーマンス『コール・カッタ』である。このパフォーマンスでは、観客はインドのコールセンターからかかってくる携帯電話で市街を案内される。三つめの事例である、マリーナ・アブラモヴィッチによるニューヨーク近代美術館での大々的なパフォーマンス『アーティストがいる』（二〇一〇）は、公演への抗議の文脈、そしてインターネット上で並行する、時間と現実の時間とのマッシュアップの文脈に関して考察したい。パフォーマンスがインターネット上で、とりわけユーチューブのような自己放送のプラットフォームを介して、どのように反応を生み出せるかを議論する。最後に、DV8フィジカル・シアターの、物議を醸した逐語的なダンスパフォーマンス『このことについて語り合えるのか？』によって、本書の主要なテーマである、演劇が言説とアゴーンによって公共圏に参加する能力、劇場内外での言論の自由の限界、異文化間の寛容の問題に立ち返ることにしよう。

## 遊戯的な過剰同一化
### ――クリストフ・シュリンゲンジーフの『お願い、オーストリアを愛して！』

「オーストリアはコンテナに座っていて、世界がそれを見ていました」。

（クリストフ・シュリンゲンジーフ[12]）

二〇〇〇年六月、ドイツのパフォーマンス・アーティスト、クリストフ・シュリンゲンジーフは、強制送還に直面している亡命者を、ウィーンの中心部に置かれたコンテナに収容するパフォーマンスを行った。『お願い、オーストリアを愛して！――第一回欧州連合週間』と題されたこのパフォーマンスの「目的」は、テレビのリアリティショー『ビッグ・ブラザー』のように、亡命希望者へ「投票」して、すぐに国外に追放するというものだった。このパフォーマンスは、オーストリアの保守派、オーストリア人民党（ÖVP）と、外国人嫌いの右派、ヨルク・ハイダー氏のオーストリア自由党（FPÖ）[13]が連立政権を樹立したことに対して、直接反応したものだった。FPÖは、特に外国人の扱いについて極右的立場をとっていたため、この連立は大きな反発を招き、結局は一部のEU加盟国から外交拒否されることになる。

二〇〇〇年六月二日から一七日にかけて、クリストフ・シュリンゲンジーフ率いる座組みは、新連立政権に対するヨーロッパの抗議活動の一環として、政治介入を行ったのである。このパフォーマンスは、「ウィーン芸術祭週間」と、ベルリンのローザ・ルクセンブルク広場のフォルクスビューネの共同制作で、当初は「第一回欧州強制収容所週間」という挑発的なサブタイトルが付いていたが、「芸術祭週間」のディレクターであるリュック・ボンディの強い指示により「連合週間」に変更された。オーストリアのメディアや政治家から抗議が殺到したが、中心コンセプトは変更されることはなかった。国立オペラ劇場の隣に置かれたコンテナの「難民キャンプ」で、一二人の亡命者（本物か俳優かは不明）が生活する様子は二四時間撮影された。そして、インターネットテレビチャンネル（www.freetv.com）協力のもと、八台から一〇台のカメラを使って、ウェブ上でノンストップで映像が配信されたのである。いわゆる投票ページや特別電話による投票で、一日に二人の亡命希望者が「選ばれて」出国し、その日の夜に強制送還されることになっていた。シュリンゲンジーフは、投票手続きやライブ放送と並行して、コンテナのキャンプ内で著名な知識人や作家、政治家と議論するプログラムを企画した。(14) また、主要なメディアのインタビューやトークショーにも参加した。

このインスタレーションは、ウィーンの中心部にある国立オペラ劇場の横に設置され、ウィーンの主要な芸術祭の期間中、さまざまなレベルで機能した。政治的な機能としては、中道右派の新連立政権に、国際的なメディアの注目を集めることにも成功したといえるだろう。政治的な議論を行う集会は、コンテナが設置されたヘルベルト・フォン・カラヤン広場だけでなく、メディアも含めて行われた。テレビ、ラジオ、インターネット、新聞など、あらゆるメディアでこのパフォーマンスが紹介されたのである。もし、「どんな広告も良い広告である」という古い格言が真実であるならば、シュリンゲンジーフにとっては、過剰なほど良い広告が出されたことになる。このライブパフォーマンスは、明らかにテレビ『ビッグ・ブラザー』の手法を利用しており、番組が盛り上がると介入もあるが、多くの観客を惹きつけていた。また、ヨルク・ハイダーを支持するオーストリアの保守的な日刊紙『クローネ』紙も注目の的となった。

シュリンゲンジーフのパフォーマンスは、少なくとも二つのレベルで分析する必要がある。第一に、演出面では、演劇の伝統的な装置を根本的に組み替えていることが見て取れる。第二に、これらの演出装置が、分散した公共圏を作り出すためにどう機能したかを検討する必要がある。非常におおまかにいえば、いくつかの例外を除き、この公演には観客は存在せず、代わりに公共圏が存在していた。少なくとも、政治的な議論やマスメディアの注目を集める公共圏の方が、重要な次元にあったといえるだろう。最後に、このパフォーマンス全体の基本的に奇妙な性質の重要性を理解する必要がある。

一般的に、シュリンゲンジーフの「行動」は、皮肉な「過剰同一化」のモードで構成されている。スラヴォイ・ジジェクがラカンの用語から採用した「過剰同一化」とは、ある考えや問題に直接反対するのではなく、肯定的に受け入れられ、超親和的な方法で形作られる、政治的介入と抵抗の様式を指す。それは、破壊的な模倣を用いた介入戦略であり、見かけの鏡が歪んでいるために不安を引き起こすように設計されている。[15] これは、パロディ、風刺、パスティーシュと関連はするが、現実と批評との境界を曖昧にする点で伝統的な方法とはいえず、ジジェク流にいえば、同一化に励むより、そのシステム自体を真剣にとらえるべきである。実践者であるジジェクは過剰同一化を、権力があらゆる形態の抵抗を吸収するという、時代錯誤のジレンマに取り組むための一つの方法としている。

権力がその「固有の違反」の上に成り立っている限り、少なくとも時々は、明示的な権力言説に過剰に同一化し、この固有の猥雑な裏側を無視して、権力言説をその（公的な）言葉で覆い隠し、それが明示的に述べている（そして約束している）ことを、本当に意味しているかのように振る舞うことが、その円滑な機能を妨げる最も効果的な方法となり得る。

シュリンゲンジーフは、芝居がかったフィクションではあるが、亡命希望者を文字通り追放することで、ヨルク・ハイダーとオーストリア自由党の政治プログラムを「その（公の）言葉通り」に受け取った。過剰な同一化は、攻撃を受けているまさにその時に、自らの立場を裏切ることなく明確な反応を示すことが難しいため、非常に不穏なものとなる。これは、自らの言説が流用され、イデオロギー的な立場が不気味に隠蔽されていることに起因する。過剰な同一化は、皮肉なまなざしに依存しており、批判される側と批判する側は、ほとんど区別がつかないかもしれないが、それを認識し、区別する能力を必要とする。「自分自身が皮肉を言わずに、皮肉に頼るシステムを批判することができるだろうか[17]」。もっと心配なのは、皮肉が皮肉として理解されないとどうなるかということだ。

過剰な同一化は、二重のゲームを演じているため、その記号やトロフィーを額面通りに受け取ると混乱を招く可能性がある。一週間を通して、コンテナ・キャンプの屋根の上にはパフォーマンスの公共スペースを占領し、メディアの報道によって容赦なく拡大され、ヨーロッパ全体が、ウィーンの中心に人種差別的なスローガンが立てられたことを認識しているかのようだった。オーストリア自由党の支持者ばかりではなく、さまざまな市民がこの看板に反感を抱いた。看板に対する反対運動は、左翼の抗議グループ（「反ファシズム戦線」）が実際にキャンプを襲撃して看板を撤去し、亡命者を「解放」しようという試みにまで発展した。この襲撃は、連立政権に反対する木曜日のデモの一環として行われたため、デモ参加者はシュリンゲンジーフと同じ政治的目標を共有していたが、過剰な同一化戦略が採用されていることに気づいていないか、もしくは反対していた。この「攻撃」は、シュリンゲンジーフと彼のチームにとって想定外だったため非常に不安を感じたが、最終的には、「人々」による解放の行為としてパフォーマンスに組み込まれた。亡命者たちは、攻撃を受けたことで明らかに動揺し、警備員に連れられてホテルに宿泊した。演劇は、ここでの直接的な身体的攻撃に代表されるように、闘争的な表現形態を活性化させる性質を持つが、それは同時に、ゲームのルールが意図的に不明瞭になっている状況では、制御を失う可能性があることを意味している。明確な人種差別的スローガンの命題を表わす内容は、アイロニーやパロディには抵抗があるようだ。換喩を文字通りの意味とすると、この記号は、オーストリア自由党の選挙プログラムの延長線上にあるものと解釈できる。

換喩が、パフォーマンスの主要な表現方法として用いられた。実際の亡命希望者と思われる人々を、その外見や経歴（実際には偽装されている）に基づいて、外国人という大きな集団全体を代表して使用することで、コンテナの収容者は、難民と最も一般的に関連づけられる地域、アフリカ、東欧、アジアから来ているように見えた。しかし、この文字通りの難民意味は、演劇的にはるかに誇張された。コンテナに入り、カメラやマイクに囲まれているとき、「収容者」のほとんどはかつらをかぶり、雑誌を顔の前に置いて身分を隠していた。彼らは、裁判中の犯罪者として、あるいはレッドカーペット上の有名人として、あるいはその両方として、視覚的に表現されている。このような意図的な比喩の混同は、場所そのものにも当てはまる。コンテナは、ドイツやオーストリアで難民を収容するための標準的な方法であり、当時、『ビッグ・ブラザー』の放送にも好んで使用されたのは、コンテナが世界の商品を迅速かつ安価に流通させることで、グローバリゼーションを支配するものの一つであるからだ。デジタル技術や金融市場に次いで、コンテナ化は経済のグローバル化の最も重要な基盤である。結局、収容者が本当の亡命希望者であるかどうかにかかわらず、コンテナへの収容とその後の退去について、通常は長引く法的手続きをシュリンゲンジーフが一週間に圧縮したことで、オーストリアやドイツをはじめとする多くのヨーロッパ諸国の難民の現実を映し出し、また、人に移動を促す根本的な経済的要因を示唆している。

観客は列に並び、博物館、動物園、覗き部屋、どれかわからないような仕草でなかを見ることになった。パフォーマンス・アーティストであるココ・フスコやゴメス・ペーニャの影響を受けていることは明らかだが、その意味合いは異なる。パフォーマンス『二人の未発見のアメリカインディアンが西洋を発見する』が、西洋の視線の系譜や、ヨーロッパと新世界との歴史的関係を覆すことを目的としていたのに対し、『お願い、オーストリアを愛して!』の覗き見ショーの要素は、『ビッグ・ブラザー』やその類似作品に関連した、メディアによる覗き見という幅広いテーマのライブ版である。パフォーマンスすべてがそうであるように、覗き見ショーは観客に自分の心象風景を突きつける。メディアのイメージや政治的な議論が身体的なかたちで与えられることで、誇張表現による倒錯の練習になるのである。したがって、覗き見という行為は、この文脈では、大きな過剰同一化戦略のミクロ版となる。

換喩的な表現は、多様なレベルで難しい。この種のインスタレーションでは、観客としての役割の定義は、まず困難である。なぜなら、興味を持っている生身の見物人と興味を持っていない傍観者、インターネットでパフォーマンスを見て投票する可能性のあるメディア視聴者、リビングルームの比較的快適な場所から、新聞、ラジオ、テレビで五日間を追ったより広い範囲のメディア視聴者などの区別があるからだ。ある意味、すべての人が参加しているが、参加の仕方は全く異なる。さまざまなテーマが混在しているが、最も重要な事象は、西洋諸国が外国人をどう扱うかという、倫理的な問題に焦点が当てられている点である。難民は実在し、換喩的にはもっと大きな集団へつながっている。彼らはまた、独自の歴史を持つ個人でもあるから、その意味では比喩を超えるのである。

第二の分析レベルである、公共圏の創造という点においては、シュリンゲンジーフのインスタレーション・パフォーマンスは、亡命者というテーマを政治的に効果的な方法で扱うために、公共圏を創造したといえるだろう。経済的あるいは政治的理由、あるいはそれらの複合的な理由により新しい家を求める人々の世界的な往来は、多文化共生の幅広い議論において明らかに重要な問題である。亡命希望者は、長期滞在の移民に比べて法的権利がほとんどないため、「通常の」移民に比べて外国人嫌いの攻撃を受ける割合が非常に高いようである。最終的には、この異邦人恐怖症は他の集団にも適用される。シュリンゲンジーフの功績は、観客が演劇の記号を解読するという、演劇やパフォーマンスの美的領域から、政治的議論というより広い公共の領域へと議論を移したことである。このパフォーマンスは一週間にわたり、ヨーロッパの多くの国で新聞やテレビによって大々的に報道され、テレビ討論会や投票経過のライブ中継など、あらゆる主要メディアで取り上げられた。シュリンゲンジーフは、政治的言説と演劇的受容の両方のルールを揺るがすことで、政治的・メディア的議論の公共圏を再活性化させることに成功したが、それはこのパフォーマンスが既存の慣習に従わなかったからであろう。

『お願い、オーストリアを愛して！』では、「パフォーマー」、つまりコンテナのなかの亡命者と、受け手が物理的に分離している。このパフォーマンスは、テレビ番組『ビッグ・ブラザー』に基づいた投票システムを用い、テレビやインターネットを介してメディア化された分散の状況を作り出したのである。結果として、新聞やラジオ、テレビなどのメディアでの討論によって、合理的批判というよりも対立的な方法ではあるが、真のハーバーマス的な政治的議論の公共圏が出現しているのがわかる。伝統的なパフォーマンスにおける半宗教的な「コミュニタス」の代わりに、情報に基づいた議論から直接的な介入まで、さまざまな方法で反応する分散した受信者による多様なグループがある。美学が分散している状況では、劇場の場所を特定することさえ困難になる。コンテナが「パフォーマンスの場」であることは明白だが、受け手の場所の境界は、都市や国家をも越えて、潜在的に無限である。

分散してメディア化された大衆という考え方は、メディア社会学者のニコラス・アバークロンビーとブライアン・ロングハーストが提唱した、「拡散した」観客という概念と共鳴する部分がある。このカテゴリーの観客は、消費者志向であり、自我中心の意味でナルシシズムであると彼らは特徴づけており、世界のあらゆるものをスペクタクルとして見ている。「スペクタクルとナルシシズムは好循環のなかでお互いを養っており、この循環は主にメディアに促進され、パフォーマンスの重要な役割により媒介されるものである」。「批判的なパフォーマンス」[18]という側面は、資本主義的商品化における観客の受動的な性質の定義からすると、公共圏の概念を回復しようとする場合には、極めて重要になってくる。シュリンゲンジーフのコンテナは、マスメディアとライブ・パフォーマンスを統合しているため、演劇的な公共圏のための座標を生み出す可能性が存在した。極右の政治家とその政党が連立政権に参加するという特定の政治的状況のために、このパフォーマンスが考案されたことは明らかだが、パフォーマンスの境界線の拡張は、特定の状況に限定されはしない[19]。形式的には、ブレヒトがいうところの「モデル・キャラクター」である[20]。

## 『コール・カッタ』――親密圏

『お願い、オーストリアを愛して！』が、利用可能なあらゆるメディアを活用することで最大のインパクトを得ようとしたとすれば、パフォーマンス集団、リミニ・プロトコルが二〇〇五年に制作した「携帯電話シアター・パフォーマンス」である『コール・カッタ』における、劇場の公共圏と分散型の美学との関係は、携帯電話という一つの道具に限定されていた。このパフォーマンスでは、参加者はカルカッタのコールセンターから指示を受け、カルカッタとベルリンをそれぞれ巡回した。後のバージョンでは、パフォーマンスの場所を一室に限定したが、インドのコールセンターとのコミュニケーションについては変わらなかった。

リミニ・プロトコルは、ヘルガード・ハウグ、シュテファン・ケーギ、ダニエル・ウェッツェルの三人からなる、ドイツのパフォーマンス集団である。俳優を起用せず、場所を特定して、政治的・社会的な問題に焦点を当てた、新しいパフォーマンス形式を開拓してきた。彼らは世界各地で活動しており、ゲーテ・インスティテュートとの共同作業も頻繁に行っている。彼らが起用するアマチュアは、芝居じみた「役」を強制されるのではなく、通常は特定の専門性を発揮するように求められ、彼らの造語である「日常の専門家」としてのスキルを強調する。

『コール・カッタ』というパフォーマンスは、以前ケーギとベルント・エルンストが開発した、オーディオパフォーマンス『カナル・キルヒャー（*Kanal Kirchner*）』が変化したものである。彼らは自分たちのコンセプトを「オーディオ・シアター・プレイ」と呼び、ウォークマンとヘッドフォンを装備した視聴者が、都市を旅するという作品だった。テープから聞こえる指示にしたがって、参加者はさまざまな都市の現実世界と、作者が提供した探偵小説の断片のなかをさまよう。オーディオ体験と実際の視覚的な印象が一体となって、それぞれの都市の路上でプライベートな体験へといざなうのである。観客がテープでたどる物語は、三年前に失踪したとされる架空の図書館員キルヒャー氏を中心としている。テープは、テキスト、効果音、音楽を用いて、観客が歩いた有名な(あるいはそうでない)場所に、第二の仮想現実を重ね合わせる。

『コール・カッタ』はほぼ同じアイデアを踏襲しているが、コンセプトについて知覚の遊び心のある探究から、政治的・経済的な次元にまで拡大しているのが特徴である。二〇〇五年二月、三人のアーティストはカルカッタのゲーテ・インスティテュートで、地元のアーティストやIT企業のデータバザールと共同で、このアイデアの第一部を上演することになった。そして「世界初の携帯電話シアター」として宣伝された。

都市を舞台に変える劇場。移動式のステージ。あるいはゲームに。あるいは映画のなかに。最初は観客としてスタートしますが、自分だけの舞台装置のプレイヤー、ユーザー、ヒーローになるかもしれません。カルカッタ。カルカッタ……自分が知っていると思っていた街が、自分の目で撮影した映画になるのです。サウンドトラックは、会ったことのない人との会話ですが、その人はあるマトリクスのなかであなたを遠隔操作しています。あるいは、カルカッタをコンピュータゲームのようなものに変えることもできますが、今度は本物です。スクリーンもキーボードもなく、あなたと街だけです。[21]

カルカッタの街を何らかのかたちで取り入れることを依頼されたリミニ・プロトコルは、映画館や古い劇場で有名な、街の中心部の北側にあるハティバギャンという地域を、一時間かけて歩くツアーのアイデアを出した。ウェッツェルによると、この地区は「二世紀前には活気に満ちた地域で、インドの自由の戦士たちが、小さな路地を通って英国を追い払おうとした場所であり、劇場の観客も同じ路地に案内された[22]」という。パフォーマンス自体は、架空の名前で自己紹介したコールセンターの従業員との親密な会話で構成される。参加者は通りを歩いて、カルカッタで最初の回転舞台があった廃墟の劇場「ビスワルーパ・シアター」の跡地に案内され、所有者によって焼かれたのではないかという話を聞く。その後、参加者が座っている公園で恋をしたとか、横道でアルファベットを覚えたとか、古い廃墟が実は子供のころに住んでいた家だとか、電話の向こうの声が語ることで、パフォーマンスはより親密なものになっていく。物語のある時点で電話の相手が変わり、参加者はそれまでに聞いたことがすべて間違っていると知らされる。コールセンターの従業員用の台本はあるが、このパフォーマンスは参加者との対話を前提とする。結局、電話での応答のため、都市の社会問題だけではなく、会話そのものが最終的に重要になるのである。

このパフォーマンスはカルカッタで三ヶ月間行われ、二〇〇五年四月には、ベルリンでも実験が行われた。ここでは、観客は劇場（今回は歴史的なヘッベル劇場）にも足を運び、クロイツベルクからポツダム広場までの道のりを、カルカッタにいるコールセンターの社員に案内してもらうのである。このガイドはベルリンに来たことはないが、最初はドイツ語で、次に英語で、参加者に詳しい説明をする。また、このプロジェクトのために特別な市内地図が作成された。コールセンターの出演者には、必要な情報がすべてパワーポイントで用意され、目の前のモニターに映し出される。

『カナル・キルヒャー』の弱点が、些細なストーリーライン（満足のいく解決策のない探偵物語）にあるとすれば、『コール・カッタ』は、グローバルで歴史的な相互関係への関心と、コールセンター・ビジネスの特殊な力学における、クライアントとエージェントの演劇的な関係の探求によって、それを補って余りあるものといえるだろう。ベルリン版では参加者は、ゴミ箱から写真が貼られた戦前の古い壁の一部に導かれる。そこには、インドの国民的英雄であるスバス・チャンドラ・ボース（ネタジー）の写真が、最初はガンジーの隣、次にヒトラーの隣に写っていた。電話口のインドのベルリン専門家は、英国植民地支配に対する戦いにおけるボースの意義について、ヒトラーとの協定が無抵抗のイデオロギーと同じく好都合だったと説明する。カルカッタ版では、個人的な親密さと、地元の政治的問題が交互に語られていた。例えば、カルカッタの演劇遺産の破壊や宿泊施設の危機などである。

もう一つの重要なレベルは、参加者とコールセンターの従業員との関係である。『カナル・キルヒャー』では、オーディオトラックが事前に録音されていたため、参加者は対話のない固定された旅程を辿るしかなかった。『コール・カッタ』では、この経済活動の形態が依存していると思われる、演劇的な関係性が出発点となっている。実際には、コールセンターの従業員は、電話をかけてきた人と担当者が何千マイルも離れていても、そうは感じさせないようにあらかじめ訓練されている。それは、入念に訓練されたアクセントに始まり、本物のロールプレイングにまで及ぶ。単にドイツ語や英語を話すだけでなく、参加者の国の天気やサッカーの結果など、世間話にも及ぶ。時には欧米人の偽名を名乗り、アメリカ人やイギリス人の参加者の隣人であるかのような錯覚に陥ることもある。模擬的なかたちであっても、即時性と信頼性は、コールセンターの経済においてはビジネスに有利である。ポストドラマ演劇自体が廃れて久しいが、完璧なロールプレイとキャラクターへの同一化は、グローバル経済のなかで復活し、再評価されているのである。

クライアントとエージェントの関係、あるいは参加者とパフォーマーの関係は、パフォーマンスの中心的な要素である。時差と難しい文化的差異によって隔てられているにもかかわらず、二人のあいだの親密な関係性は、あるドイツの批評が示すように、特に強烈なものになる可能性がある。

私が小さな公園を歩いていると、サラが自分の本当の名前を教えてくれました。「私の名前はシュクタラです」。彼女は、私の声が素敵だと言ってくれました。彼女の声は、コールセンターで働き始めてずいぶん変わってしまったそうです。それは台本に書いてあるの？シュクタラは、「電話で恋に落ちたことはありますか？　電話で嘘をついたことはありますか？」と尋ねてきましたが……すべて学習したもので、すべて台本を読んでいるのでしょうか？[23]

リミニ・プロトコルの他の作品と同様に、『コール・カッタ』は、パフォーマンスを現実世界に位置づけることで、現実とフィクションの境界を問題にするという、基本的な考え方に基づいている。このようなパフォーマンスは、常に劇場内またはその周辺で始まるが、現実世界へと移動するか、もしくは公共圏を劇場内に持ち込むことになる。リミニ・プロトコルの別のパフォーマンス『サベネーション』では、倒産したベルギーの航空会社サベナの従業員が舞台に上がり、自分たちが否定されてきたと感じている政治的議論の場を作るために、自分たちの話をした。また、リミニ・プロトコルは、オスロでイプセンの『民衆の敵』を上演している。舞台上に一〇〇人の人々を招待し、社会のあらゆる階層の市民による代表的な集まりを作り、世論がどのように形成されるかを試したのである。

このような現実と虚構の実験（多くの実験的な演劇やパフォーマンスに見られる）に欠かせないのが、現代のメディアが果たす役割である。演劇におけるメディア技術の機能が、即時的経験を強化することであったとすれば、『コール・カッタ』のようなパフォーマンスはこの伝統を引き継いでいるものの、重要な違いは、即時性を生み出して技術的な媒介を感じないようにするだけでは足りないということだろう。『コール・カッタ』の場合、パフォーマンスの六〇分ほどのあいだ、媒体（この場合は携帯電話）が、我々の世界の経験を条件づけられることを、隠すのではなく前景化するのだった。

公共圏との関係においては、『コール・カッタ』は、シュリンゲンジーフのコンテナ・パフォーマンスとは正反対のアプローチをとっているように思われる。シュリンゲンジーフが新聞、ラジオ、テレビ、インターネットなど、あらゆるメディアで最大のインパクトと存在感を目指していたとすれば、『コール・カッタ』はこの動きを逆転させたといえる。インドのコールセンターと世界のさまざまな都市を結ぶという、トランスナショナルな方法であることは確かだが、このパフォーマンスは、極端に空間が分離した状況下で最大限の親密さに焦点を当てることによって、空間と観客、パフォーマーと観客間の通常の関係を再構成した。このことは、広範なあるいは集中的な政治的議論とはほとんど関係がないように思えるが、ハーバーマスの定式化における公共圏という言葉は、その反対語であるプライバシーや親密さと因果関係があることを忘れてはならない。ハーバーマスが議論の中心として用いている、ドイツ語のIntimsphäreという言葉は、「法律、戦術、慣習によって侵入から守られている人の、私的領域の核心を示す」[24]ものである。彼の弁証法的な議論では、政治的に活発なブルジョア公共圏の出現は、事前に親密圏が形成されている前提が必要となっている。『コール・カッタ』が親密圏の新たな再構築に関心を持っていたことは、このようにして理解できるだろう[25]。家庭の夫婦に焦点を当てるのではなく、グローバル化した資本主義とコミュニケーションの条件下で、見知らぬ者同士のあいだに親密さを生み出すことを前面に押し出したのが、このパフォーマンスである。夫婦二人の家族という親密な領域の共有が、ブルジョア的な公共圏の出現の前提条件であったとすれば、『コール・カッタ』によって新たに定義され、経験された親密な領域の論理的な帰結は何なのか。対面のコミュニケーションがない親密な世界、あるいは少なくとも物理的に近似性がないコミュニケーションの世界では、何が出現するのだろうか。

リミニ・プロトコルの『コール・カッタ』は、分散型の演劇美学と、公共圏の異なるあり方を提供した。携帯電話を使用し、パフォーマーと観客のあいだに地理的・文化的な隔たりが存在することで、極端な分離と親密さという逆説的な関係が成立する。そして、誰がパフォーマーで、誰が観客なのかという役割分担の不明確さにより、『コール・カッタ』は演劇契約における観客の役割の本質を突きつける問いになっているのである。親密さと距離の関係、即時性と遠隔性の関係、ライブと遠隔参加の関係とは何か。また、新しい経済活動の形態と、それが生み出す人間関係にも焦点が当たっている。こうした親密さによって、このパフォーマンスは、政治経済と個人的な主題を束ねる問題に取り組んだのである。

## 他のアーティストもいる

二〇一〇年三月九日から五月三一日まで、ニューヨーク近代美術館（ＭｏＭＡ）で、セルビア出身のパフォーマンス・アーティスト、マリーナ・アブラモヴィッチの回顧展が開催された。この回顧展の目玉となったのは、『アーティストがいる』と題されたアーティスト自身によるライブパフォーマンスだった。彼女は七七日と七〇〇時間、マロンアトリウムで空の椅子に向かって静かに座っていた。通常は「一過性の空間」であるこの場所が、展覧会やパフォーマンスの会場、そして「儀式的、儀礼的な空間[26]」へと変化したのである。来場者は彼女の向かいに座って、好きなだけ滞在することができる。唯一の許可されたコミュニケーションは、アイコンタクトだった。アブラモヴィッチは、自分が「現在」にいる限り、トイレに行くことさえも許されなかった。一見すると、これはアブラモヴィッチが開発したジャンルである「デュレーション・パフォーマンス」の一つであり、時間の経験を、身体的な観点から美学の範疇に位置づけるという考えに基づいている。この経験は、アーティストがしばしば極端な剥奪や身体的な変化を受けることによって、主にアーティストの身体に現れる。今回の作品では、いくつかの方法で時間的側面が大幅に拡張された。まず、学芸員やアブラモヴィッチが予想していなかったのは、「座る」機会を得るために、何時間も列に並び、美術館の外で一晩寝る参加者がいたことである。第二に、座ってアーティストを眺めるという、観客としての体験のほうに焦点が当たったことが挙げられる。参加者は、アーティストとの出会いについて、強烈な感情的、精神的な体験と表現した人が多かったのである。[27] しかし、この新しいパフォーマンスは、別の意味でも異なっていた。

時間と身体の体験的な側面は一つの要素に過ぎず、おそらくその表面的な次元を超えるものではなかった。マリーナ・アブラモヴィッチは、多くの来場者や参加者の前に黙って座っていたが、それは彼女一人だけではなかった。まず、このパフォーマンスはビデオに記録され、インターネットでライブストリーム配信される。さらに、写真家が参加者の表情を撮影し、それをポートレートとしてインターネット上で公開することで、三カ月後には膨大な顔のアーカイブが蓄積された。これらの画像は、ソーシャルネットワークサイトFlickr.comのフォトストリームとして一般に公開された。[28] ビデオとフォトストリームの両方とも、インターネット上では、短いコメントから長い考察、さらにはデータの統計分析まで、さまざまなコメントが寄せられた。コメントした人のなかには、MoMAでのライブパフォーマンスを体験した人もいれば、メディア化されたバージョンにしか反応しなかった人もいることが明らかになった。

このパフォーマンスは、対抗的パフォーマンスも生み出した。イラン生まれでニューヨーク在住のパフォーマンス・アーティスト、アミール・バラダランは、四回にわたってテーブルに座り、結婚の申し出を含むさまざまな方法で敬意を表そうとした。彼が宣言した目的は、「彼女をソーバット（ペルシャ語で精神と肉体の両方の次元での会話）に引き込むこと」だった。[29] 彼が『他のアーティストもいる（*The Other Artist Is Present*）』と題して行ったこうしたパフォーマティブな申し出には、アブラモヴィッチによる以前のパフォーマンスへのさまざまな文脈的言及が含まれていた。彼はアブラモヴィッチを取り巻くメディアの注目を利用して、自分自身と自分の作品を宣伝し、さらにコメントを生み出そうとした。あるとき、彼は彼女の向かいに座り、顔をさまざまなキャンバスのシートで覆った。一枚目には「イン／アウト」、二枚目には「私はニュージーランド出身の看護師です」（アブラモヴィッチが旅行中に時々使う偽名のこと）、三枚目には「非居住の外国人」、四枚目には「著者の前を通り過ぎる」と、それぞれメッセージが書かれていた。バラダランが、すべてのシートを外して顔を出した後、自分の指にインクをつけて、キャンバスのシートの裏に自分の指紋を付けた。三つ目のパフォーマンスは、アラビア語で唱える長いスーフィーマントラだった。最後の介入は、「他のアーティスト」が、ギャラリーの入り口のテーブルに座って唱えることだった。そのため、アブラモヴィッチへの訪問者は通り過ぎなければならなかった（これもまた、彼女の初期の作品への間テクスト的な言及であった）。

バラダランの介入は、その「本質的な」意味についてはあまり興味を惹かれない。実際、彼は自身のウェブサイトで、アブラモヴィッチの初期作品へのさまざまなオマージュを説明している。彼の対抗的パフォーマンスは、分散型美学への移行を示す関係性の典型である。『アーティストがいる』は、意図的であるか否かにかかわらず、空間的・言説的な枠組みの新しい形態や様式を生み出し、アーティストの向かいに座るという単なる行為を超えた参加を促した。アブラモヴィッチの初期の作品は通常、ギャラリーや美術館のなかで、少人数の観客に見守られながら行われていたことを思い起こしておきたい。これはニューヨークでも同様だったが、今回はより複雑な空間とメディアの設定が行われている。パフォーマンスの中心となるのは、アーティストがテーブルに座り、その向かいに来場者がいるというもの。テーブルの周りには、観客としてパフォーマンスを見ている他の来場者がいた。テーブルの反対側には、ビデオカメラ、劇場用照明、そして写真家がいた。吹き抜けの上のギャラリーからは、観衆がさらに俯瞰して見ることができる。そこは美術館というよりも、映画スタジオのような空間といえる。パフォーマンス・アートの特徴の一つである、有名な、ほとんど伝統的といってもよい、身体的な出会いとその流動的な即時性が、さまざまなメディアによって縁取られたことは明らかである。しかし、ライブストリームや写真を介して、インターネット上でパフォーマンスが継続的に利用できるようになったことで、受容する側の環境も変化した。伝統的なパフォーマンスの美学が持つ、閉鎖的な観客と演者の相互依存による円環の代わりに、バラダランのようなウェブに精通した若いアーティストが利用する、より開かれた創造的介入の場が見られるようになったのである。このような二次的な利用は、大量の公共の議論を生み出し、なかには前述のような非常に複雑なコメントもあった。つまり、パフォーマンスの七七日間とそれ以降にわたって、議論中心のパフォーマティブな公共圏が創造され、維持されたといえるだろう。

バラダランの抵抗的パフォーマンスは、インターネット、特にユーチューブの典型的な手法である、マッシュアップの様式で考案されたのかもしれない。それは、パロディ半分、うやうやしさ半分のオマージュで、既存のメディア作品に、全く関連ない映像や音を組み込む方法である。マッシュアップは、ファンコミュニティの技術的な表現であり、性欲や創造力、時には知的エネルギーを組み合わせた崇拝のかたちである。バラダランの四つの介入は、「今ここ」で行われたが、それらの直接的かつ継続的な来世はインターネット上にあり、そこではオリジナル作品によって生成されたメタ的なコメントの一部となっている。ファン・フィクション、パロディ、オマージュの中間に位置するマッシュアップの組み合わせの美学は、彼の例から結論づけられるように、現在では高次のパフォーマンスに還元されているのではないだろうか。

アブラモヴィッチのパフォーマンスの空間的・言説的側面を観察すると、このタイトルは一見しただけではわからないほど複雑になり、実際、非常に自己省察的である。アブラモヴィッチは空間的、時間的に本当に存在し、その意味で彼女はパフォーマティブな美学のルールを繰り返していたが、「今ここ」の座標の外では別のパフォーマンスが行われていたのである。『アーティストがいる』は、その前提となるメディア化のために、パフォーマンス・アーティストと研究者の両方によって展開されてきたプレゼンスの概念が、新しいメディア構成の観点から修正を必要としていることを実証したといえる。

ネット環境下では、パフォーマンスは「今ここ」であると同時に「あそこ」でもあり、また同時にその両方でもあったりする。パフォーマンスそのものはイベントの後に続くわけではないが、メディア化されたバージョンは継続し、コメントや議論を生み出す。本物のマッシュアップの精神とそのパロディ的の遊戯性をもとに、アブラモヴィッチの目を見つめて待つという体験のシュミレーションをする、ピピン・バーが作成したオンライン・ビデオゲームも生まれた。このゲームは、長蛇の列を作ることで作品の体験を模倣しており、美術館の開館時間中にのみプレイすることができた。[30]このようなパフォーマンスは、今後、演劇的な公共圏が、これまでよりも重要でダイナミックかつ多面的な空間になることを示唆している。そこでは、理性的な議論や対立的な対決と同様に、滑稽な介入も世論に貢献する可能性がある。

現前とは、形而上学的、存在論的な意味合いが強い概念である。しかし、オンラインが普及した現代では、アーティストの身体的な「現前」でさえも、媒介された公共性の影響を免れることはできない。私が本書で主張してきたように、演劇的な公共圏の考え方と、「今ここ」での即時的な出会いを前提としたパフォーマティブな美学を、両立させることは難しい。エリカ・フィッシャー゠リヒテが、マリーナ・アブラモヴィッチの初期のパフォーマンス『トーマスの唇』をパラダイムとして用いて、パフォーマティブな美学の理論を展開している（二〇〇八年）のは偶然ではないだろう。このモデルは、共在性、即時性、そしてパフォーマーと観客による相互依存の円環に基づく美学という概念を前提とするからである。『アーティストがいる』ではこれらの側面がすべて見られたが、それ以上のものがあった。パフォーマンスがインターネットの仮想世界に統合されることで、そのプラットフォーム、おしゃべり、遊戯的なマッシュアップ、編集されないコメントは、まったく新しい次元の宣伝を生み出し、さらに他のパフォーマンスを創造したのである。

## 踊る多文化主義——DV8フィジカルシアター『これについて語りあえるのか?』

私たちはこれについて踊ることができますか?と聞かれたら、あなたは「いいえ」と答えるかもしれません。(31)

私たちは、フィジカル・シアター・パフォーマンスに、複雑な議論に参加するための手段と正当性を求めているのだろうか。また、アドルノが主張したように、美学的な枠組みは、理性的な議論に参加するよりも、疑問を提起し、謎めいたパズルを呼び起こすのに適しているのではないだろうか。ロイド・ニューソンのDV8フィジカル・シアターのように、今日的で賞賛されているダンス・カンパニーが、多文化論争に渦巻く厄介な問題を取り上げるとき、このような問題について話すことができるかどうかだけでなく、これについて踊ることができるかどうかも問われることになる。すべての演劇形式のなかで、ダンスはその芸術的戦略と研究方法の両方において、おそらくいまだに最も形式主義に依拠している。ダンスは通常、新聞の社説や政府の報告書、テレビの討論会で扱われるような問題への介入には、最も適していないように思われている。DV8を「ダンス・

カンパニー」と呼ぶのはもはや正確ではないが、その出発点はダンスにある。ニューソンはモダン・ダンス出身であり、出演者は全員訓練を受けたダンサーであり、多くのパフォーマンスはダンス・フェスティバルのなかで行われている。

最後の例では、本書で検討してきた中心的なテーマ、すなわち、パフォーマンスと公共圏の関係、公共の議論における対話者としての演劇の有効性、そして、今日の演劇的公共圏が採用しているメディア化された形態について再検討したい。私が探求してきた主要なテーマの一つは、「芸術」として定義された演劇が、熱心な観客やフェスティバルの観客以外の人々とコミュニケーションをとる能力について、そしてその関係の緊張感に関するものである。最後に、『これについて語りあえるのか?』では、第三章、第四章、第五章においてさまざまなかたちで論じた、宗教と舞台という中心テーマを再び取り上げている。また、第一章で提起されたパレーシアの問題、市民と舞台の言論の自由の権利にも触れている。

『これについて語りあえるのか?』(二〇一二)は、ニューソン自身の言葉を借りれば、「西欧の民主主義国に現れた言論の自由、多文化主義、イスラム教という相互に関連する問題を調査した、逐語的な演劇作品」[32]である。この問題は明らかにグローバルなものであり、作品のインパクトについても同様だった。この作品は二〇一一年にシドニーで初演され、二〇一一年と二〇一二年にはアジアとヨーロッパの国々を巡る国際ツアーが行われた。露出が多く、議論が続いたという点では、二〇一二年三月にロンドンのナショナル・シアターのリットルトンで、約三週間にわたって上演されたことにより最高潮に達したといえるだろう。『これについて語りあえるのか?』は、特に英国における多文化論議に焦点を当てているが、文化的寛容さについて過度に融和的な「リベラル」に対する大きな反発が生じているオランダの状況も含まれている。ニューソンは、多文化主義を、「マイノリティの文化的・宗教的価値を積極的に『促進・保持・維持』する地方や政府の政策[33]」と定義する。このようにマイノリティの権利を積極的に推進することで、文化的・宗教的な差異を過度に許容し、実際に西洋の基本的な原則に反するような行為が行われているケースも見られる。彼は特に、反民主主義的な慣行への追随が最も顕著と思われる分野に焦点を当てている。それは、英国の準法制度として機能しているシャリア評議会、強制結婚、名誉殺人、同性愛に対するイスラム教徒の反感などである。

問題を提起するタイトルは、過激なイスラム教の見解が議論のなかで受け入れられるようになることで、誤解された文化的相対主義が、言論、宗教、寛容の自由という西洋の基本的な価値を犠牲にする危険性があるのではないかと、基本的な疑問を投げかけている。この作品では、観客は最初からこの議論の目撃者、あるいは無言の参加者として登場することになる。

この問いかけのようなタイトルは、ショーの冒頭で観客に投げかけられる質問（元々は小説家のマーティン・エイミスが発したもの）によってさらに強調されることになる。「タリバンより道徳的に優れていると思いますか？　さて、あなたは？」わずかに挙がった手は、すぐに観客が自分自身を問う合図として使われる。通常の劇場の観客である白人の高学歴者は、文化相対主義の第一のルールである、誰に対しても道徳的に公平であることを当然としている。そこから作品は、多文化共生の議論そのもの、その議論、対話者、アポリアを八〇分間問いかけ続けるのである。

『これについて語りあえるのか?』は物語としては、ブラッドフォードにある中学校の校長であるレイ・ハニーフォードが、一九八四年に、教育制度における多文化主義の誤ったイデオロギーに抗議する記事を発表し、物議を醸したことをきっかけに、問題の発端を辿っていく。この思想は、移民の子供たちの学力低下という問題を、移民の家庭ではなく、「制度」に責任を負わせることで説明するものであった。その後の彼の解雇と復職は、今日まで続いている多文化共生の議論の輪郭を描き出す。『これについて語りあえるのか?』には、文化的相対主義のために言論の自由を犠牲にするという同じ問題を前景化する、よりグローバルな論争もここには含まれている。例えば、サルマン・ラシュディに対するファトワの発布、ムハンマドの漫画、オランダの映画監督テオ・ファン・ゴッホの殺害、ゴッホの協力者である元オランダ議員で元イスラム教徒のアヤーン・ヒルシ・アリへの殺害予告、二〇〇九年に反イスラム映画『フィトナ』を上映するために入国しようとしたオランダ議員ヘルト・ウィルダースを英国政府が拒否した事件などがあった。ニューソンと彼のチームは、本作品の制作にあたり、多文化に関する議論に貢献した多くの人物にインタビューを行った。例えば、ティモシー・ガートン・アッシュ、ジェレミー・パックスマン、クリストファー・ヒッチエンス、マーティン・エイミス、シャーリー・ウィリアムズ、反シャリアキャンペーンのマリアム・ナマジーなどの著名人の言葉を聞いたり、実際に舞台上でプレゼンテーションを行ったりしている。[34]また、強制結婚や名誉殺人についての記述もあるが、これに対しては、英国当局は冷淡な態度を示すのみである。

インタビューやドキュメンタリー資料に依存していることから、『これについて語りあえるのか?』の言葉によるテキストには、逐語的な演劇ではめったに見られない方法で、卓越したダンスと動きが織り込まれる。ダンサーが猛烈なスピードで口にする数多くの言葉、見解、意見に対して、身体の動きが特別な解説を加えるのである。動きは単純な図像ではなく、強調から皮肉まで、さまざまな注釈として機能する。俳優兼ダンサーたちは、「ジョン・クリーズのおどけた歩き方に似ている、アニメのような活発で小さな動きをし、躊躇や優柔不断さを体現し、足を動かして一つの空間から別の空間へと移動し、あたかも絶え間なく滑ったり見たりすることで、あちこちの小さな領土で優位性を得ようとしているかのようだ[35]」。それは、「言葉の周りに皮肉な様式を織り込み続けるような振り付け」である[36]。言葉や動きだけでなく、ニューソンは、映画の抜粋や写真を使って、解説、極論、道徳的な反問、非常に感情的なイメージ作りという精巧な質感を作り出す。例えば、テオ・ファン・ゴッホの殺害は、女性の体に線を刻むダンサーによって言葉で演じられる。

肯定的な意見、否定的な意見、どちらともいえない意見、いずれにしても、ほとんどの批評家の反応は、この作品がダンスの領域を広げただけでなく、高度な革新性と勇気を持っていると証明している。『デイリー・テレグラフ』紙の演劇評論家ドミニック・キャヴェンディッシュによる「今年の最も危険なショーは?」と題された記事は、芸術的なリスクではなく、パフォーマーの実際の身体的健康を危惧している。

このプロジェクトはパリでは好評だったが、ニューソンは、マルセイユでは、そのイスラム教徒の人口の多さから上演は不可能であるとされた。また、トルコでは、民族的にも宗教的にも多様な一一人のダンサーの命が危険にさらされると、トルコの担当者から言われた。加えて他のイスラム教国へのツアーの可能性はない[37]。

ここまで大きな問題になると、議論の枠組みも変わってくる。批判的なコメントは、スピーチとムーブメントの混合を中心とした芸術的な問題に集中しており、何よりも、上演がこのように繊細で複雑な問題に値する、洗練されたレベルを維持しているかどうかが問題となっていた。

多くの批評家はこの作品を「ポレミック」と呼び、一般的な表現として使っている人もいれば、軽蔑的な表現として使っている人もいる。ダンス批評家は、本来、言葉ではなく体で表現することを前提とした舞台のジャンルで、これほど多くの口語文を使うことの正当性を疑問視する傾向があり、グループ初期の非言語的な作品を振り返る批評家もいた。より率直に敵意を抱いた批評家は、「ダンスを強調し極論で装った、偏向で構築された表明文」という、演劇を装った「攻撃」に異議を唱えた[38]。一方、マット・トゥルーマンのような批評家は、この作品の勇気と複雑さを称賛し、「二回、鑑賞をするべき重要な演劇だ」としている。すぐに寄せられた批判的な反応と、そしておそらくもっと重要なのは、ブログ圏においてより検討を重ねた議論のなかに、演劇の公共圏に直接関わる、二つの相互に関連した質問が見られることである。すなわち、演劇というメディアが、肉体的・効果的な道具であると同時に言説的な道具としても有効性があるかどうか、また、主張されている内容の実際の妥当性について問われている。

それは、寛容さを標榜する善意の多文化主義のイデオロギーと実践が、逆説的に言論の自由、寛容、人間の平等の敵に力を与えているのである。このような敵は、主に特殊なイスラム原理主義と同一視されている。この作品は、議論に対してどのように新たな貢献をし、実際に再活性化させるのだろうか。また、似たような議論を展開する粗野な右翼的、外国人排斥主義の立場に陥らないようにするにはどうすればよいのだろうか。『これについて語りあえるのか?』は、スピーチ、動き、音、映画、写真、音楽など、複数の記号システムを使用しているため、定義上、学術的な討論やテレビの座談会よりも、議論の明確性は必ずしも高くないものの、より複雑なレベルで活動していることになる。間違いなく革新的なのは、ジェスチャー、ダンスステップ、模倣アイコン、慣習化されたサインなど、さまざまな動きを使って、言葉のメッセージに複雑な対位法を作り出すことである。

パフォーマーはまず、政治的に正しいマネキンのように、足から足へと同期して飛び跳ねます。議論が進むにつれ、動きはギザギザになり、複雑で不規則になります。慎重に歩くこと、馬が後退すること、そしてメディアでの議論に関しては、ボクシンググローブの人形が無害な打撃を交えることがモチーフとなっている(39)。

マット・トゥルーマンが身体的な語彙を項目化したことで、動きを他の記号体系、特に言葉による議論と慎重に対応させていることがわかる。これらの差異化された動きやジェスチャーは、言葉を強調したり反転させたりするさまざまな可能性を提供する。つまり、あらゆる種類の言説による議論の前提条件となる言葉による命題は、身体的な手段によってさらなるニュアンスを獲得するのである。

もう一つの、そして同様に重要な基準は、劇場での批評やユーチューブの予告編、その他の広報資料といった比較的閉じられた回路を超えて、より広い公共圏に与える影響に関するものである。ブログ圏における『これについて語りあえるのか?』への二つの反応をより詳細に検討していくが、ここでは、通常の五〇〇語程度の批評よりもはるかに複雑な議論が行われた。活動家でありジャーナリストでもあるサンダー・カトワラは、「片方の話を聴く方法──スレッジハンマー・ポレミックの失われた声」と題した返信のなかで、この上演が提案する議論について一方的な性質を問題にする。「私は、民主的でリベラルな多文化主義の提唱者に重要な声を与えることを、この上演が拒否していたので苛立ちを覚えた」。また、明らかに「大陸」に焦点を当てており、「ピム・フォルタインとヴァン・ゴッホが暗殺されて以来の、オランダのアイデンティティとポスト多文化主義の危機を中心としている」[40]。ほとんどの例が実際には英国のものであるため、最後の点を把握するのは難しいが、多文化の議論に関して両国間には多くの類似点(および相違点)があるのは確かである。カトワラのような多文化に関する専門的なコメンテーター(移民と統合を研究するリベラルなシンクタンク、ブリティッシュ・フューチャーのディレクター)にとって、バランスのとれた議論が行われていないことは見て取れる。だが、現在の政策の弱点を、力強く「情熱的に」分析するために作られた劇作品という観点からすると、完璧な議論の均衡は厳密には必要ないのかもしれない。

同様に、ケナン・マリクも自身のブログで緻密な批判を展開している。多文化の問題を扱う放送作家かつライターであるマリクは、ニューソンがリサーチ期間中にインタビューした人物であり、彼の言葉は舞台上で語られている。マリクは、動きと言葉を織り交ぜて議論を構築するというアプローチを支持している。「観客はそれを、アイデアのタペストリーとして体験することになります。常にダンサーのリボンのように動き、回転していますが、それは糸を一本一本、層を重ねて、しっかりと織り上げられた、ほとんど逃れられない議論になるのです[41]」。しかし彼は、動きとテキストの一体化が、議論を深めるのに常に役立つかどうか、懐疑的である。また、カトワラと同様に、「多文化主義に関する広範な議論のなかで、明らかにナイーブな面が浮き彫りになっている」ことに不安を感じている。マリクは、生き生きとしたコスモポリタニズムとしての多文化主義と、「人々を民族別の箱に入れて多様性を管理する」ことを目的とした政治的・政策的な多文化主義とのあいだの、「非常に不都合な」断絶を指摘するのである。彼は、ＤＶ８が政策主導型の多文化主義を批判していることを認識しているものの、この批判を支持する声を集めると、ハニーフォードやヘルト・ウィルダースのような明らかに反動的な人から、純粋に悪者扱いされたり脅迫されたりする人まで、さまざまな人が混在していることがわかる。こうした混成によって、感情的なインパクトのために微妙な違いが犠牲になるのである。「すべての場面を貫く感情は、リベラルな臆病さと多文化的な甘さが織りなす、イスラム過激派が批評家を黙らせ、原理と人々双方への裏切りを許す方法に対する脈打つような怒りである」。演劇と座談会の違いを認識しながらも、長年にわたる多面的な議論を経てもなお、差別化できないのは残念だとマリクはいう。

自分の作品への批評にコメントはおろか、読むこともしない主義で有名なニューソンが、まったく異例なことに、マリクのウェブサイトには詳細にわたるコメントを掲載している。ニューソンは、マリクが誤解や誤認をした作品の三つの要素として、「スタイル（動きとテキストの組み合わせ／対比）、キャラクターの描写、作品内の意見のバランス」を挙げる。(42) 動きと言葉のあいだにあまりにも大きなギャップがあるというマリクの指摘へ反論するために、ニューソンは、ダンサーが（モンティ）「パイソン」的な動きを使いながら、レイ・ハニーフォードや多文化主義に対する暴言によりユーチューブでかなりの支持者を獲得している、政治的挑発者パット・コンデルのコメントを引用してある場面について述べている。この動きは、多文化主義やイスラム恐怖症の議論にまつわる、不条理やヒステリーを意図的に強調するために使っているのである。ニューソンは、レイ・ハニーフォードやヘルト・ウィルダースなどの、反動的な評論家や政治家が肯定的に描かれすぎているというマリクの指摘に対し、作品内で語られた文章を検証することで、いくつかの異なる立場が表明され、そのほとんどが実際には批判的であることを示している。このように、パフォーマンスには、一度の鑑賞では吸収できないほどの高度に仕組まれた差異と対立する声が含まれている。「この作品のニュアンスの多くを見落としているのはケナン・マリクだと私は主張したいが、その理由はある意味では理解できる。この作品はコンパクトで密度の高い作品であり、一度の視聴では提示された詳細をすべて聞き取り、消化することはできない」。

ここにまとめられた三つの記事（カクワラ、マリク、ニューソン自身）における、コメントと引用の相互接続の網目は、マイケル・ワーナーの言葉を借りれば、自己組織化、自己目的主義、自己言及的な性質を持つ、公共圏の行動の教科書的な例を示している。(43) パフォーマンス、その解釈、身体的な表現手段の組み込み、「脈打つ怒り」、これらがなければ議論はほとんど始まらなかったであろうが、これらはすべて、演劇の公共圏をより広いコミュニティへと大きく拡張することに貢献している。

今日、ダンスのなかに話し言葉や書き言葉を取り入れることは珍しいことではないが、『これについて語りあえるのか?』は、前例が見当たらないほど極端に言葉を使用している。この作品は、ある問題についての「劇」であり、提案や議論が、他の視覚的、音響的なメディアと一緒に、動きや話し言葉によって提示されている。作品によって生み出された言説は、より広い公共圏に関与する能力を示しているのである。この作品は、談話を中心とした公共圏の多くの規則や慣例にしたがっているが、合理的なものと情動的なものとを融合させることによってそれらを強化する。議論と情動のアゴーン的な融合により、『これについて語りあえるのか?』は、本章冒頭の標語で投げかけられた疑問に答えている。この作品は、多文化主義について語るだけでなく、踊ることによって、演劇がいかに、古いようでいて今もなお時事的な問題に新鮮な色合いを与えることができるかを示している。この作品によって、演劇の公共圏が依存している、言論の自由の基本的な問題に再び焦点が当たるのである。

ネット環境や、メディアの急増による影響で、断片的な公共圏のなかでの演劇の位置づけは、せいぜい限界が近いように見えるかもしれない。この章で取り上げたパフォーマンスは、演劇とパフォーマンス、特にポストドラマ的なものが、こうした状況の変化に対応していることを示している。ポストドラマ的パフォーマンスは、私たちの日常的な交流が対面ではなく媒介されたコミュニケーションによって行われているのと同様に、ますます分散と分布に条件づけられるようになった。こうした観察によって、二つの明らかなパラドックスが示される。一つは政治上、もう一つは定義上のものである。

『お願い、オーストリアを愛して！』を、政治的に効果的な介入型パフォーマンスの例と見なすなら（そして、そのマスメディアでの共鳴から判断して、確かにそうであった）、この規模のインパクトは、おそらくパフォーマンスがマスメディアで配信されたときにのみ達成されるだろう。政治的に効果的なパフォーマンスは、おそらく劇場の外やパフォーマティブな美学の共犯者の範囲外で行われて初めて可能になる。一方、『これについて語りあえるのか？』の例は、従来の劇場空間であっても、他のメディアや大衆にとって重要な問題と結びつけることができれば、演劇の公共圏はかなりの力と複雑さを獲得できることを示している。

二点目のパラドックスは、従来の演劇の定義が解体され、疑問視されればされるほど、演劇とは何かということが問われるのである。ポストドラマ演劇の成果の一つとして、少なくとも一部の実践者は、美学的な慣習を超え続けることで、暗黙のうちに継続的に「演劇とは何か」という問いを投げかけていることは間違いない。このような実験は、我々に演劇の概念を研ぎ澄ますことを強いると同時に、その概念を拡大し、再調整する。こうした再調整のプロセスは、演劇の公共圏にも同様に当てはまる。政治的な公共圏が、新しいメディア、多文化社会、政治理論そのもの（アゴーン的複数性）の複数の必要条件のもとで再定義されているように、演劇の公共圏の新しい構造的な変化に照らして、演劇は何ができるのか、何であるのかが問われなければならない。

演劇の公共圏を定義し、維持し、最終的には変革するという観点から、次のような暫定的な結論を得ることができるだろう。第一に、演劇は、より広範な公共の議論や熟考の一部に過ぎないと理解するべきである。演劇作品は、そのようなプロセスのエージェントとして、自己完結的で、上演の終了とともに美的機能が消滅するような独創的な作品ではなく、ネットワークの結節点として考えることができるからである。過去二〇年間、パフォーマティブな次元を定義し、理論化する目的で行われてきた重要な学術研究は、公共圏が「今ここ」の時間的、空間的座標を超えているから、公共圏をほとんどの場合除外してきた。第二に、公共圏への視座は、ブラック・ボックスの内側と外側の両方の視点を必要とするため、政治的、経済的、制度的な他の言説とのさまざまな交わりや接点がある。公共機関との密接なつながりによって、演劇の再び位置づけることも可能になる。伝統的なフィクションの場、もしくは模倣芸術を実践する場ではなく、真実を伝える特権的な場としてとらえ直すことができるのである。そこでは、「単なる事実」ではなく、「目撃された真実」が、表現と意見の自由という古代民主主義の権利である「パレーシア」として認識される。学問的・方法論的な観点からは、その限界を定義することが問題となる。どのようにしてそれを形作るのか。どのように境界線や分界線を引くことができるのか。それに対する私の答えは、「すぐにはやらない」ということである。公共圏に参加し競争するためには、まず公共圏に入らなければならない。つまり、自分の旗をポールに立てて、誰が来るか見るのである。

狭義の公共圏は、機能するために、理性的な議論を優遇する、ある種の言説上の慣習を必要とする。これらの慣習は、暗黙のうちに誰を排除しているかという点だけでなく、その実行方法そのものについても、近年つねに批判の対象となっている。私は、演劇の公共圏は、政治的モデルの下位バージョンでもなければ、たんに公共空間と同一視もできないと主張してきた。その手法は常に、議論、感情をともなう身体的行動、そして遊びの要素を組み合わせたものであり、演劇の公共圏の形態を特徴づけるのは、おそらく、合理的、批判的、積極的、そして滑稽な相互作用の特別な組み合わせなのである。

公共圏は、現代の民主主義社会の重要な構成要素であり、少なくとも概念的には、政治、ビジネス、国家機関の場を修正するものとして機能している。公共圏は定義上、独立したものであり、それを抑制または法制化しようとすると、結局退化してしまう。民主主義制度という大きな世界地図のなかで、公共圏が衰退し、浸食され、持続不可能になるとしたら、極めて多くの権利が取り除かれることになるだろう。国家が、自らを批判する公共圏を確実に維持する義務を負っているというのは、壮大なパラドックスの一つである。アテネ人が二五〇〇年前に解決したことは、今日の政策立案者にとっても説得力のあるものでなければならないのである。

## 注

（1）Fraser (2007), 8.
（2）Gupta and Ferguson (1992), 9.
（3）Appadurai (1990), 10.
（4）Castell (2008), 90.
（5）Anicvas (2005), 139.
（6）Beck (2009), 82.
（7）Kennedy (2009), 154.
（8）Munster and Lovink (2005), n.p.
（9）Bartlem (2005), n.p.
（10）*Ibid.*
（11）制度的には、演劇とパフォーマンス・アートは今でもある程度の分離を保っている。学問的な観点からは、この区別はほとんど意味をなさなくなっている。
（12）Lilienthal (2000), 15.
（13）以下の分析では、主にポール・ポエットのフィルム *Ausländer Raus! :Schlingensiefs Container*（2002）と Lilienthal（2000）のドキュメントを中心に分析する。
（14）Elfriede Jelinek, Peter Sloterdijk, Gregor Gysi and Peter Sellars も含まれる。
（15）この意味では、植民地の臣民による、支配者側の価値規範の模倣に関連する効果、すなわち「ほとんど何もないが、全くないわけではない」と関連している。(Bhabha 1994, 91)

（16）Žižek, in Butler *et al.* (2000), 220.

（17）これがサイト 'The political currency of art' であがった疑問の一つである。(www.thepoliticalcurrencyofart.org.uk/research-strands/irony-and-overidentification)

（18）Abercrombie and Longhurst (1998), 75.

（19）二〇一一年に放送されたオランダのテレビ番組「Weg van Nederland（Our of Holland）」のアイデアには、直接的な影響が見られる。進歩的な公共チャンネルであるＶＰＲＯが制作したこのゲームショーは、法的手段を尽くした後に強制送還されることになった実際の亡命者たちが登場する。彼らは、オランダ語や文化に関する質問に答え、自分たちの統合度を示す必要があった。この番組が発表されると、オランダ国内はもちろん、ヨーロッパでも賛否両論が起こったが、そもそもの目的が違っていた。

（20）この「モデル・キャラクター」を認めたピーター・セラーズ氏は、コンテナの屋根の上から「このようなコンテナがロサンゼルス、シカゴ、ニューヨークに必要だ」と発表した。シュリンゲンジーフのインタビューでの簡潔なコメントは、「彼はもちろんやらないだろう」だった。(cited in Poet 2002)

（21）www.rimini-protokoll.de. 二〇〇九年二月一六日閲覧。このテキストは現在掲載されていない。

（22）www.rimini-protokoll.de/website/en/project_143.html#article_2696.html. 二〇一三年一一月三日閲覧。二つのヴァージョンの映画『カルカッタとベルリン』はサイトで閲覧可能。http://vimeo.com/62794689

（23）Kranpitz (2005), n.p.

（24）Translator's note, Habermas (1989), xvi.

（25）今では、*Intimsphäre* には性的な意味合いがあるが、ハーバーマスはそれに限定していない。「これは家庭の領域であり、生活の日常的なニーズを満たすこと、性と生殖、そして若者や病人、高齢者のケアの領域である」。(Benhabib 1992, 91)

（26）Van den Hengel (2012), 10.

（27）座ることで得られる変化の経験は、映画『マリーナ・アブラモヴィッチ――アーティストがいる』（Akers 2012）のなかで、多くの参加者によって繰り返し語られている。
（28）一部はまだＭｏＭＡのサイトに掲載されている。www.moma.org/inter2actives/exhibitions/2oro/marin2abramovic. 二〇一三年一月最終更新。
（29）http://amirbaradaran.com/ab_toaip_act_I.php. 二〇一三年四月一一日最終閲覧。
（30）www.pippinbarr.com/games/theartistispresent/TheArtistIsPresent.html 参照。制作者はニュージーランド出身の学者であり、ゲーム制作者。ゲームに関するインタビュー記事は http://blogs.villagevoice.com/runninscared/2011/09/pippin_barr_man.php
（31）Brown (2011).
（32）www.dv&.co.uk/projects/canwetalkabourthis/foreword_by_lloyd_newson
（33）*Ibid.*
（34）The DV8 のサイトにはインタビューを受けた五〇人ほどの名前が記載されている。（www.dv&.co.uk/projects/canwetalkabouthis/interviewees_contributors)
（35）Brown (2011).
（36）Bishop (2012).
（37）Cavendish (2012).
（38）Taylor (2012).
（39）Trueman (2012).
（40）Katwala (2012).
（41）以降のケナン・マリクの引用はブログより。http://kenanmalik. word press.com/ 2012/03/18/we-should-talk-about-this

(42) 以降のニューソンの引用はサイトより。http://kenanmalik.wordpress.com/2012/05/28/ lloyd-newson

(43) Warner (2002), 67.

# 訳者あとがき

「真理と自由とのもっとも危険な敵は、――いいか、堅実な多数である！」[1] ヘンリック・イプセンの『民衆の敵』（一八八二）では、危険を冒しても真実を述べようとする医者で科学者のトマス・ストックマンが、多数派によって「民衆の敵」とされ、民主主義の本質的な欠陥が露呈する。演劇の上演演目において、民主主義の功罪が扱われた右のような例は、演劇史上少なくない。遡ってみれば、古代ギリシャの都市国家では、劇場が都市機能の重要な一部をなしていたから、それはもちろん舞台上で描かれる主題には留まらない。人々が集まり、イベントや演劇が催され、議論が行われる劇場という公の制度は、民主主義の手続きを必要としていたから、以来、演劇と民主主義の関係は、一様ではないにしろ乖離することはなかったのである。

クリストファー・バルミは、本書『演劇の公共圏』を「公共圏について論じた本である」（11頁）と端的にいう。公共圏では、性別、民族、宗教観、階級などの属性によらず誰もが公の議論に参加でき、言論の自由や表現の自由が担保される。演劇を、たんに上演される演目としてではなく、公共圏に資する「制度」としての演劇の役割が本書では考察されるのである。したがって本書のねらいは、「演劇の公共圏の概念をどのように使用し得るのかについて、理論的、歴史的な輪郭を描くことである」（12頁）。

バルミは現在ミュンヘン大学演劇学科長を務め、過去には国際演劇学会会長や、学会誌「シアター・リサーチ・インターナショナル」の編集長を歴任した演劇研究者である。ヨーロッパを拠点に研究活動をすすめてきたバルミだが、大学卒業までニュージーランドで教育を受けた来歴は、例えば『脱植民地化する演劇（*Decolonizing the Stage*）』（一九九九）、『パシフィックの演劇（*Pacific Performances*）』（二〇〇七）における、独自の視点獲得に活かされているといえるだろう。『ケンブリッジ演劇学入門（*The Cambridge Introduction to Theatre Studies*）』（二〇〇八）などの概説書を記す一方で、移動、越境、メディアなど、常に今日的な課題と演劇学を接続させてきた。本書で取り上げられる公共圏は、古くて新しいテーマであるのみならず、表現の自由、メディアの変容と民主主義のあり方などが取り沙汰される今日においては、緊急の課題ともいえるだろう。

それでは、「演劇の公共圏」はどのような広がりを持っているのだろう。いわゆるヨーロッパ型の文化助成は、公共善の共有と切り離せないが、日本の場合は一筋縄ではいかない複雑な状況があるにしろ、結果的に、国民・市民の税金による助成金をアーティストや劇場は受けることも多いから、表現活動の公共性は今では自明のものといえる。また、さまざまなタイプの演劇の文化政策、演劇教育、表現の自由をめぐる文化政治の領域も、「演劇の公共圏」と切り離されることはない。その一方で、メディアとしての演劇は、変わりゆく他のメディアとの関わりも公共圏においては看過できない問題を含んである。「演劇の公共圏」は、社会科学と人文科学のさまざまな領域との接合しており、したがって、本書『演劇の公共圏』は、演劇学の側からの今日的課題へ向かうための、一つの雛型を示していると言えるだろう。

本書の構成は、おおよそ以下のようなものである。序論と第一章において、筆者は、主要な公共圏の理論と演劇との関係について述べている。ユルゲン・ハーバーマスによる近代の公共圏の言説を基礎としつつ、古代ギリシャのアゴーンの性質を問い直し適用することによって、演劇と公共圏の緊密な関係の必然をバルミは提示する。その関係性に基づくと、「演劇の公共圏」は一種の制度と考えられ、公共圏のかなめであり、閉じられた劇場の中でなく、外の社会に存在しているという。つまり、美学的解釈がすべての自己充足的な作り手と受け手によるリビドー溢れるコミュニタスから離れ、もっと広い公共圏としての演劇の中へまず入り、そこがどのように機能するかをバルミは探ろうとするのである。次の第二章から第六章は、このような前提に基づく、時代と国を超えたケース・スタディであり、具体的な事例において、それぞれ「演劇の公共圏」の異なる機能と課題が論じられている。

第二章では、一五世紀の印刷機の登場以来、演劇の上演広告、プレイビルが欠かせないものになり、演劇の商業化が加速する展開が取り上げられる。劇場内の上演から劇場の外への回路としてのメディアは、印刷物にはじまり現在ではデジタル・メディアがより一般的になっているが、いずれにしても演劇の公共圏のひろがりを確保する互恵的なメディアのあり方が検討されている。第三章「開放と閉鎖」は、一七世紀のピューリタン革命期の英国が舞台である。ピューリタン革命をめぐってもたらされた劇場閉鎖の一方で、現実社会では、パンフレットという印刷メディアを利用し宗教的・政治的プロパガンダの応酬が繰り広げられる。ピューリタンでパンフレット作家のウィリアム・プリンの、演劇よりも演劇的な公開殉教の事例が取り上げられ、「演劇の公共圏」というよりも、むしろ演劇的な公共圏に焦点が当たる。続く第四章は、本来、劇場という場に縛られる演劇の上演の越境について考察されている。一九世紀におけるキリスト教圏の国々におけるイスラム教の祖ムハンマドの舞台表象、また二一世紀のモーツァルトのオペラ『イドメネオ』でのやはりムハンマドの表象がもたらす国境を超えた演劇スキャンダルを通して、演劇の公共圏のトランスナショナルな境界がいったいどのあたりにあるのか検討される。

続く第五章では、「演劇の公共圏」における公衆の寛容の境界が問題になる。ここでは、ロメオ・カステルッチ演出の『神の子に免じて、顔の概念について』における神への冒瀆、また現代演劇におけるブラック・フェイスをめぐる人種差別への抗議運動を取り上げ、表現してはならないことは何かが検討され、公共圏における合理的議論と表裏の情動が考察されている。そして、モダニストの閉じられた美学とは逆に、演劇美学の分散の可能性が問われるのが、最終章である。「今ここ」に根差す演劇がインターネットを介して時空を易々と超える例が『お願い、オーストリアを愛して！』『芸術家は生きている』『コール・カッタ』である。公共圏がヴァーチャル空間も含むようになった現在、演者の現前を前提としてきた演劇は、その形而上学的、存在論的本質を再検討せざるを得なくなるという、重要な点がここでは指摘されるのである。

以上のように、さまざまな課題と具体的な事例が本書では取り上げられるが、なかでも合理的・批判的議論と情動の相関関係は、アゴーン理論、宗教、そしてメディア論においても登場し、本書の基調をなしている。バルミがハーバーマスの合理的・批判的公共圏の言説を基礎にしていることはすでに述べたが、ここに「アゴーン的複数性」に欠かせない情動を重視したシャンタル・ムフの論を採用して、合理性と情動の接合点に「演劇の公共圏」の根拠をバルミは求めようとする。「ムフの考える民主主義政治の目的は、敵対関係を論争へと変容させること」（28頁）と採用の根拠をバルミは述べるが、公共圏において自分が「誰であるか」のみならず「何であるか」という主体獲得の場にこそ闘争があり、変容の鍵があるとしたムフは、「アゴーン的複数性」を先んじて説いたハンナ・アーレントとは異なるから、バルミは、アーレントには触れずにムフの論を用いているのではないのだろうか。[2]

宗教もまた、本書の複数の章で扱われる重要なテーマである。私的とも非合理的とも言い切れない宗教が、合理的議論を基礎としてきた公共圏の言説とどう関わるかは、ユルゲン・ハーバーマス、チャールズ・テイラー、コーネル・ウエストなどによって、『公共圏に挑戦する宗教』では、さまざまに論じられている。同書に寄稿したクレイグ・カルフールは、ポスト世俗化社会と言われる今日において、公共圏における宗教を次のように位置づけている。「宗教は徹底的な変革と根源的な問いかけの基盤となる。それは熱狂、情熱、憤慨、激怒、そして愛をもたらしてくれる。熱狂がときに無反省な信仰に利用されるとすれば、情熱は既存の制度や危険な流れに批判的にかかわるうえで決定的に重要な役割を果たす。公共圏と公共的理性の実践もまた力を持っている。……そこはまた文化形成の領域でもあるために、議論が唯一の重要な実践ではなく、創造性と祭儀、祝福と昇任もまた大きな意味を持っている。公共圏とは深い感受性と明晰な理解とが接合する場でもあり、そこには人々の奮闘がある」[3]。本書『演劇の公共圏』で取り上げられる宗教に関わる事例は、カルフールの指摘にあるように、「深い感受性と明晰な理解とが接合する場」として、公共圏における宗教と「演劇の公共圏」の類似性を知らせている。

メディアの変容について、バルミはとりわけ深い関心を寄せる。デジタル・テクノロジーによるバーチャル空間の登場によって、身体は場から解放され、例えば『コール・カッタ』のような、演劇のオルタナティブが生まれるようになってきた。一方的な発信による、言わば垂直型の権力関係を維持するテレビのようなマスメディアに代わるデジタルネットワークは、現実社会では「アラブの春」のような民主的なムーブメントすら作り出すことになり、バルミが主張するような「分散型美学」発展への期待も高まる。しかしながら、バーチャル空間が必ずしも水平的で、自由な参加型の公共圏を生み出すわけではない。ジル・ドゥルーズがデジタル化社会の到来を見通して一九九〇年代にすでに示唆したように、個人に「規律」（ディシプリン）を与える社会に代わって、多量な情報をもとに精妙に分析・管理・調整された「管理社会」は、公共圏における個人の自由な発信や参加を、常に管理、調整してしまうからである。(4) それは、「アルゴリズムを駆使した情緒的なネットワーキングの力」（8頁）が、大統領選挙への干渉、少数民族虐殺、陰謀論の流布の背景となったかもしれないというバルミの認識に呼応し、開かれた議論と増幅された情動の複雑な相関は、デジタルネットワークでも見て取れるのである。

著者は「暫定的結論」としながら、次のように結ぶ。「演劇は、より広範な公共の議論や熟考の一部に過ぎないと理解するべきである」（324頁）。しかし、「一部に過ぎない」としても、演劇というメディアは「フェイスブックとは逆」であり、「演劇の公共圏は、道徳的危険と政治的不安が渦巻く場から、民主主義と市民権教育を提供する場へと、一般の認識を変容させ」る（9頁）との文を、日本語版序文へバルミは寄せている。現実社会のなかでは、「道徳的危険と政治的不安が渦巻く場」で上がった声が埋もれることは少なくない。しかし、冒頭で引いた『民衆の敵』のトマス・ストックマンのような、「真実を演じるパレーシア」という認識への鮮やかな変換は、演劇の公共圏では起こり得るのである。

藤岡阿由未

二〇二二年二月

## 注

（1）ヘンリック・イプセン『民衆の敵』竹山道雄訳、岩波文庫、一九三九年、一四七頁。

（2）Chantal Mouffe, *On the Political*, Routledge, 2005, pp. 22-23.『政治的なものについて――闘技的民主主義と多元的グローバル秩序の構築』酒井隆史監訳、二〇〇八年、明石書店。

（3）クレイグ・カルフーン「後記――宗教に備わる多くの力」『公共圏に挑戦する宗教――ポスト世俗化時代における共棲のために』エドゥアルド・メンディエッタ、ジョナサン・ヴァンアントワーペン編、箱田

徹、金城美幸訳、二〇一四年、岩波書店、一六〇頁。

（4）ジル・ドゥルーズ「追伸――管理社会について」『記号と事件――一九七二－一九九〇年の対話』宮林寛訳、河出文庫、二〇〇七年、三五六－三六六頁。

# 図版一覧

図1　Old Price Riots, Covent Garden Theatre, London, 1809. George Cruikshank: 'Killing No Murder as Performing at the Grand National Theatre'. British Museum Collection no. 11425. ©Trustees of the British Museum

図2　Playbill of the New Theatre Royal, Glasgow, 1840. By permission of University of Glasgow Library, Department of Special Collections

図3　Woodcut of St Paul's Cross, c.1625. From Thomas Brewer, *The Weeping Lady* (1625). Source: Early English Books Online

# 参考文献


Abercrombie, Nicholas and Longhurst, Brian (1998), *Audiences: A SociokJgical Theory of Performance and Imagination* (London: Sage).

Abrams, Joshua (2012), 'The Ubiquitous Orange Jumpsuit: Staging Iconic Images and the Production of the Commons', in Jenny S. Spencer (ed.), *Political and Protest Theatre after 9/1: Patriotic Dissent* (New York: Routledge), 38-53.

Adorno, Theodor W. (1997), *Aesthetic Theory*, trans. Robert Hullot-Kantor (Minneapolis, MN: University of Minnesota Press). テオドール・W・アドルノ『美の理論』大久保健治訳、河出書房新社、一九八五年。

Akers, Matthew (2012) (dir.), *Marina Abramovich, The Artist Is Present.* DVD (dog-woof films).

Anievas, Alexander (2005), 'Critical Dialogues: Habermasian Social Theory and International Relations', *Politics*, 25 (3): 135-43.

Appadurai, Ajun (1990), 'Disjuncture and Difference in the Global Culrural Economy', *Public Culture*, 2 (2): 1-24.

Arendt, Hannah (1958), *The Human Condition* (Chicago, IL: University of Chicago Press). ハンナ・アーレント『人間の条件』志水速雄訳、ちくま学芸文庫、一九九四年。

Aristophanes (1984), *The Compku Plays of Aristophanes*, ed. Moses Hadas (Bantam Classic edn, New York: Bantam Books).

Baer, Marc (1992), *Theatre and Disorder in Lau Georgian London* (Oxford: Clarendon Press).

Balme, Christopher B. (2006), 'Der Kunsttempel verlierr seine Immunitit: Anmerkungen zum Mozart-Streit', *Die Deutsche Bühne* (11): 18-19.

(2010), 'Playbills and the Theatrical Public Sphere', in Charlotte M. Canning and Thomas Postlewait (eds.), *Representing the Past: Essays in Performance Historiography* (Iowa, IA: University of Iowa Press), 37-62.

(2007), *Pacific Performances: Theatricality and Cross-cultural Encounter in the South Seas* (Basingstoke: Palgrave Macmillan).

Barish, Jonas A. (1981), *The Antitheatrical Prejudice* (Berkeley, CA: University of California Press).

Banholomew, Amy (2014), "Nonviolent Terrorism" or the Performance of Resistance? Hunger Strikes, Death Fasts and a Habermasian Conception of Political Action and the Public Sphere', in K. Amine, J. Radouani and G. F. Roberson (eds.) *Intermediality, Performance and the Public Sphere* (Amherst, Denver, Tangier: Collaborative Media International).

Bartlem, Edwina (2005), 'Reshaping Spcctatorship: Immersive and Distributed Aesthetics', *Fibreculture*, (7). http://journal.fibreculture.org/issue7/issue7_bartlem.html

Bawcutt, N. W. (2009), 'Puritanism and the Closing of the Theaters in 1642', *Medieval and Renaissance Drama in England*, 22: 179-200.

Beck, Ulrich (2009), *World at Risk* (Cambridge, UK and Malden, MA Polity Press).

Benhabib, Seyla (1992), 'Models of Public Space: Hannah Arendt, the Liberal Tradition, and Jurgen Habermas', in Craig Calhoun (ed.), *Habermas and the Public Sphere* (Cambridge, MA: MIT Press), 73-98.

(2011), 'The Arab Spring: Religion, Revolution and the Public Square', public-sphere.ssrc.org, at: http://publicsphere.ssrc.org/benhabib-the-arab-spring¬rcligion-revolution-and-the-public-square

Bennett, Susan (1997), *Theatre Audiences: A Theory of Production and Reception* (2nd edn, London: Roudedge).

Beyeler, Michelle and Kriesi, Hanspeter (2005), 'Transnational Protest and the Public Sphere', *Mobilization: An International Quarterly*, 10 (1): 95-109.

Bhabha, Homi K. (1994), *The Location of Culture* (London: Routledge). ホミ・K・バーバ『文化の場所――ポストコロニアリズムの位相』本橋哲也ほか訳、法政大学出版局、二〇一二年。

Bishop, Clifford (2012), *'Can We Talk about This?* DV8 Physical Theatre - review', Evening Standard (13 March), at: www.scandard.co.uk/goingout/cheatrc/can¬we-talk-about-this-dv&-physical-theatre-review-7564806.html

Blackadder, Neil (2003), *Performing Opposition: Moekrn Theater and the Scandalized Audience* (Westport, CT: Praeger).

Blau, Herbert (1990), *The Audience* (Baltimore, MD: Johns Hopkins University Press).

Boal, Augusto (1985), *Theatre of the Oppressed* (m TCG edn, New York: Theatre Communications Group), xiv, 197.

Bornier, Henri de (1890), *Mahomet: drame en cinq actes, en vers dont un prologue* (Paris: E. Dentu).

Bosworth, C. E. (1970), 'A Dramatisation of the Prophet Muhammad's Life: Henri de Bornier's "Mahomet", *Numen*, 17 (2): 105-17,

Brady, John S. (2004), 'No Comest? Assessing the Agonistic Critiques of Jurgen Habermas's Theory of The Public Sphere', *Philosophy & Social Criticism* 30 (3): 331-54.

Bratton, Jackie (2003), *New Readings in Theatre History* (Cambridge University Press).

Brecht, Bertolt (1964), *Brecht on Theatre: The Development of an Aesthetic*, trans. John Willett (New York: Hill and Wang).

Brown, lsemene (2011), 'Can We Talk About This?, DV8 Physical Theatre, Warwick Arts Centre' (10 November), at: www.rheartsdesk.com/dance/can¬we-talk-about-dv&-physical-theatre-warwick-arts-centre

Büning, Eleonore (2003), 'Der Musik auf den Fersen', *Frankfurter Allgemeine Zeitung* (15 March), 35. www.faz.net/-gs3-t2on

(2006), 'Absetzung einer Oper: Die Bresche', *Frankfurter Allgemeine Zeitung* (27 September), n.p., at: www.faz.net/akruell/feuilleton/debatten/abserzung¬ciner-oper-die-bresche-1360040.html

Bürger, Peter and Bürger, Christa (1992), *The Institutions of Art*, trans. Loren Kruger (Lincoln, NE: University of Nebraska Press).

Butler, Judith, Laclau, Ernesto and Žižek, Slavoj (2000), Contingency, *Hegemony, Universality: Contemporary Dialogues on the Left* (London and New York: Verso). ジュディス・バトラー、エルネスト・ラクラウ、スラヴォイ・ジジェク著『偶発性・ヘゲモニー・普遍性——新しい対抗政治への対話』竹村和子ほか訳、青土社、二〇一三年。

Butler, Martin (1984), *Theatre and Crisis, 1632-1642* (Cambridge University Press).

Calhoun, Craig (ed.) (1992), *Habermas and the Public Sphere* (Cambridge, MA: MIT Press). クレイグ・キャルホーン編『ハーバマスと公共圏』山本啓ほか訳、未來社、一九九九年。

Carlson, Marvin (1993), 'The Development of the Theatre Program', in Ron Engle and Tice L. Miller (eds.), *The American Stage: Social and Economic Issrter from the Colonial Period to the Present* (Cambridge and New York: Cambridge University Press), 101-14.

(2004), '9/11, Afghanistan, and Iraq: The Response of the New York Theatre', *Theatre Survey*, 45(1): 3-17.

(2009), *Theatre Is More Beautiful Than War: German Stage Directing in the Lau Twentieth Century* (Iowa, IA: University of Iowa Press).

Castells, Manuel (2008), 'The New Public Sphere: Global Civil Society, Communication Networks, and Global Governance', *Annals of the American Academy of Political and Social Science* (616): 78-93.

Cavendish, Dominic (2012), 'DV8's *Can We Talk about This*: the riskiest show of the year?', at: www.telegraph.co.uk/culture/theatre/theatre-features/9101513/DV8s-Can-We-Talk-Abut-This-the-riskiest-show-of-the-year.html

Chartier, Roger (1991), *The Cultural Origins of the French Revolution* (Durham, NC and London: Duke University Press).

Churchill, Winston (1898), *The Story of the Malakand Field Force. An Episode of Frontier War ... With Maps, Plans, etc* (London: Longman).

Clegg, Cyndia Susan (2008), *Press Censonhip in Caroline England* (Cambridge University Press).

Cole, Catherine M. (2010), *Performing South Africa's Truth Commission: Stages of Transition* (Bloomington, IN: Indiana University Press).

Collinson, Patrick (1989), *The Puritan Character: Polemics and Polarities in Early Seventeenth-Century English Culture* (Los Angeles: William Andrews Clark Memorial Library).

(1995), 'Ben Jonson's Bartholomew Fair: The Theatre Constructs Puritanism', in David L. Smith, Richard Strier and David Bevington (eds.), *The Theatrical City: Culture, Theatre and Politics in London, 1576-1649* (Cambridge University Press), 157-69.

Crary, Jonathan (1999), *Suspensions of Perception: Attention, Spectacle, and Modern Culture* (Cambridge, MA: MIT Press).

Dahlberg, Lincoln (2005), 'The Habermasian Public Sphere: Taking Difference Seriously', *Theory and Society,* 34(2): 111-36.

Davis, Tracy C. (2000), *The Economics of the British Stage, 1800-1914* (Cambridge University Press).

Davis, Tracy C. and Postlewait, Thomas (2003), *Theatricality* (Cambridge and New York: Cambridge University Press).

Dempsey, Judy and l..andler, Mark (2006), 'Opera canceled over a depiction of Muhammad', *New York Times*, 27 September, at: www.nytimes.com/2006/09/27/world/europe/27germany.html?pagewanted=print&_r=oa

DiMaggio, Paul and Powell, Walter W. (1991), 'Introduction', in Paul DiMaggio and Walter W. Powell (eds.), *The New Institutionalism in Organizational Analysis* (Chicago, IL and London: University of Chicago Press).

Eder, Ruth (1980), *Theaterzettel* (Dortmund: Harenbcrg).

Elam, Harry J. (2003), 'Theatre and Activism', *Theatre Journal*, 55(4): vii-xii.

Enzensberger, Hans Magnus (1970), 'Constituents of a Theory of the Media', *New Left Review*, (65): 13-36.

Ferguson, Niall (2004), Empire: How Britain Made the Motkrn World (London: Penguin).

Fischer-Lichte, Erika (2008), *The Transformative Power of Performance: A New Aesthetics* (London: Routledge). エリカ・フィッシャー＝リヒテ『パフォーマンスの美学』中島裕昭ほか訳、論創社、二〇〇九年。

Fischer-Lichte, Erika, Gronau, Barbara and Weiler, Christel (2011), *Global Ibsen: Performing Multiple Modernities* (Abingdon, UK: Routledge).

Foucault, Michel (1999a), 'The Meaning and Evolution of the Word Parrhesia', in Joseph Pearson (ed.), *Discourse and Truth: The Problematization of Parrhesia*. Digital Archive: Foucault.info, at: http://foucault.info/documents/parrhesia/foucault.dt1.wordparrhesia.en.html

(1999b), 'Parrhesia in the Tragedies of Euripides', in Joseph Pearson (ed.), *Discourse and Truth: The Problematization of Parrhesia*. Digital Archive: Foucault.info, at: http://foucault.info/documents/parrhesia/foucault.dt2.parrhesiaeuripides.en.html ミシェル・フーコー『真理とディスクール——パレーシア講義』中山元訳、筑摩書房、二〇〇二年所収。

Fraser, Nancy (1992), 'Rethinking the Public Sphere: A Contribution to the Critique of Actually Existing Democracy', in Craig Calhoun (ed.), *Habermas and the Public Sphere* (Cambridge, MA: MIT Press), 109-42. (1007), 'Transnationalizing the Public Sphere: On the Legitimacy and Efficacy of Public Opinion in a Post-Westphalian World', *Theory, Culture & Society*, 24(4), 7-30.

Frost, Mark Ravinder (2004), 'Maritime Networks and the Colonial Public Sphere, 1840-1920', *New Zealand Journal of Asian Studies*, 6(2): 63-94.

Gardner, Lynn (2012), 'Three kingdoms: the shape of British theatre to come?', at: www.guardian.co.uk/stage/cheacreblog/1012'may/16/three-kingdoms-shape-british-theatre-or-flop

Gestrich, Andreas (2006), 'The Public Sphere and the Habermas Debate', *German History*, 243): 413-30.

Ghose, Sonakshi (2012), 'Short Essay on the Growth of the Press in the 19th Ccncury', at: www.preservearticles.com/201106278635/growth-of-the-press-in-the-19th-century.html

Goldhill, Simon (1997), 'The Audience of Athenian Tragedy', in P. E. Easterling (ed.), *The Cambridge Companion to Greek Tragedy* (Cambridge University Press), 54-68.

Goldstein, Robert Justin (2009), The Frightful Stage: Political Censorship of the Theater in Nineteenth-Century Europe (New York: Berghahn Books).

Göle, Nilüfer (2002), 'Islam in Public: New Visibilities and New Imaginaries', *Public Culture*, 14(1): 173-90.

Gorton, Kristyn (2007), 'Theorizing Emotion and Affect: Feminist Engagements', *Feminist Theory*, 8 (3): 333-48.

Gosson, Stephen (1579),*The Schoole of Abuse Containing a Pleasant Invective against Poets, Pipers Players, Jesters, and such like caterpillers of a commonwealth; setting up the Flag ofDefiance to their mischievous exercise,& overthrowing their Bulwarks, by Profane Writers, Natural reason, and common experience: A discourse as pleasant for Gentlemen that favour learning, as profitable for all that will follow virtue* (Early English Books online; London: Thomas Woodcocke).

Gowen, David Robert (1998), 'Studies in the history and function of the British theatre playbill and programme, 1564-1914', D.Phil., University of Oxford.

Gupta, Akhil and Ferguson, James (1992), 'Beyond Culture, Space, Identity and the Politics of Difference', *Cultural Anthropology*, 7: 6-23.

Habermas, Jürgen (1974), 'The Public Sphere: An Encyclopedia Article (1964)', *New German Critique*, 3: 49-55.

(1985), 'Civil Disobedience: Litmus Test for the Constitutional Democratic State', *Berkeley Journal of Sociology*, 30: 95-116.

(1987), *The Theory of Communicative Action: Liveworld and System: A Critique of Functionalist Reason*, trans. Thomas McCarthy (Cambridge: Polity Press). ユルゲン・ハーバーマス『コミュニケーション的行為の理論　上中下』河上倫逸ほか訳、未來社、一九八五–一九八七年。

(1989), *The Structural Transformation of the Public Sphere: An Inquiry into a Category of Bourgeois Society*, trans. Thomas Burger and Frederick Lawrence (Cambridge, MA: MIT Press). ユルゲン・ハーバーマス『公共性の構造転換　第２版』細谷真雄ほか訳、未來社、一九七三年。

(1992), 'Further Reflections on the Public Sphere', in Craig Calhoun, *Habermas and the Public Sphere* (Cambridge, MA: MIT Press), 421-61. クレイズ・キャルホーン編『ハーバーマスと公共圏』山本啓ほか訳、未來社、一九九九年。

(1996), *Between Facts and Norms: Contributions to a Discourse Theory of Law and Democracy* (Cambridge, MA: MIT Press). ユルゲン・ハーバーマス『事実性と妥当性　上・下』河上倫逸ほか訳、未來社、二〇〇二年。

(2005), *Zwischen Naturalismus und Religion: philosophische Aufsätze* (1. Aufl. edn, Frankfurt am Main: Suhrkamp). ユルゲン・ハーバーマス『自然主義と宗教の間』庄司信ほか訳、法政大学出版局、二〇一四年。

(2006), 'Religion in the Public Sphere', *European journal of Philosophy*, 14(1): 1-25.

(2009), *Europe: The Faltering Project* (Cambridge: Polity Press). ユルゲン・ハーバーマス『近代　未完のプロジェクト』三島憲一編訳、岩波現代文庫、二〇〇〇年。

Halasz, Alexandra (1997), *The Marketplace of Print: Pamphlets and the Public Sphere in Early Modem England* (Cambridge University Press).

Harding, Luke (2009), 'How one of the biggest rows of modern rimes helped Danish exports ro prosper. One year on, protagonists have few regrets despite deaths of more than 139 people', *Guardian*, 30 September.

Hartnoll, Phyllis (ed.) (1952), *Oxford Companion to the Theatre* (Oxford: Oxford University Press). フィリス・ハートノル『演劇の歴史』白川宣力ほか訳、朝日出版社、一九八一年。

Hayner, Priscilla B. (1994), 'Fifteen Truth Commissions - 1974 to 1994: A Comparative Study', *Human Rights Quarterly*, 16(4): 597-655.

Hazlitt, William Carew (1869), *The English Drama and Stage under the Tudor and Stuart Princes, 1543-1664* (London: Princed for the Roxburghe library by Whittingham and Wilkins).

Heinemann, Margot (1980), *Puritanism and Theatre: Thomas Middleton and Opposition Drama ttnder the Early Stuarts* (Cambridge and New York: Cambridge University Press).

Held, David (2006), *Models of Democracy* (3rd edn, Cambridge: Polity Press). デヴィッド・ヘルド『民主政の諸類型』中谷義和訳、御茶の水書房、一九九八年。

Hill, Tracey (2004), *Anthony Munday and Civic Culture: Theatre, History, and Power in Early Modern London: 1580-1633* (Manchester: Manchester University Press).

Höbel, Wolfgang (2009), 'Theater -Am Marterpfahl', *Spiegel Online* 23 (30 May), at: www.spiegel.de/spiegel/a-628150.html

Hoexter, Miriam, Eisenstadt, S. N. and Levtzion, Nehemia (2002), *The Public Sphere in Muslim Societies* (Albany, NY: State University of New York Press).

Huneker, James (1905), *The Iconodam: A Book of Dramatists* (New York: Scribner's).

Jackson, Shannon (2011), *Social Works: Performing Ar, Supporting Publics* (New York: Routledge).

Johnson, Samuel (1820), 'Prologue, Spoken by Mr Garrick, at the Opening of the Theatre Royal, Drury Lane, 1747', *The Works of Samuel Johnson, LL. D. in Twelve Volumes* (vol. 1, London: Walker).

Jonson, Ben (1966), *Three Comedies*, ed. Michael Jamieson (Harmondsworth: Penguin).

Kastan, David Scott (1999), *Shakespeare after Theory* (New York: Routledge).

Katwala, Sunder (2012), 'How to hear one side of an argument: the missing voices of a sledgehammer polemic', 14 March, at: www.opendemocracy.net/ourkingdom/sunder-karwala/how-to-hear-one-side-of-argument-missing-voices-of-sledgehammer-polemic

Kennedy, Dennis (ed.) (2003), *The Oxford Encyclopedia of Theatre and Performance* (Oxford: Oxford University Press).

(2009), *The Spectator and the Spectacle: Audiences in Modernity and Postmodernity* (Cambridge: University Press).

Kentridge, William (1998), 'Director's Note', in Jane Taylor (ed.), *UBU and the Truth Commission* (Cape Town: University of Cape Town Press).

Kershaw, Baz (1999), 'Discouraging Democracy: British Theatres and Economics, 1979-1999', *Theatre Journal*, 51(3): 267-83.

Kirby, W.J. T. and Stanwood, P. G. (eds.) (2013), *Paul's Cross and the Culture of Persuasion in England, 1520-1640* (Leiden: Brill).

Koller, Andreas (2010), 'The Public Sphere and Comparative Historical Research: An Introduction', *Social Science History*, 34(3): 261-90.

Krampitz, Dirk (2005), 'Callcenter-Mitarbeiter in Kalkutta fuhren Theacerganger per Handy durch die deucsche Hauptstadt', *Welt am Sonntag*, 3 April.

Kruger, Loren (1992), *The National Stage: Theatre and Cultural Legitimation in England, France, and America* (Chicago, IL:

University of Chicago Press)

(1993), 'Placing the Occasion: Raymond Williams and Performing Culture', in Dennis L. Dworkin and Leslie G. Roman (eds.), *Views Beyond the Border Country: Essays on Raymond Williams* (New York: Routledge), 51-73.

Lake, Peter and Pincus, Steven (2007), 'Rethinking the Public Sphere', in Peter Lake and Steven Pincus (eds.), *The Politics of the Public Sphere in Early Modern England* (Manchester and New York: Manchester University Press), 1-30.

Lake, Petc:r and Qucstier, Michael C. (2002), *The Antichrist's Lewd Hat: Protestants, Papists and Players in Post-Reformation England* (New Haven, CT: Yale University Press).

Lamont, William, 'Prynne, William (1600-1669)', *Oxford Dictionary of National Biography*, Oxford University Press, 2004; online edn, May 1011, at: www. oxforddnb.com/view/article/22854

Lehmann, Hans-Thies (2006), *Postdramatic Theatre* (London: Routledge). ハンス＝ティース・レーマン『ポストドラマ演劇』谷川道子ほか訳、同学社、二〇〇二年。

Levy, Shimon (ed.) (1998), 'Introduction' to Shimon Levy (ed.), *Theatre and Holy Script* (Brighton: Sussex Academic Press).

Lilienthal, Marchias (ed.) (1000), *Schlingensiefs Ausländer raus – bitte liebt Österreich* (Frankfurt am Main: Suhrkamp).

Lodge, Thomas (1579), *A Defmce of Poetry, Music and Stage-plays in Reply to Stephen Gosson's Schoole of Abuse* (London: Printed by H. Singleton).

Laher, Dea (2004), *Innocence* (Frankfurt am Main: Verlag der Autoren).

Love, Catherine (1012), 'Three Kingdoms: New Ways of Seeing, Experiencing. Expressing', at: http://lovetheatre.net/2012/05/12/three-kingdoms-new-ways-of-seeing-experiencing-expressing

Lynch, Marc (2011), 'Political science and the new Arab public sphere', public sphere.ssrc.org

McGuigan, Jim (1996), *Culture and the Public Sphere* (London and New York: Routledge).

Mackrell, Judith (2011), 'How Twitter transformed dance', Guardian, 31 July, at: www.theguardian.com/stage/2012/jul/31/san-francisco-ballet-twitter-social

Martel, Frédéric (2010), *Mainstream. Enquête sur cette culture qui plaît à tout le monde* (Paris: Flammarion).

Marx, Peter W. (2008). *Ein theatralisches Zeitalter: bürgerliche Selbstinszenierungen um 1900* (Tübingen: Francke).

Maslan, Susan (2005), *Revolutionary Actr: Theater, Democracy, and the French Revolution* (Baltimore, MD: Johns Hopkins University Press).

Matussek, Manhias (1006), 'Kunst, Quatsch und das religiöse Gefühl, *Spiegel Online*, 30 September, at: www.spiegel.de/politik/debatte/idomeneo-debatte-kunst-quatsch-und-das-religioese-gefuehl-a-440144.html

Meyer, Michael (1971), *Ibsen: A Biography* (Harmondsworth: Penguin).

Moe, Hall vard (2012), 'Who Participates and How? Twiner as an Arena for Public Debate about the Data Retention Directive in Norway', I*nternational Journal of Communication*, 6: 1222–44.

Morrissey, Mary (2012), *Politics and the Paul's Cross Sermons, 1558-1642* (Oxford: Oxford University Press).

Mouffc, Chantal (2000), 'Deliberative Democracy or Agonistic Pluralism', *Political Science Series*, 72: 1-30.

(2007), 'Artistic Activism and Agonistic Spaces', *Art & Research: A Journal of Ideas, Contexts and Methods*, 1(2): 1-5.

(2013), *Agonistics: Thinking the World Politically* (London: Verso).

Müller, Burkhard (2010), 'Zeitgenosse des Jahres', *Süddeutsche Zeitung*, 10 May, at: www.sueddeucsche.de/kulrur/vaniry-fair-blogger-rainald-goen-zeitgenosse¬des-jahres-1.215895

Munster, Anna and Lovink, Geert (2005), 'Theses on Distributed Aesthetics. Or, What a Network is Not', *Fibreculture*, (7), at: http://seven.fibreculrurejournal.org/fcj-040-thcses-on-distribuced-acsthccics-or-what-a-necwork-is-not

Negt, Oskar and Kluge, Alexander (1993), *Public Sphere and Experience: Toward an Analysis of the Bourgeois and Proletarian Public Sphere* (Minneapolis, MN: University of Minnesota Press).

North, Douglass C. (1990), *lnstitt1tions, Institutional Change, and Economic Performance* (Cambridge and New York: Cambridge University Press).

Northbrooke, John ([1578] 1843), *A Treatise against Dicing, Dancing, Plays, and Interludes with other Idle Pastimes*, ed. Jeremy Payne Collier (London: Shakespeare Society).

Opet, Orto (1897), *Deutsches Theaterrecht: Unter Berücksichtigung der fremden Rechte* (Berlin: Calvary).

Orwell, George (1948), 'Introduction', in George Orwell and Reginald Reynolds (eds.), *British Pamphleteers*. (vol. I, London: Wingate).

Pao, Angela (2010), *No Safe Spam: Re-casting Race, Ethnicity, and Nationality in American Theater* (Ann Arbor, Ml: University of Michigan Press).

Pavis, Patrice (1998), *Dictionary of the Theatre: Terms, Concepts, and Analysis* (Toronto and Buffalo: University of Toronto Press).

Peters, Bernhard and Wessler, Hartmut (2008), *Public Deliberation and Public Culture: The Writings of Bernhard Peters, 1993-2005* (Basingstoke: Palgrave Macmillan).

Plesch, Don (2011), 'Occupy London is reviving St Paul's history of free speech', *Guardian*, 25 October, at: www.theguardian.com/commentisfree/libertycentral/2o11/0ct/25/occupy-london-st-pauls-protesters

Poet, Paul (dir.) (2002), *Ausländer Raus!: Schlingensiefs Container*. DVD (Vienna: Hoanzl).

Primavesi, Patrick (2013), 'Hecerocopias of the Public Sphere: Theatre and Festival around 1800', in Erika Fischer-Lichee and Benjamin Wihstutz (eds.), *Performance and the Politics of Space: Theatrr and Topology* (New York London:

Routledge), 166-81.

Prynne, William (1641), *A New Discovery of the Prelates Tyranny* (London: for M.S.).

Raalte, Marlein van (2004), 'Socratic Parrhesia and Its Afterlife in Plato's Laws', in I. Sluiter and Ralph Mark Rosen (eds.), *Free Speech in Classical Antiquity* (Leiden; Boston: Brill), 279-312.

Radin, Max (1927), 'Freedom of Speech in Ancient Athens', *American journal of Philology*, 48 (3): 215-30.

Randall, Dale B. J. (1995), *Winter Fruit: English Drama, 1642-1660* (Lexington, KY: University Press of Kentucky).

Rebellato, Dan (2009), *Theatre & Globalization* (Basingstoke: Palgrave Macmillan).

Reddy, William M. (1992.), 'Poscmodernism and the Public Sphere: Implications for an Historical Ethnography', *Cultural Anthropology*, 7(2): 135-68.

Rehm, Rush (2007), 'Festivals and Audiences in Athens and Rome', in Marianne McDonald and J. Michael Walton (eds.), *The Cambridge Companion to Greek and Roman Theatre* (Cambridge University Press), 184-201.

Reinclc, Janelle (2011), 'Rethinking the Public Sphere for a Global Age', *Performance Research*, 16(2): 16-27.

Rheingold, Howard (1993), *The Virtual Community: Homesttadingon the Electronic Frontier* (Reading, MA: Addison-Wesley). ハワード・ラインゴールド『バーチャル・コミュニティ――コンピューター・ネットワークが創る新しい社会』会津泉訳、三田出版会、一九九五年。

Rice, Colin (1997), *Ungodly Delights: Puritan Opposition to the Theatre, 1578-1633* (Alessandria: Edizioni dell'Orso).

Ridout, Nicholas Peter (2006), *Stage Fright, Animals, and Othtr Theatrical Problems* (Cambridge and New York: Cambridge University Press).

Roach, Joseph R. (1993), *The Player's Passion: Studies in the Science of Acting* (Ann Arbor, MI: University of Michigan Press).

Roesler, Alexander (1997), 'Bequeme Einmischung. Internet und Öffentlichkeit', in Stephan Münker and Alexander Roesler (eds.), *Mythos Internet* (Frankfurt/ Main: Suhrkamp), 171-92.

Roman, David (2005), *Performance in America: Contemporary US Culture and the Performing Arts* (Durham, NC: Duke University Press).

Ruge, Enno (2004), 'Preaching and Playing at Paul's: The Puritans, the Puritaine, and the Closure of Paul's Playhouse', in Beate Miller (ed.), *Censorship & Cultural Regulation in the Modern Age* (Amsterdam and New York: Rodopi), 33-62.

(2011), Bühnenpuritaner: *Zum Verhältnis von Puritanern und Theater im England der Frühen Neuzeit* (Berlin and New York: De Gruyter).

Rühle, Günther (ed.) (1967), *Theater für die Republik 1917–1933 im Spiegel der Kritik* (Frankfurt am Main: Fischer).

Russell, Gillian (2007), *Women, Sociability and Theatre in Georgian London* (Cambridge University Press).

Said, Edward W. (1979), *Orientalism* (New York: Vintage). エドワード・W・サイード『オリエンタリズム　上・下』今沢紀子訳、平凡社ライブラリー、一九九三年。

Salvatore, Armando (1007), *The Public Sphere: Liberal Modernity, Catholicism, Islam* (New York and Basingstoke: Palgrave Macmillan).

Schechner, Richard (1985), *Between Theater and Anthropology* (Philadelphia, PA: University of Pennsylvania Press).

Schmidt, Christopher (2007), 'Kommentar', *Theater Heute Jahrbuch*, 141.

Sennett, Richard (1977), *The Fall of Public Man* (Cambridge University Press).

Sharma, Jai Narain (1009), *Encyclopedia of Eminent Thinkers: The Political Thought of Sir Syed Ahmed Khan* (New Delhi: Concept).

Sheikh, Simon (2004), 'In the Place of the Public Sphere? Or, the World in Fragments', republicart, 1–5, at: www.

republicart.net/disc/publicum/sheikh03_en.htm, accessed 7 May 2013.

Sluiter, I. and Rosen, Ralph Mark (eds.) (2004), *Free Speech in Classical Antiquity* (Leiden and Boston, MA: Brill).

Spahn, Claus (1003), 'Geköpfte Götter: Zweimal Mozart in Berlin: "Idomeneo" von Neuenfels und "Don Giovanni"', *Die Zeit*, 27 March.

Spencer, Jenny S. (2012), 'Introduction', in Jenny S. Spencer (ed.), *Political and Protest Theatre afier 9/11: Patriotic Disrent* (New York: Routledge), 1-16.

Starer,Herbert (1931), *Störung einer öffentlichen Theatervorstellung durch Theaterbesucher* (Theaterfriedensbruch) (Borna-Leipzig: Noske).

Stark, Gary D. (2009), *Banned in Berlin: Literary Censorship in Imperial Germany, 1871-1918* (New York: Berghahn).

Scates, Bert O. (1985), *Great Reckonings in Little Rooms: On the Phenomenology of Theater* (Berkeley, CA: University of California Press).

Stern, Tiffany (2006), "On each Wall and Corner Poast": Playbills, Tide-pages, and Advertising in Early Modern London', *English Literary Renaissance*, 36(1): 57-89.

Stockwood, John (1578), 'A Sermon Preached at Paul's Cross on Bartholomew Day, Being the l4 August 1578' (London: Henry Bynneman for George Fishop).

Streisand, Marianne (2001), *Intimität: Begriffsgeschichte und Entdeckung der'Intimität' auf dem Theater um 1900* (München: Fink).

Taylor, Charles (2002), 'Modern Social Imaginaries', *Public Culture*, 14(1): 91-124.

Taylor, Paul (1012), '*Can We Talk about This*, Lyttelton' (13 March), at: www. independent.co.uk/arts-entertainment/theatre-dance/reviews/can-we-talk-about¬this-lyttelton-7565179.html

Tetens, Kristan (2008), 'The Lyceum and the Lord Chamberlain: The Case of Hall Caine's Mahomet', in Richard Foulkes (ed.), *Henry Irving: A Re-evaluation of the Pre-eminent Victorian Actor-Manager* (Aldershot: Ashgate), 49-64.

Thompson, Elbert N. S. (19o3), *The Controversy between the Puritans and the Stage* (New York: Holt).

Tilly, Charles (2008), *Contentious Performances* (Cambridge and New York: Cambridge University Press).

Toller, Ernst (1923), *Der deutsche Hinkemann. Eine Tragödie in drei Akten* (Potsdam: Gustav Kiepenheuer).

Trueman, Matt (1011), '*Can We Talk about This?*', 13 March, at: www.whatsonstage.com/west-end-theatre/reviews/03-2012/can-we-talk-about-this_5089.html

Turner, Victor W. (1982), *From Ritual to Theam: The Human Seriousness of Play* (New York: Performing Arts Journal Publications).

Van den Hengel, Louis (1012), 'Zoegraphy: Per/forming Poschuman Lives', *Biography: An Interdisciplinary Quarterly*, 35(1): 1-20.

Wagner, Meike (2012), 'De-monopolizing the Public Sphere: Policies and Theatre in Nineteenth Century Germany', *Theatre Research International*, 37(2): 148-62.

Warner, Michael (2002), *Publics and Counterpublics* (New York and Cambridge, MA: Zone Books).

Wart, Tessa (1991), *Cheap Print and Popular Piety, 1550-1640* (Cambridge University Press).

Weintraub, Jeff (1997), 'The Theory and Policies of the Public/Private Distinction', in Jelf Weimraub and Krishnan Kumar (eds.), *Public and Private in Thought and Practice: Perspectives on a Grand Dichotomy* (Chicago, IL and London: University of Chicago Press), 1-35.

White, Stephen K. and Evan Farr, Robert (2011), '"No-Saying" in Habermas', *Political Theory*, 40(1): 32-57.

White, Thomas (1578a), 'A Sermon Preached at Pawles Crosse on Sunday the Ninth of December 1576 by T. W.' (London:

by [Henry Bynneman for] Francis Coldock).

(1578b), 'A Sermon Preached at Paul's Cross on 3 November 1577 in the time of the Plague' (London: by [Henry Bynneman for] Francis Coldock).

Wiegmink, Pia (2011), *Protest enACTed: Activist Performance in the Contemporary United States* (Heidelberg: Universitätsverlag Winter).

Wiles, David (2011), *Theatre and Citizenship: The History of a Practice* (Cambridge University Press).

Wilmer, S. E. (ed.) (2004), *Writing and Rewriting National Theatre Histories* (Iowa, LA: University of Iowa Press).

Wilson, Bronwen and Yachnin, Paul (2010), 'Introduction', in Bronwen Wilson and Paul Yachnin (eds.), *Making Publics in Early Modern Europe: People, Things, Forms of Knowledge* s(London and New York: Routledge), 1-21.

Wilson, John Dover (1910), 'The Puritan Attack upon the Stage', in A. N. Ward (ed.), *Cambridge History of English Literature* (vol. v1, Cambridge University Press), 373-409.

Winder, Gordon (2010), 'London's Global Reach? Reuters News and Nerwork 1865, 1881, and 1914', *Journal of World History*, 21(2): 271-96.

Wipplinger, Jonathan (2011), 'The Racial Ruse: On Blackness and Blackface Comedy in *fin-de-siècle* Germany', *German Quarterly*, 84 (4): 457–76.

Wiseman, Susan (1998), *Drama and Politics in the English Civil War* (Cambridge and New York: Cambridge Universiry Press).

Worden, Blair (2009), *The English Civil Wars: 1640-1660* (London: Weidenfcld & Nicolson).

Young, Robert J.C. (2012), 'Postcolonial Remains', *New Literary History*, 43(1): 19-42.

Zaret, David (2000), *Origins of Democratic Culture: Printing, Petitions, and the Public Sphere in Early-Modem England*

(Princeton, NJ: Princeton University Press).
Ziolkowski, Theodore (2009), *Scandal on Stage: European Theater as Moral Trial* (Cambridge and New York: Cambridge Universiry Press), xi, 190.

# 索引


【あ】

アーヴィング、ヘンリー（Irving, Henry）185, 199-200, 207-208

『アーティストがいる』（*The Artist Is Present*）43, 289, 306, 309-311

アゴーン（*agōn*）28-29, 31, 40-42, 50, 58-64, 70, 83, 258, 289, 322-323, 333-335

アゴラ（agora）52, 58, 113

アジプロ（agitprop）37

アドルノ、テオドール（Adorno, Theodor）73, 215, 312

アバークロンビー、ニコラス（Abercrombie, Nicholas）298

アブラモヴィッチ、マリーナ（Abramović, Marina）43, 289, 306-311

アリストパネス（Aristophanes）31, 62, 66-68

イェスナー、レオポルト（Jessner, Leopold）242-243

異化効果（alienation effect）36, 274-275

イセゴリア（*isêgoria*）40, 50, 64, 67

『イドメネオ』（*Idomeneo*）42, 181, 208-211, 213, 216-218, 220-223, 231,334

イプセン、ヘンリック（Ibsen, Henrik）36-37, 304, 331

今ここ（*hic et nunc*）34, 89, 283, 310-311, 324, 334

インターシアトリカル（intertheatrical）97

インターテクスト（intertext）97

インターネット（Internet）8-9, 24-25, 27, 43, 90, 92, 112-114, 121-122, 153, 263, 266, 269-270, 277, 283, 285, 287, 289, 291, 296-297, 304, 307, 309-311, 334

ヴァイス、ペーター（Weiss, Peter）73, 76

ヴァイントラウプ、ジェフ（Weintraub, Jeff）53

ウィザー、ジョージ（Wither, George）96

ウィリアムズ、レイモンド（Williams, Raymond）84

ウィルソン、ドーヴァー（Wilson, John Dover）133, 151, 155-156, 158

ウィルソン、ロバート（Wilson, Robert）288

ウースター・グループ（Wooster Group）276, 288

ウェーバー、マックス（Weber, Max）80

ヴェデキンド、フランク（Wedekind, Frank）239-240

Web2.0 112, 114, 271, 285

ヴォルテール（Voltaire）186, 189, 191-192, 195, 197

エウリピデス（Euripides）65-66, 74

SNS 25, 43, 90, 115

エンターテイメント（entertainment）25, 34-35, 36, 51, 83, 95

オイコス（Oikos）58-59

オーウェル、ジョージ（Orwell, George）127, 135-136

『お願い、オーストリアを愛して！』（*Please Love Austria!*）43, 289-290, 295, 297, 299, 323,

334
オリエンタリズム（orientalism） 14, 118, 200, 209, 220-222

【か】

カーマシュピーレ（Kammerspiele） 17-21, 117, 261
カールソン、マーヴィン（Carlson, Marvin） 76, 94-95
カステル、マニュエル（Castells, Manuel） 285
カステルッチ、ロメオ（Castellucci, Romeo） 42, 233, 256, 259-262, 264-265, 267-268, 334
家父長制（*pater familias*） 53
『神の子に免じて、顔の概念について』（*On the Concept of the Face Regarding the Son of God*） 42, 233, 256, 260, 263-265, 334
感覚（sense） 27, 40, 55, 73, 102, 161, 184, 222, 251, 276, 284
感情（emotion） 28, 31, 34, 36, 63, 71, 76, 98, 128, 131, 160, 168, 195, 201, 204-205, 208, 232, 243, 248-249, 254-255, 257-260, 269-270, 275, 307, 316, 320, 325
カント、イマヌエル（Kant, Immanuel） 258
カントル、タデウシュ（Kantor, Tadeusz） 288
寛容（tolerance） 14, 42, 231-232, 234, 237, 289, 314, 317-318, 334
ギャリック、デヴィッド（Garrick, David） 49
クリューガー、ローレン（Kruger, Loren） 82, 83-84
グローバリゼーション（globalization） 41, 283-285, 295
ゲーム（game） 79, 81, 94, 293-294, 300-301, 311
ケネディ、デニス（Kennedy, Dennis） 33, 286
検閲（censorship） 7, 8, 14, 38, 40, 42, 49, 55, 57, 72-73, 77, 127, 134, 137, 150, 156, 165, 170, 190, 203, 209, 233-241, 244-245, 251-254, 270
公衆（publics） 26-27, 42, 49, 71-72, 105-107, 110, 112, 139, 160, 247, 334
合理性（agonal） 29, 31, 42, 50, 63, 335
ゴールドスタイン、ロバート（Goldstein, Robert） 38
ゴールドヒル、サイモン（Goldhill, Simon） 63
国民（public） 19, 23, 77, 166, 203, 207, 222, 266, 283-284, 302, 332
ゴッソン、スティーブン（Gosson, Stephen） 146, 148-152, 173
コミュニケーション（communication） 24-25, 29, 32-33, 35-36, 40-41, 51, 54, 59, 73, 77, 89-92, 98, 100, 102-104, 106, 110-116, 134-135, 141, 182, 223, 235, 252, 284-285, 299, 305-306, 313
コリンソン、パトリック（Collinson, Patrick） 127
『これについて語りあえるのか？』（*Can We Talk about This?*） 43, 312-313, 315, 318-319, 322-323

【さ】

サイード、エドワード（Said, Edward） 13-14, 207, 220-222
サブカルチャー（subculture） 27
サルヴァトーレ、アマンド（Salvatore, Amando） 53
シェイキ、サイモン（Sheikh, Simon） 30
シェイクスピア、ウィリアム（Shakespeare）

37, 131
ジオルコウスキー、テオドール（Ziolkowski, Theodore）231
ジャクソン、シャノン（Jackson, Shannon）32
シュニッツラー、アルトゥール（Schnitzler, Arthur）239
シュリンゲンジーフ、クリストフ（Schlingensief, Christoph）43, 289-298, 304
情動（affect(s), affective）28, 31, 36, 40, 62-63, 75-76, 83, 233, 254, 258-262, 322, 334-336
情念（passion）235
ジョンソン、サミュエル（Johnson, Samuel）49
真実和解委員会（Truth and Reconciliation Commission）68-69
親密（intimate, intimacy）43, 51-53, 55-56, 95, 105-106, 260, 283, 299, 301-303, 305-306
親和劇場（intimate theatre）20, 35
スキャンダル（scandal）36, 39, 42, 179, 208, 210, 212-215, 217, 219, 221, 231-233, 235, 237-246, 249-255, 262, 334
『スリー・キングダムズ』（*Three Kingdoms*）117, 120-121, 123
制度（institution）9, 11-12, 18, 23, 26, 32, 39, 41, 44, 50-51, 60, 62, 64, 66, 68, 70-71, 76-83, 90-92, 101-104, 109, 111, 114-115, 118, 121-123, 128, 130-131, 133, 156, 173, 181, 184, 212, 217, 235, 237, 239, 246, 252-253, 258, 268, 285, 314-315, 324-325, 331, 333, 335
セラーズ、ピーター（Sellars, Peter）74-75
ソーシャル・アート（social art）32, 75

【た】

ターナー、ヴィクター（Turner, Victor）60
タールハイマー、ミヒャエル（Thalheimer, Michael）273-274
退廃演劇（deadly theatre）35
多文化主義（multiculturalism）312-315, 317, 319-322
チャーチル、ウインストン（Churchill, Winston）179, 200
ツイッター（Twitter）8, 115-116, 120, 266
ディアスポラ（diaspora）284
DV8フィジカル・シアター（DV8 Physical Theatre）43, 289, 312, 320
ディオニソス（Dionysus）58-60, 79
テイラー、チャールズ（Charles Taylor）25, 335
デュレーション・パフォーマンス（durational performance）307
テリー、エレン（Terry, Ellen）199-200
テルトゥリアヌス（Tertullian）139
ドーシー、ジャック（Dorsey, Jack）116
ドキュメンタリーシアター（documentary theatre）73
トラー、エルンスト（Toller, Ernst）247-248
ドラマトゥルグ（dramaturge）19, 21, 253, 274
トランスナショナル（transnational）41, 183, 218, 222, 283-285, 305, 334

【な】

ニーチェ、フリードリヒ（Nietzsche, Friedrich）59
ニューソン、ロイド（Newson, Lloyd）312-316,

320-321
ノイエンフェルス、ハンス（Neuenfels, Hans）209-213, 215-216, 219
ノース、ダグラス（North, Douglass C.）79, 81

【は】

バートレム、エドウィナ（Bartlem, Edwina）287
バートン、ヘンリー（Burton, Henry）157, 161, 163
ハーバーマス、ユルゲン（Habermas, Jürgen）22-26, 28-29, 31, 36, 40, 51-52, 54-55, 58-59, 63, 72, 77-78, 89, 105, 113, 123, 128, 134-136, 179, 182, 223, 233, 283, 297, 305, 333-335
バーソロミュー、エイミー（Bartholomew, Amy）29
ハームス、キルステン（Harms, Kirsten）209, 212-213, 219
パフォーマティブ（performative）39, 59, 62-63, 69, 89, 140, 286, 308, 310-311, 323-324
パフォーマンス（performance）13-14, 19, 22, 30-32, 34-36, 53, 71, 75, 83-84, 109, 118, 136, 138, 140-141, 143, 145, 152, 165, 172-173, 181, 192, 207, 241, 245, 286, 288-299, 301, 303-313, 321-323
パブリック（public）12, 30, 40, 50, 51-57, 66, 69, 78, 84, 98, 200
パブリック・アート（public art）30
パレーシア（*parrhêsia*）40, 50, 60, 64-70, 313, 324, 337
反公共（counterpublics）25-26, 41, 54, 76, 129, 183, 277
ビオス・ポリティコス（*bios politikos*）58
ピスカートア、エルヴィン（Piscator, Erwin）73, 237, 251
『ヒストリオ・マスティック』（*Histrio-mastix*）135, 157, 159-160, 163, 171-172
批判性（critical）29, 50, 73
ピューリタン（Puritan）41, 127-128, 131-132, 137-139, 141-143, 146-147, 149-150, 152-153, 155, 157-159, 161, 163-165, 168-169, 171-173, 333
ファーブル、ヤン（Fabre, Jan）288
フィッシャー＝リヒテ、エリカ（Fischer-Lichte, Erika） 13-14, 32, 271, 311
フェイスブック（Facebook） 8, 9, 115-116, 266, 271-273, 275-276, 337
フォースド・エンターテイメント（Forced Entertainment）288
複数性（pluralism）28, 30, 63, 323, 335
プライベート（private）21-22, 24, 38, 40, 50-54, 56-57, 62, 77-78, 84, 105, 107, 158, 260, 300
プラクシス（praxis）58
ブラッカダー、ニール（Blackadder, Neil）237-238, 240
ブラック・フェイス（blackface）43, 233, 270, 274, 276, 334
ブラック・ボックス（black box）20, 24, 33, 35, 39, 43, 52, 56, 118, 232, 324
ブラットン、ジャッキー（Bratton, Jacky）93, 97
ブラディ、ジョン（Brady, John）28
プリン、ウィリアム（Prynne, Willam）132, 135, 144, 157-164, 171, 173, 333
ブルック、ピーター（Brook, Peter）34
フレイザー、ナンシー（Fraser, Nancy）129,

283-284
プレイビル（playbills）14, 41, 89-104, 106-109, 114-115, 333
ブレヒト、ベルトルト（Brecht, Bertolt）36, 73, 90, 110-112, 237, 251, 272, 298
ブログ（blogs）89-91, 109, 114, 117-123, 184, 260, 266, 317, 319
フロスト、マーク（Frost, Mark）183
分散型美学（Distributed aesthetics）43, 283, 286-289, 309, 336
『ヘラクレスの子どもたち』（*The Children of Heracles*）74-75
ペルシ、ジャン＝シャルル（Persil, Jean-Charles）236
ヘルマン、マックス（Herrmann, Max）236
ベントリー、エリック（Bentley, Eric）78
ホーソーン、ナサニエル（Hawthorne, Nathaniel）265
ボアール、アウグスト（Boal, Augusto）73-75
ポストコロニアル（postcolonial）182, 284
ポストドラマ演劇（postdramatic theatre）32, 78, 287, 288, 303, 323
ポストモダン（Postmodern）34
ポリス（polis）31, 50, 58-60, 67
ボルニエ、アンリ・ド（Bornier, Henri de）184, 186-189, 192-201, 208
ホワイト・キューブ（white cube）24, 30

**【ま】**

マープレレート、マーティン（Marprelate, Martin）153-154
マクギガン、ジョン（McGuigan, John）35
『魔笛』（*The Magic Flute*）101
『マホメット』（*Mahomet*）184, 192-195, 204, 223
マルテル、フレデリック（Martel, Frédéric）119
マンデー、アンソニー（Munday, Anthony）146, 150-151, 173
フーコー、ミシェル（Foucault, Michel）65-66
ミュラー、ハイナー（Müller, Heiner）121, 288
民主主義（democracy）7, 8, 9, 11, 20-21, 24, 28, 36, 53, 65-66, 70, 74, 113, 170, 216, 221, 234, 236, 250-251, 313-314, 324-325, 331-332, 335, 337
ムネ＝シュリ、ジャン（Mounet-Sully, Jean）186, 198
ムフ、シャンタル（Mouffe, Chantal）28, 40, 63-64, 257, 335
メイヤー、ミシェル（Meyer, Michael）37
メディア（media）8, 13, 18, 23, 25, 27, 35, 40-41, 43-44, 52, 56, 59, 63, 69, 73, 75-78, 90-91, 97-98, 102-103, 107, 109-114, 116-122, 135-136, 169, 172, 180, 185, 207-208, 214-215, 217-218, 221-223, 233, 235-236, 238-239, 254, 269-270, 283, 285-288, 291-292, 294, 296-299, 304, 307-311, 313, 317-318, 322-323, 332-334, 336-337
モーツァルト、ヴォルフガング・アマデウス（Mozart, Wolfgang Amadeus）42, 101-102, 181, 209-211, 213-214, 216, 221, 334
モダニズム（modernism）8, 54, 57, 239, 251, 265, 283
モデル・キャラクター（model character）298

**【や】**

遊戯性（ludic）31, 68, 311

【ら】

ラウワーズ、ヤン（Lauwers, Jan）288
ラジオ（radio）8, 26, 90, 110-111, 291, 296-297, 304
リヴィング・ニュースペーパー（the Living Newspaper）37
リミニ・プロトコル（Rimini Protokoll）20, 43, 289-299, 301, 303-305
リレーショナル・アート（relational art）30, 32
ルール（rules）7, 12, 26, 40, 79-81, 84, 123, 129, 153, 181, 252, 294, 297, 310, 314
ルソー、ジャン＝ジャック（Rousseau, Jean Jacques）70
レイク、ピーター（Lake, Peter）131, 133, 136-138
レイノルト、ジェネル（Reinelt, Janelle）30-31
レーマン、ハンス（Lehmann, Hans-Thies）32, 287
レクシス（*lexis*）58
ローア、デーア（Loher, Dea）273
ロード、ウィリアム（Laud, William）132, 157, 159, 162-165
ローマン、デヴィッド（Román, David）76
ロングハースト、ブライアン（Longhurst, Brian）298

【わ】

ワーナー、マイケル（Warner, Michael）26-27, 53-54, 129, 254, 277, 321
ワイマール共和国（Weimar Republic）37, 42, 232-233, 237-239, 244, 246, 251, 253
ワイルズ、デヴィッド（Wiles, David）32

【著者】クリストファー・バルミ
ミュンヘン大学教授、同大学演劇学科長。主な著書に『演劇のグローバリゼーション 1870-1930』（二〇二〇）、『ケンブリッジ演劇学入門』（二〇〇八）、『パシフィックの演劇』（二〇〇七）、『脱植民地化する演劇』（一九九九）などがある。

【訳者】藤岡阿由未（ふじおか・あゆみ）
椙山女学園大学教授。演劇学。主な著作に、編著『ロンドンの劇場文化』（二〇一五）、編著『演劇の課題２』（二〇一五）、編著『演劇の課題』（二〇一一）などがある。

演劇《えんげき》の公共圏《こうきょうけん》

二〇二二年三月三〇日 初版発行

著者 クリストファー・バルミ

訳者 藤岡阿由未 ふじおか あゆみ

発行者 三浦衛

発行所 春風社 Shumpusha Publishing Co.,Ltd.
横浜市西区紅葉ヶ丘五三 横浜市教育会館三階
〈電話〉〇四五・二六一・三一六八 〈ＦＡＸ〉〇四五・二六一・三一六九
〈振替〉〇〇二〇〇・一・三七五二四
http://www.shumpu.com ☒ info@shumpu.com

装丁 中本那由子

印刷・製本 シナノ書籍印刷株式会社

乱丁・落丁本は送料小社負担でお取り替えいたします。

ISBN 978-4-86110-806-8 C0074 ¥3273E